追尋民國
漢語穆斯林的足跡

Tracing the Han-Speaking Muslims
in Republican China

平山光將 ——— 著

Mitsumasa Hirayama

民國論叢｜總序

呂芳上
民國歷史文化學社社長

　　1902 年，梁啟超「新史學」的提出，揭開了中國現代史學發展的序幕。

　　以近現代史研究而言，迄今百多年來學界關注幾個問題：首先，近代史能否列入史學主流研究的範疇？後朝人修前朝史固無疑義，但當代人修當代史，便成爭議。不過，近半世紀以來，「近代史」已被學界公認是史學研究的一個分支，民國史研究自然包含其中。與此相關的是官修史學的適當性，排除意識形態之爭，《清史稿》出版爭議、「新清史工程」的進行，不免引發諸多討論，但無論官修、私修均有助於歷史的呈現，只要不偏不倚。史家陳寅恪在《金明館叢書二編》的〈順宗實錄與續玄怪錄〉中說，私家撰者易誣妄，官修之書多諱飾，「考史事之本末者，苟能於官書及私著等量齊觀，詳辨而慎取之，則庶幾得其真相，而無誣諱之失矣」。可見官、私修史均有互稽作用。

其次,西方史學理論的引入,大大影響近代歷史的書寫與詮釋。德國蘭克史學較早影響中國學者,後來政治學、社會學、經濟學等社會科學應用於歷史學,於1950年後,海峽兩岸尤為顯著。臺灣受美國影響,現代化理論大行其道;中國大陸則奉馬列主義唯物史觀為圭臬。直到1980年代意識形態退燒之後,接著而來的西方思潮——新文化史、全球史研究,風靡兩岸,近代史也不能例外。這些流行研究當然有助於新議題的開發,如何以中國或以臺灣為主體的近代史研究,則成為學者當今苦心思考的議題。

1912年,民國建立之後,走過1920年代中西、新舊、革命與反革命之爭,1930年代經濟大蕭條、1940年代戰爭歲月,1950年代大變局之後冷戰,繼之以白色恐怖、黨國體制、爭民權運動諸歷程,到了1980年代之後,走到物資豐饒、科技進步而心靈空虛的時代。百多年來的民國歷史發展,實接續十九世紀末葉以來求變、求新、挫折、突破與創新的過程,涉及傳統與現代、境內與域外方方面面的交涉、混融,有斷裂、有移植,也有更多的延續,在「變局」中,你中有我,我中有你,為史家提供極多可資商榷的議題。1949年,獲得諾貝爾文學獎美國作家福克納(William Faulkner)說:「過去並未死亡,甚至沒有過去。」(The past is never dead. Its not even past.)更具體的說,今天海峽兩岸的現況、流行文化,甚至政治核心議題,仍有諸多「民國元素」,歷史學家對民國歷史的回眸、凝視、觀察、細究、具機鋒的看法,均會增加人們對現狀的理

解、認識和判斷力。這正是民國史家重大任務、大有可為之處。

民國史與我們最是親近，有人仍生活在民國中，也有人追逐著「民國熱」。無庸諱言，民國歷史有資料閎富、角度多元、思潮新穎之利，但也有官方資料不願公開、人物忌諱多、品評史事不易之弊。但，訓練有素的史家，一定懂得歷史的詮釋、剪裁與呈現，要力求公允；一定知道歷史的傳承有如父母子女，父母給子女生命，子女要回饋的是生命的意義。

1950年代後帶著法統來到臺灣的民國，的確有過一段受戰爭威脅、政治「失去左眼的歲月」，也有一段絕地求生、奮力圖強，使經濟成為亞洲四小龍之一的醒目時日。如今雙目俱全、體質還算健康、前行道路不無崎嶇的環境下，史學界對超越地域、黨派成見又客觀的民國史研究，實寄予樂觀和厚望。

基於此，「民國歷史文化學社」將積極支持、鼓勵民國史有創意的研究和論作。對於研究成果，我們開闢論著系列叢書，我們秉持這樣的出版原則：對民國史不是多餘的書、不是可有可無的書，而是擲地有聲的新書、好書。

自序

很多人好奇地問我說,「你為什麼研究中國穆斯林?」或者「你怎麼會對中國穆斯林感興趣?」我每次都得花很多時間回答這些提問。

我不是穆斯林,也沒有華人血統。我出生在神佛習合的日本家庭,國中考入天主教慈幼會學校,上課時神父教我們天主教的教義,讀《舊約聖經》與《新約聖經》,耶誕節等節日都會參加彌撒,受到天主教文化與世界觀的洗禮。我的天主教學校沒有高中升學考試,因此輕鬆之餘尚有空閒時間,我的歷史老師小野三千夫先生除了課堂之外,也為我們開讀書會,讓對歷史有興趣的同學輪流發表,討論很多歷史議題。我本來是書呆子,下課時會跑去公共圖書館借書,還會到書店買「新書」,像商務印書館人人文庫的啟蒙書。當時我對歷史等諸多領域的「新書」很有興趣,也看了相當地多。高中二年級的冬天,在書店發現有本《回教から見た中國—民族・宗教・国家》(東京:中央公論社,1993),作者是中國穆斯林作家張承志,他的筆鋒尖銳,日文也相當流暢,然而引起我注意的是中國有伊斯蘭教,也有穆斯林。這本書激起我對中國穆斯林的興趣,我當時應該沒想到中國穆斯林歷史會是畢生的研究課題。以現在的我來看,這本書的內容很簡單,但對高中的我來說,卻很難理解他們歷史脈絡與宗教生活。

天主教學校的另外一個收穫是能接觸到中文。國中三年級的秋天,體育老師松久寅雄先生開設中文入門課。松久老師具有語

言天賦，精通英、法、德語，並在法院擔任過中文翻譯。他的中文入門課進度很快，我雖學得不好但仍不厭其煩，反而對中文產生興趣。日本九州宮崎靠近中國大陸，我每天晚上都收聽中國的廣播節目，雖然聽不懂主播說的中文，但逐漸習慣音律與發音。我在高中時斷斷續續的學習中文，直到考入大學才持續學習。這兩件事情是我開始研究中國穆斯林的主要原因。

到東京上大學，我堅持學習中文的同時，也開始攻讀歷史學。大學時廣泛吸收諸多學問，令我感到幸運的是，學校附近有神保町舊書街，蒐羅了很多書籍，還經常到內山、東方與亞東等書店購買中文書。由於我的興趣廣泛，對歷史不太認真，反而在學習中文方面得到顯著的收穫。因大崎雄二、祝振媛、趙宏偉等中文老師指導有方，尤其是大三與大四時，他們開設中文閱讀課研讀中文報紙，我也努力閱讀中文書。畢業時必須撰寫一篇論文，我雖然沒有很認真學習歷史，但對新疆歷史卻有濃厚的興趣，最後撰寫了清末民初以後新疆史的論文。

到碩士班後，我的導師是新免康老師，他的研究領域是新疆史。也因此讓我想起前述高中時的過往經歷，興趣便從新疆轉移到漢語穆斯林。對讀者而言，漢語穆斯林是陌生的名稱，漢語穆斯林（The Chinese-speaking Muslims, The Han-speaking Muslims，漢回）主要是指以漢語為母語的穆斯林；本書中也有出現的新疆突厥語系穆斯林（The Turkic-speaking Muslims）主要是指以維吾爾語與哈薩克語等突厥語為母語的穆斯林。除此之外，內蒙也以蒙古語為母語的穆斯林（蒙回），西藏、青海與甘肅也有以藏語為母語的穆斯林（藏回），雲南也有以信仰伊斯蘭教的傣族為主的帕西傣。本書探討以漢語穆斯林為主，為了呈現漢語穆斯林知識分子活動的特點而將他們與新疆突厥

語系穆斯林的活動做對比。蒙回、藏回以及帕西傣不在本書討論的重點,則不討論。新免老師建議我參加日本中國穆斯林研究會(中国ムスリム研究会),大量閱讀相關的基本研究,我對中國穆斯林的族群與歷史議題產生興趣。在學習中文方面,尾崎文昭老師以《二十一世紀雙月刊》與《讀書》等學術期刊為教材,除加強中文閱讀能力,也深入探討中國當代思想。在碩士班時認識了平野淳一,他研究19世紀後中東伊斯蘭教革新思想,也擅長阿拉伯語與波斯語,透過與他的討論得知阿富汗尼(Jamal al-Din al-Afgahani)的生平與思想,並對伊斯蘭教革新思想感興趣。

　　進入博士班以後,認真思考到中國訪問研究。2006年夏天,我第一次去中國北京,拜訪牛街清真寺,見到漢語穆斯林。開始決定到中國訪學,為了進一步加強中文能力,我在曾任日本放送協會(NHK)中文講師的楊凱榮開設的寫作課,學習中文作文。跟同學小田格一起上楊老師的專題課,特別佩服他擅長粵語。我與角山典幸暢談,他一直支持著我,總能激起我的研究興趣。我在新免老師建議下報名松下國際財團(現為公益財團法人松下幸之助記念志財團)的留學獎學金,在經過嚴格的口試後得到為期一年的留學獎學金,隨後便到中國社會科學院民族學與人類學研究所訪學,由該所的研究員方素梅老師指導。感謝松下國際財團的高木淑人先生與谷口瞳小姐,給予我很多支持。

　　在中國訪學期間,認識很多漢語穆斯林朋友:周周、吳秀琴、馬茜、鄭丹、郭寶光、張少雲、敏俊卿,他們都是我中國伊斯蘭教學的老師。方老師建議我到中央民族大學參加國立政治大學張中復老師的專題課,我向張老師談到自己的興趣,他給我很多學術上的建議。在課堂上還認識敏俊卿與馬茜兩位前輩,敏俊

卿讓我了解甘肅臨夏伊斯蘭教派系的情況。我在 2008 年春節後到寧夏銀川遊玩，曾到馬茜家拜訪，受到他們家人熱情地款待。另外，我在河南大學趙國權老師的陪同下到開封進行田野調查，因在東京認識了趙老師，開啟我對開封漢語穆斯林社群的興趣。隨著研究的進展，認識了郭寶光與張少雲兩位先進，郭寶光帶我體驗穆斯林禮拜生活，還向我表演回族武術，和張少雲到朱仙鎮拜訪清真寺、和鄭丹到開封的各座清真寺拜訪阿訇等等。好友周周與吳秀琴兩位小姐在我中國訪學期間，總是給予鼓勵支持。此外，我與康清小姐及馮波先生在北京、天津遊玩，十分愉快。

回到日本之後撰寫博士論文，選擇以政府、漢語穆斯林知識分子與漢語穆斯林社群之間的關係為議題。由於新免老師細心指導，得以完成博士論文，在學位答辯會上，新免康、川越康博、梅村坦以及松田俊道各位教授審查博士論文，得到中肯的評價，順利取得博士學位。

張中復老師建議我於博士班畢業後到臺灣申請中央研究院近代史研究所博士後研究人員，得到張中復老師以及吳啟訥老師諸多的支持與幫助，獲聘為中研院近史所博士後研究人員。吳老師擔任我的 Advisor，在近史所期間，他熱忱指導我的研究、關心我的生活。在近史所與臺史所認識黃克武、黃福慶、張力、李宇平、巫仁恕、詹素娟、何光誠、黃麗安、嚴曉珮、林敬智、簡金生、葉毅均、黃聖修、任天豪、蔡龍保、邵佳德、宋青紅、游博清、王文隆、鄭月裡、Ondřej Klimeš（林昂）、Wlodzimierz Cieciura（齊惟慎）、Elisabeth Kaske（白莎）、Rostislav Berezkin（白若思）各位前輩。我很少在自己的研究室，常在資訊室撰寫論文與研究，認識蔡蓉茹、侯嘉星、林亨芬、溫心忻、趙席夐、許富翔、林志晟、王士銘、房育全、葉泊宏、林頎玲等各位先

進，與他們的交往使我得到很大收穫。

在張中復老師的邀請下，每個禮拜四都到國立政治大學參加他的專題課，與趙秋蒂、于嘉明、楊慧娟、Francesca Rosati Montovani（嫣然）、陳韋辰、馬海雲、王平展開討論中國穆斯林歷史以及田野調查等議題，獲益良多。感謝張老師一直關心我的研究生活。

我在每個禮拜五、六會到臺北清真寺進行訪談，因此認識馬希哲、馬希桂、王蓁嫻、倪國安、馬凱南、胡亞飛、王英傑、包修平、Janice Hyeju Jeong（鄭惠朱）、Tommaso Previato（托馬索）、高磊、歐陽善多、Burhan Tw（柏宏），能深入瞭解臺灣伊斯蘭教界。此外，透過楊慧娟老師，認識了原中國回教青年會理事長蕭永泰之兒子蕭美君，房育全也介紹蕭永泰孫子蕭志廷，我們相談甚歡。

在臺灣期間參加研討會與研究發表會，認識張廣達院士、蔡源林、溫爽、藍美華、蔡名哲、蔡偉傑、定宜庄、Linh D. Vu（武玲）、徐維里、邵磊、島田大輔、中谷直司、鶴園裕基、藤井元博等各位前輩，他們給我寶貴的建議。

後來我不幸得病，必須回到日本休養一段時間，之後開始任職日本宮崎大學醫學院，一面從事行政工作，一面持續進行研究工作。在宮崎大學的同事幫助之下，得以減輕校務負擔，專心本書的撰寫，閱讀相關的材料。宮崎大學附屬圖書館的館員幫助我蒐集資料，從其他院校借調書籍，複印學術論文，收藏我的共著與學術論文，供讀者閱覽。

在日本中國穆斯林研究會上認識松本真澄、澤井充生、木村自、海野典子等各位先進學者，給我寶貴的建議與啟示，刺激我的研究興趣。

隨著科技的進步,在臉書上認識 Farish Zhang、Dror Weil（魏卓生）、Mohammed Al-Sadari、Guangtian Ha、程映虹、杜晉軒、李烈寬、中津俊樹,鼓勵我持續研究。

　　我的家人平山節子、平山良雄、古賀夏江、古賀正春、古賀千穗、古賀健、今井由佳、今井劍、今井咲希總是支持著我,尤其是姪女咲希在我撰寫本書閒暇時,給我很多溫暖,某種程度上可以說是她陪伴著我。

　　特別感謝中研院近史所資訊室蔡蓉茹小姐,她是我任職中研院近史所時的同事,在我座位旁製作海報,進行封面與網路設計,我們時常聊天吃飯,我回到日本之後,透過臉書持續聯絡。蔡小姐並且將我介紹給民國歷史文化學社編輯部林弘毅經理,強力推薦我撰寫本書。若沒有她的推薦與支持,本書根本無法問世。

　　林弘毅經理、林育薇編輯總是關心我撰寫本書的進度,給我很大的方便,張玉法院士、呂芳上社長、張力老師等民國歷史文化學社編審委員也給予我出版本書的難得機會,耐心等待我撰寫。另外,獲得匿名審查人的中肯的評價,也得到寶貴的修改意見。呂芳上社長、林育薇編輯及詹鈞誌編輯潤飾及調整遣詞用字,細心並提供重要的意見。溫心忻編輯為本書進行排版。

　　我由衷地向各位先進一併致謝!

平山光將
2024 年 8 月 18 日
序於日本宮崎自宅

目錄

民國論叢｜總序 I
自　序 V

導　論 1

第一部　政治宣傳與啟蒙活動 21
第一章　「有聲」的中國伊斯蘭教革新運動 23
　第一節　中國社會的宣講與演講 24
　第二節　漢語穆斯林知識分子的宣講與演講 29
　第三節　小結 44

第二章　南京國民政府「宣慰」華北、華中漢語穆斯林社群
　　　　 47
　第一節　「宣慰」與背景 49
　第二節　北平漢語穆斯林社群與漢語穆斯林政策 52
　第三節　對馬宏道宣慰的反應 56
　第四節　小結 73

第三章　新生活運動與河南開封穆斯林社群 75
　第一節　河南省政府 76
　第二節　開封漢語穆斯林社群 80
　第三節　小結 96

第二部	自覺運動與外交活動	99
第四章	1910年至1945年的政治活動	101
第一節	民族認同的覺醒與政治訴求	102
第二節	中國回教救國協會的成立與其運作	115
第三節	小結	123

第五章	制憲國民大會與第一屆國民大會第一次大會	125
第一節	內地回民代表與制憲國民大會	126
第二節	第一屆國民大會選舉與內地回民代表	135
第三節	小結	143

第六章	1945年至1949年政府與北平漢語穆斯林社群的互動	145
第一節	民國前期北平的情況	147
第二節	與北平市政府的溝通	153
第三節	漢語穆斯林社群領導人的政治活動	161
第四節	小結	164

第七章	漢語穆斯林知識分子的外交活動	167
第一節	國際活動	169
第二節	中國回教救國協會的國民外交	181
第三節	中國回教救國協會各外交訪問團的活動	185
第四節	小結	193

第八章	新疆突厥語系穆斯林知識分子的外交活動	195
第一節	艾沙與外國勢力	197

第二節　艾沙與國民外交 199
第三節　小結 204

第三部　漢語穆斯林知識分子在臺灣 207
第九章　中國回教協會與中國回教青年會 209
第一節　政治活動與國際活動 210
第二節　政府、中國回教協會與中國回教青年會的關係 219
第三節　小結 224

第十章　中國回教青年會的定期刊物與思想 227
第一節　蕭永泰與中國回教青年會 227
第二節　《回教文化》的特點與政治立場 232
第三節　《回教文化》的思想 238
第四節　小結 246

第十一章　臺北清真寺與冷戰時期國際宣傳 249
第一節　泛伊斯蘭主義與冷戰 251
第二節　臺北清真寺落成典禮與國際宣傳 255
第三節　海外穆斯林領袖訪問臺北清真寺 259
第四節　小結 262

結　論 263
參考文獻 269

導論

　　中國信仰伊斯蘭教的族群，後來被中華人民共和國政府認定為「回族」。隨著伊斯蘭世界的擴大以及穆斯林商人來華，尤其是中亞與西亞的阿拉伯、波斯穆斯林經由海路與陸路來華定居，從唐代至宋代在廣州、杭州等國際城市形成一個「蕃坊」的居住區，不受中國法律的管制，施行伊斯蘭法，享受高度自治。到了元代，他們的政治地位僅次於蒙古人。至明代，有部分漢語穆斯林服務朝廷，如到南洋、西亞與東非等地區進行航海活動的宦官鄭和。明代對伊斯蘭教採取寬容的態度，而明代的海禁政策，導致中亞與西亞來華的穆斯林減少。漢語穆斯林知識分子透過與漢族進行交流部分接受漢文化，形成穆斯林社群，清代開始監視漢語穆斯林，清廷因為西北與雲南發生回民事變，對漢語穆斯林不信任並採取鎮壓，對漢語穆斯林社群所在地造成嚴重破壞。

　　除了漢語穆斯林知識分子的歷史背景之外，我們也可以看出漢語穆斯林的特點，其與蒙古族以及藏族等不同的「民族」，族群不是聚集在一個地方，而是散居在中國各地。另一方面，他們以清真寺為中心，隔離漢族等其他族群，形成一個居住區。作為穆斯林社群的形塑並保持特點，與中華人民共和國將歷史上的漢語穆斯林認定「民族」的事實，具有密切關係。

　　我們在檢討漢語穆斯林的歷史與社群特點時，需了解清末民初以後中國形塑國族的過程中，與漢族不同文化背景的漢語穆斯林政治地位情形、如何建立與政府的關係，以及展開何種政治活動。深入瞭解漢語穆斯林的歷史進程，也闡明少數族群在中國當代史、臺灣當代史框架中的定位。

本書主要探討中華民國建立後漢語穆斯林社群，尤其是漢語穆斯林知識分子與政府之間的關係以及其變遷。筆者分析漢語穆斯林社群的情況與國家政策雙方的關係，即漢語穆斯林知識分子對國家政策有什麼看法、他們的政治活動、政府如何管制其社群與知識分子。筆者更進一步探討 1949 年後臺灣漢語穆斯林知識分子與政府之間的關係，認為雙方在 1949 年前後有連續性，是值得探討的問題，也闡明他們的演講如何啟迪民智進行伊斯蘭革新運動的議題。

政府與漢語穆斯林社群之間的關係，特別是社群知識分子如何應對國民政府推動的新生活運動與宣慰，針對切身利益展開政治活動，從各方面檢討自身在國民大會中的政治及外交活動。

因此，筆者從兩個側面探討漢語穆斯林知識分子的政治活動。首先，他們參與北京政府以及國民政府時期的政壇，解析他們政治活動的想法與目的；其次，他們與國民政府的外交活動，在表面上協調一致，但實際目的則有所不同。

漢語穆斯林知識分子的形塑

因廢止科舉與新式教育的引進，促進漢語穆斯林知識分子的形塑。安藤潤一郎的研究顯示清末民初以後的漢語穆斯林知識分子主要分為兩大類：第一類是在清真寺教授阿拉伯語、波斯語以及伊斯蘭教學等的阿訇與宗教學生；第二類是清末民初接受新式教育的學生。安藤更進一步探討漢語穆斯林知識分子的特色，對他們賦予生活與行動的規範與精神支撐，具有壓倒性權威與影響力的是阿訇與宗教學生等傳統漢語穆斯林知識分子，接受新式教育者則處於邊緣，沒有領導社會的主導權。阿訇等傳統領導層拒絕與漢族社會交往，然而大部分接受新式教育的漢語穆斯林都具

有共同的學術傾向,但對伊斯蘭教教義的知識並不豐富。清末民初以後,接受新式教育者就任政府以及軍事部門,也形塑馬鴻逵以及白崇禧等漢語穆斯林地方軍事勢力,甚至對政府有極大的影響。另外,五四運動以後他們受到政治與社會思想的洗禮,政治意識極為強烈,隨著他們逐漸崛起,開始產生強大的政治、文化影響力。[1]

按照安藤的研究,筆者歸結出兩點漢語穆斯林知識分子的特點:一是接受新式教育或經堂教育;二是他們不但是社會菁英,也是阿訇等宗教人士,他們革新伊斯蘭教,關心與改善中國穆斯林的政治與社會問題,成立漢語穆斯林社團,出版定期刊物,呈請政府鞏固他們的政治地位。聚焦在具有極強政治意識的漢語穆斯林之政治活動、漢語穆斯林知識分子、漢語穆斯林社團以及與政府的三方關係。政治活動主要是成立社團、請政府解決貧困及教育等問題、出版定期刊物表達政治見解。另一方面,他們對國家政策符合伊斯蘭教教義相容深表贊同,而當國家政策否定其民族特點時,他們便強烈抗議。漢語穆斯林的教育程度有各種說法:民國前期受教育的漢語穆斯林只有 15%;識字者占漢語穆斯林總人口的千分之一。[2] 因此,漢語穆斯林知識分子可說是「菁英中的菁英」。

1　安藤潤一郎,〈中華民國期における「中国イスラーム新文化運動」の思想と構造〉,收入掘池信夫主編,《中国のイスラーム思想と文化》(東京:勉誠出版,2009),頁 123-145。

2　馬松亭,〈五年以來之月華報〉,《月華》,第 6 卷第 28、29、30 期(1934 年 10 月),頁 22;馬光亮,〈中國回教不振之原因及其補救之方針〉,《伊斯蘭》,第 2 期(1935 年 2 月),頁 3。

漢語穆斯林社群與社交網絡

關於漢語穆斯林社群，岩村忍於日本侵華期間在河北省與內蒙古進行田野調查，探討其特點。他認為社群是由清真寺、阿訇與漢語穆斯林組成，社群的領袖鄉老擔任清真寺與社群的運作，也顯示漢語穆斯林社群沒有血緣及地緣關係，而具有清真寺－阿訇－鄉老－漢語穆斯林的人際結構。[3] 今永清二延續岩村忍的看法，強調鄉老在經營社群的自治組織扮演重要角色。[4]

馬強探討漢語穆斯林社群在歷史潮流中的變化。他以廣州為田野調查地點，表明源自唐代，從阿拉伯遷移到廣州的穆斯林形成一個「藩坊」的居住區。唐代與宋代的「藩坊」由國家賦予高度的自治權，推廣伊斯蘭法。到了元代，他們受到國家的直接統治，在「藩坊」禁止伊斯蘭法的施行，社群裡阿訇的影響力便逐漸減弱，權力結構有了很大變化。明清時期的漢語穆斯林社群呈現與唐、宋不同的面貌。例如，唐宋時期社群的阿訇具有絕大的影響力，到了明清，轉變為阿訇與鄉老等集體領導體制。[5] 中華民國成立後，社群領導結構更迭，漢語穆斯林知識分子取代阿訇與鄉老的領導地位。

按照岩村、今永及馬強的研究，筆者認為漢語穆斯林社群是指沒有血緣關係且具有清真寺－阿訇－鄉老－漢語穆斯林的人際結構的社區，也與漢族等其他族群社區不同，形成包圍清真寺而聚集的社區。

3　岩村忍，《中国回教社会の構造》（東京：日本評論社，1949）。
4　今永清二，《中国回教史序説：その社会史的研究》（東京：弘文堂，1966），頁 57-82。
5　馬強，《流動的精神社區—人類學視野下的廣州穆斯林哲瑪提研究》（北京：中國社會科學出版社，2006），頁 49-118。

儘管如此，漢語穆斯林社群並非封閉，而是開放包容，社交網絡有時也包含新疆突厥語系穆斯林與漢族。本書揭示中華民國建立後，漢語穆斯林知識分子形成圍繞清真寺而聚集的社區，但就社交網絡而言，他們積極與漢族政界以及知識分子進行交流，新疆突厥語系穆斯林也與他們有密切關係。至1949年以後的臺灣，他們維持漢語穆斯林之間的交往，只是並未形成一個明顯的社群，同時也有漢語穆斯林－新疆突厥語系穆斯林－漢族的社交網絡。誠如第九章、第十章以及第十一章提到，中國回教青年會理事長蕭永泰與蔣經國具有密切關係，王雲五等漢族知識分子關心伊斯蘭教的發展，堯樂博士（Yulbars Khan）等新疆突厥語系穆斯林參與中國回教協會的運作等。

中國伊斯蘭教革新運動

伊斯蘭教於隋唐傳入中國後，在明清以及民國初期，革新運動達到幾次的巔峰。隨著伊斯蘭教在中國扎根，穆斯林接受中華文化，尤其是儒家文化，如馬注與王岱輿等漢語穆斯林學者以儒釋教的方式，透過儒家思想解釋伊斯蘭教的教義，讓伊斯蘭教適應中華文化的同時，更積極將阿拉伯語及波斯語的經典翻譯出版，廣泛流傳，也在清真寺建立經堂教育。[6]

19世紀以後，中國伊斯蘭教革新運動產生「典範轉移」，[7]

6　中西竜也，《中華と対話するイスラーム：17－19世紀中国ムスリムの思想的営為》（京都：京都大學學術出版會，2013）；Kristian Petersen, *Interpreting Islam in China Pilgrimage, Scripture, & Language in the Han kitab* (Oxford: Oxford University Press, 2018); Dror Weil, "Islamicated China: China's Participation in the Islamicate Book Culture during the Seventeenth and Eighteenth Centuries", *Intellectual History of the Islamic World*, 4 (2016), pp. 36-60.

7　伊斯蘭教革新不但在中國，也在全球產生，尤其是中東地區的伊斯蘭教革新運動昌盛。西方學者過去在討論伊斯蘭教革新運動時過度強調西方的影響

有五大因素：基督教宣教、交通運輸、海外通信網、新式學校以及出版業的發展。

近代中國各宗教受到基督教宣教師的挑戰，佛教界仿照基督教的宣教方式革新佛教，比如積極出版期刊。[8] 而伊斯蘭教界也有類似的情況，基督教宣教師批評伊斯蘭教教義、向不識字的穆斯林宣教等。漢語穆斯林知識分子積極學習基督教的宣傳方式，如引進演講、出版定期刊物。[9] 除此之外，他們也受到從中東地區帶來的伊斯蘭教革新運動之影響。19世紀中東國家的革新運動提倡Nahda，岡崎弘樹指出Nahda是將古代與中世紀阿拉伯伊斯蘭文明在近代的脈絡下重生與覺醒。[10] Nahda透過漢語穆斯

與「西方衝擊」。英語世界學者最近修正西方中心主義的觀點，探討穆斯林知識分子接受如Salafism（薩拉菲主義：伊斯蘭教復古運動）等西方東方學者創造的伊斯蘭教概念，闡明西方國家影響之前的伊斯蘭教革新運動。Albert Hourani, *Arabic Thought in the Liberal Age, 1789-1939* (Cambridge: Cambridge University Press, 1983); Ahmad S. Dallal, *Islam without Europe Tradition of Reform in Eighteenth-Century Islamic Thought* (Chapel Hill: University of North Carolina Press, 2018); Henri Lauzière, *The Making of Salafism: Islamic Reform in the Twentieth Century* (New York: Columbia University Press, 2016).

8　Vincent Goossaert and David A Palmer, *The Religious Question in Modern China* (Chicago: University of Chicago Press, 2011), pp. 67-89; 呂妙芬、康豹，〈導論〉，《五四運動與中國宗教的調適與發展》（臺北：中央研究院近代史研究所，2020），頁3-4；康豹著、陳亭佑譯，《中國宗教及其現代命運》（臺北：博揚文化，2017），頁63-99；倪管嬣，《國家、知識、信仰《佛學叢報》與清末民初佛教的近代轉型》（臺北：秀威資訊，2022）。關於地方性佛教革新運動，參見邵佳德，《近代佛教改革的地方性實踐：以民國南京為中心》（臺北：法鼓文化，2017）。

9　松本ますみ，〈キリスト教宣教運動と中国イスラームの近代への模索〉，《中國21》，第28號（2007），頁129-130；張中復，〈民國前期基督教對於回民的宣教成效及其反思—以《友穆季刊》為中心之探討〉，《近代中國的宗教發展論文集》（臺北：國史館，2015），頁235-268；楊曉春，〈民國前期回族宗教學者對基督教的認識與批評——以民國時期四大阿訇為例〉，《北方民族大學學報（哲學社會科學版）》，2016年第3期，頁91。

10　岡崎弘樹，《アラブ近代思想家の専制批判：オリエンタリズムと〈裏返しのオリエンタリズム〉の間》（東京：東京大学出版會，2021），頁3；Jens Hanssen and Max Weiss eds. *Arabic Thought Beyond the Liberal Age: Toward an Intellectual History of the Nahda* (Cambridge: Cambridge University Press, 2016).

林留學生傳到中國，他們結合中國傳統的伊斯蘭教學與歐洲產生的新思想，探討古代與中世紀的阿拉伯文明與自己在中國史上的定位。他們的伊斯蘭教革新運動革除舊習，使中國伊斯蘭教適應時代潮流。清末民初之前，漢語穆斯林領導層在清真寺開辦經堂教育，教授阿拉伯語、波斯語以及伊斯蘭教學。[11] 到了清末民初，他們在中國各地建立新式學校，教授排除波斯語之外傳統的教學科目加上國語、數學、歷史、公民等，[12] 北平的成達師範學校是中國伊斯蘭教革新運動的中心，該校於1925年在山東濟南成立，1929年遷移到北平東四清真寺，教師與學生在《月華》等期刊展開伊斯蘭教革新運動的討論。[13]

《月華》受到埃及出版 al-Manār（《燈塔》）期刊的影響，其由埃及伊斯蘭教革新派知識分子里達（Rashid Rida）創辦，隨著交通與郵政的發達，流傳到沙俄中亞、印度、印尼等地區。[14] 雖然 al-Manār 的流傳範圍極為廣泛，但價格昂貴，讀者群只限制

---

11 李雲飛，《漢語語境下的伊斯蘭》（臺北：蘭臺出版，2022），頁57-88。

12 松本ますみ認為漢語穆斯林知識分子到清末民初以後，深感阿拉伯語是穆斯林通用的國際語言，漸漸不學習波斯語。松本ますみ，〈中国イスラーム教育におけるペルシャ語学習の排除――近代化と「合理」の果てに―〉，《1920年代から1930年代中国周縁エスニシティの民族覚醒と教育に関する比較研究》（2015），頁1-30。

13 松本ますみ，《中国民族政策の研究―清末から1945年までの「民族論」を中心に―》（東京：多賀出版，1999），頁287-307；Matsumoto Masumi, Rationalizing Patriotism among Muslim Chinese: The impact of the Middle East on the Yuehua journal, Stephane A. Dudoignon, Komatsu Hisao and Kosugi Yasushi eds. *Intellectuals in the Modern Islamic World: Transmission, Transformation, Communication* (London New York: Routledge, 2006), pp. 117-142; Wlodzimierz Cieciura, *Muzułmanie chińscy. Historia, religia, tożsamość* (Warsaw: Wydawnictwa Uniwersytetu Warszawskiego, 2014), pp. 187-266.

14 參考 A. Dudoignon, Komatsu Hisao and Kosugi Yasushi eds. *Intellectuals in the Modern Islamic World: Transmission, Transformation, Communication*；山口元樹，《インドネシアのイスラーム改革主義運動――アラブ人コミュニティの教育活動と社会統合》（東京：慶應義塾大學出版會，2018），頁8-9。

在特定階級,[15] 而《月華》的價格每冊3分半、全年36期1元、清真寺與學校訂購4角。[16] 對照1928年至1937年期間基層公務員的月薪30元、中學教員月薪8元至10元,[17] 一般漢語穆斯林知識分子有能力購買,其他人也可以在清真寺閱讀到《月華》。由於近代出版業以及印刷技術進展,成達師範學校成立出版部,出版伊斯蘭教學的書籍,也發明阿拉伯語活字印刷技術,出版阿拉伯語課本。[18] 他們與商務印書館等大型出版社合作出版,與政府的關係也相當密切。[19] 清末民初以後,隨著公共圖書館的普及,成達師範學校開辦福德圖書館,收藏阿拉伯書籍以及中國史地及科學方面的書籍。[20] 馬魁麟(第二章與第七章所探討的馬宏道與馬明道之父),在北平牛街成立清真書報社,出版《正道》等期刊以及銷售伊斯蘭經典。[21]

此外,漢語穆斯林知識分子翻譯阿拉伯文出版《古蘭經》與《古蘭經譯解》,像是馬堅在1939年著手翻譯《古蘭經》,

---

15 Leor Halevi, *Modern Things on Trial: Islam's Global Material Reformation in the Age of Rida, 1865-1935* (New York: Columbia University Press, 2021), pp. 45-65.
16 李健祥,〈清末民初的物價與醫療〉,《中醫藥雜誌》,特刊第1期(2013),頁124。
17 〈訂閱價目表〉,《月華》,第6卷第4、5、6期合刊(1934年2月),頁45。
18 〈紀念九一九活字節〉,《月華》,第6卷第25、26、27期(1934年9月),頁11-15。〈北平成達師範學校出版書目〉,《成師校刊》,第4卷第1、2期(1937年4月),頁8。
19 比如,傅統先著《中國回教史》初版於1940年在上海商務印書館出版。在福德圖書館成立時,商務印書館經理王雲五捐贈成達師範學校書券100元。此外,蔣介石與朱家驊分別贈捐5,000元及1,000元。〈鳴謝〉,《成師校刊》,第3卷第56-57期(1937年3月),頁145、150。
20 國立北平研究院捐贈成達師範學校《北平歲時志》等歷史地理方面的書籍以及生物植物等科學刊物。〈國立北平研究院捐贈圖書一覽〉,《成師校刊》,第4卷第31期(1936年10月),頁139-140。
21 王建平,〈馬魁麟阿訇與北平牛街清真書報社〉,《北方民族大學學報(哲學社會科學版)》,第6期(2014),頁41-44。

1981年出版漢譯版《古蘭經》;[22] 在1949年後的臺灣，時子周也出版《國語古蘭經譯釋》。[23]

伊斯蘭教革新運動不但透過出版刊物，漢語穆斯林知識分子也藉由基督教的宣教方式引進演說（演講），試圖開啟民智。

中國穆斯林知識分子的「族群」論

Dru. C. Gladney、[24] Jonathan N. Lipman、[25] 松本真澄、安藤潤一郎、張中復、[26] Wlodzimierz Cieciura、[27] Yee Lak Elliot Lee[28] 及山崎典子指出漢語穆斯林知識分子受到中國國族意識崛起以及孫中山五族共和的影響，認為他們是中華民族框架中的一個「民族」，也開始探討自身具有什麼民族特點。

清末民初以前，漢語穆斯林知識分子在撰寫自己的歷史時，認為他們來自天山，祖先是亞當（Adam），隋唐時期來華，將

---

22 馬堅，《古蘭經》（北京：中國社會科學出版社，1981）。
23 趙錫麟，〈經堂教育與經生制度成果與評估〉，收入趙錫麟、張中復《主命的傳承與延續：回教在臺灣的發揚與展望》（臺北：政大出版社，2019），頁284。
24 Dru. C. Gladney, *Dislocating China: Muslims, Minorities, and Other Subaltern Subject* (Chicago: University of Chicago Press, 2004), p. 172.
25 Jonathan N. Lipman, *Familiar Strangers: A History of Muslims in Northwest China* (Seattle: University of Washington Press, 1997), pp. 212-216.
26 張中復，〈從「爭教不爭國」到「爭教即爭國」—五四新文化運動對形塑現代回民穆斯林族、教意識的影響及其當代反思〉，收入呂妙芬、康豹，《五四運動與中國宗教的調適與發展》，頁513-543。
27 Wlodzimierz Cieciura, "Ethnicity or Religion? Republican-Era Chinese Debates on Islam and Muslims", Jonathan Lipman ed. *Islamic Thought in China Sino-Muslim Intellectual Evolution from the 17th to the 21st Century* (Edinburgh: Edinburgh University Press, 2016), pp. 126-140.
28 Yee Lak Elliot Lee, "Muslims as 'Hui' in Late Imperial and Republican China. A Historical Reconsideration of Social Differentiation and Identity Construction." *Historical Social Research*, Vol. 44, No. 3 (2019), pp. 226-263.

其歷史故事銘刻在墓碑等。[29] 清末民初以後，產生出族群認同。

山崎典子指出清末的漢語穆斯林知識分子認為「回族」是指新疆突厥語系穆斯林，他們也不認為漢語穆斯林是「回族」，如王寬與張子文等民初的漢語穆斯林知識分子，也許迴避政治壓迫而避談其族群性。儘管如此，因宗教信仰與飲食習慣的不同，他們開始將「回」與「漢」做出區別。[30]

安藤潤一郎認為漢語穆斯林提倡「民族」論，是隨著中國伊斯蘭教新文化運動的進展，結合其知識分子的知識世界與革新派阿訇的伊斯蘭教知識世界，在1920年代以後政治社會思潮中「民族」的概念發展，以及國民政府的「西部開發」，使得漢語穆斯林聚集的西北各省成為媒體焦點。[31] 除了安藤所指出的觀點之外，筆者認為還包括漢語穆斯林知識分子的政治活動。如前所述，他們為了改善社群的地位而成立漢語穆斯林社團，向政府提出各種訴求。向國民政府以及中國社會強調漢語穆斯林的「民族」特點，應該將他們與滿族、蒙古族、藏族平等對待，作為少數民族享受優待。另一方面，國民政府認為漢語穆斯林是信仰伊斯蘭教的「宗教集團」，不是一個「民族」。為了讓政府與社會承認他們與蒙古族、藏族同樣為「民族」，因此給予自己「民族」的定義，以下梳理漢語穆斯林知識分子的「民族」論。

成達師範學校的金吉堂認為漢語穆斯林是「民族」，可以從四個方面分析：

---

[29] J. Lilu Chen, *Chinese Heirs to Muhammad: Writing Islamic History in Early Modern China* (New Jersey: Gorgias Press, 2020).

[30] 山崎典子，〈"邊緣人"的可能性──以20世紀初中國穆斯林菁英為中心〉，《宗教人類學》，第5期（2014），頁341-358。

[31] 安藤潤一郎，〈中華民国期における「中国イスラーム新文化運動」の思想と構造〉，頁136。

第一是根據伊斯蘭教的教義，穆斯林應該做教內婚，讓穆斯林的血統在世世代代流傳，漢語穆斯林是純粹血統的「民族」。

　　第二是在生活習慣與宗教信仰上，與漢族有著很大的差別。

　　第三是在語言方面，中國內地的漢語穆斯林使用漢語，甘肅省東鄉族穆斯林使用蒙古語，青海省撒拉族使用突厥語，新疆的穆斯林使用各種突厥語。

　　第四是漢語穆斯林為隋唐以來西域來華的外來族群。[32]

　　傅統先的「民族」論與金吉堂有所不同。他認為漢語穆斯林沒有具備自己的「民族」語言，而血統來源是阿拉伯與波斯等，漢族入教後成為穆斯林，中國穆斯林的範圍也包含新疆突厥語系。他表示漢語穆斯林唐代以後自阿拉伯中亞來華，到了元代，在政治上作為色目人而處於很高的地位。明代以後，經過漢化形成具有中國特色的伊斯蘭教文化，然而清代回民事變則帶給漢語穆斯林嚴重打擊。[33]

　　松本真澄認為漢語穆斯林知識分子成為穆斯林與效忠國家沒有衝突，安藤也承認他們巧妙地結合「中華民族框架中的回教民族」與「穆斯林等於回教民族」。[34] 由此可見，金吉堂與傅統先的漢語穆斯林「民族」論從歷史、文化與語言的特殊性探討他們的「民族」特點。值得留意的是，本書第二章、第五章揭示漢語穆斯林地方軍閥馬鴻逵與白崇禧，並不認為漢語穆斯林是一個「民族」，強調他們是中華民族的一個旁系，[35] 因此，漢語穆

---

32 金吉堂，《中國回教史研究》（北平：成達師範學校出版部，1935）。
33 傅統先，《中國回教史》（臺北：商務印書館，1996），頁 177-179。
34 松本ますみ，〈「回」愛国主義の根拠―『月華』にみるイスラーム改革派の論理〉，《近現代中国の国民統合原理と中国イスラーム改革派政治の関係についての歴史学的研究》（日本学術振興会研究成果報告，2003），頁 47。
35 馬鴻逵，〈西北兩大問題　回漢糾紛與禁菸問題〉，《革命文獻第八十八輯：

斯林本身對自我「民族」的認識有著很大的差距。誠如第十章所言，1949年前後來臺的部分漢語穆斯林知識分子繼承民國初年提倡的「民族」概念，其中也包含新疆突厥語系穆斯林。

筆者認為漢語穆斯林的族群具有四個特點：

一是具有共同的歷史記憶，即從隋唐以後，自中東及中亞遷移到中國，定居與繁衍。

二是信仰伊斯蘭教的族群，即具有「教」與「族」一致。

三是具有飲食等共同的生活習慣。

四是具有共同語言的族群，即雖然部分知識分子具有阿拉伯語及波斯語的造詣，但多數人的母語仍是漢語。

一樣是穆斯林，新疆突厥語系的族群認同與漢族完全不同。蘇俄中亞的穆斯林知識分子提倡「新方式」教育，產生突厥語系的族群認同，[36] 而新疆有各地綠洲認同，沒有統一的族群意識，[37] 隨著突厥語系族群認同傳入新疆，開始認為自己是突厥語系穆斯林。[38] 雖然新疆省政府主席盛世才於1935年承認「維吾爾族」稱謂，一律禁止使用「纏回」稱呼，部分新疆突厥語系的穆斯林知識分子在《新生活》期刊上強調自己是「維吾爾」，[39] 但國民政府還沒有正式承認「維吾爾族」稱謂，而將他們看做

抗戰前國家建設資料—西北建設》（臺北：中國國民黨中央委員會黨史委員會，1981），頁111。

36 David Brophy, *Uyghur Nation: Reform and Revolution on the Russa-China Frontier* (Cambridge MA.: Havard University Press, 2016), pp. 86-113.

37 Justin Jon Rudelson, *Oasis Identities: Uyghur Nationalism Along China's Silk Road* (New York: Columbia University Press, 1997), pp. 39-120.

38 Rian Thun, *The Sacred Routes of Uyghur History* (Cambridge MA.: Harvard University Press , 2014), pp. 163-244; Ondřej Klimeš, *Struggle by the Pen: The Uyghur Discourse of Nation and National Interest, c.1900-1949* (Leiden: Brill, 2015), pp. 26-186.

39 清水由里子，〈『新生活』紙にみる「ウイグル」民族意識再考〉，《中央大学アジア史研究》，第35號（2011年3月），頁45-69。

「回族」或「回民」。部分新疆突厥語系穆斯林知識分子出身的國民政府官員,也不認同「維吾爾族」,而認為他們是「新疆突厥語系穆斯林」。[40]

本書探討新疆突厥語系穆斯林的原因是其政治立場:漢語穆斯林要求政府提高政治地位,不強調民族自治,而是要找到自己在中華民族與共和體制中的定位,部分新疆突厥語系穆斯林則爭取民族自治,代表新疆的利益。

漢語穆斯林知識分子的國際活動

漢語穆斯林知識分子赴麥加朝觀與中東、印度等地吸收伊斯蘭教學的知識,同時也學到團結穆斯林,抵抗西方帝國主義的「泛伊斯蘭主義」(Pan-Islamism)[41]以及不分種族與國籍的穆斯林團結型塑的「烏瑪」(Ummah)。關於「烏瑪」,小杉泰指出有三個特點:第一,宣誓跟隨穆罕默德成為穆斯林的共同體;[42]第二,烏瑪不但是凝聚穆斯林的共同體,也是追求政教一體的共同體;[43]第三,它是不分人種、出身、階級的共同體。[44]

---

40 平山光將,〈新疆突厥語系穆斯林在內地(1930-1945)──以艾沙為例〉,藍美華主編,《邊民在內地》(臺北:政大出版社,2018),頁339。

41 平野淳一指出「泛伊斯蘭主義」(Pan-Islamism)是法國媒體工作者Gabriel Charmes創造的概念,穆斯林知識分子後來接納它。他還顯示泛伊斯蘭主義不但為了抵抗西方國家的殖民地主義而團結穆斯林,也以伊斯蘭教為紐帶強調不同種族穆斯林的聯繫。Junichi Hirano, "Beyond the Sunni-Shiite Dichotomy: Rethinking al-Afghani and His Pan-Islamism", *Kyoto Working Papers on Area Studies: G-COE Series* 2 (2008), pp. 1-30; Junichi Hirano, "Historical Formation of Pan-Islamism: Modern Islamic Reformists Project for Intra-Umma Alliance and Inter-Madhahib Rapprochement", *Kyoto Working Papers on Area Studies: G-COE Series* 10 (2008), pp. 1-43.

42 小杉泰,《現代イスラーム世界論》(名古屋:名古屋大学出版會,2006),頁501。

43 小杉泰,《現代イスラーム世界論》,頁38。

44 小杉泰,《現代イスラーム世界論》,頁36。

總之，烏瑪是不分人種、出身、階級、民族與國籍的政教一體之穆斯林共同體。

清末民初以後，漢語穆斯林知識分子到埃及、土耳其等國家留學，與國外穆斯林進行各種交流。成達師範學校等新式學校組成留學團，到埃及艾資哈爾大學（Al-Azhar University）學習伊斯蘭教學以及阿拉伯語，有部分知識分子在該校擔任中文教師，也邀請艾資哈爾大學教授到成達師範學校，進行宗教文化交流。也有在土耳其學習革命後國家建設的經驗，以應用到中國。

日本侵華以後，國民政府與漢語穆斯林知識分子共同爭取國外穆斯林的支持，他們認為日本侵華帶給「烏瑪」極大的負面影響，呼籲國外穆斯林一起抗日。國民政府組成中國回教救國協會（1943年改稱中國回教協會），也提倡泛伊斯蘭主義，派遣訪問團前往中東及南洋等地區。

漢語穆斯林知識分子的國際活動在冷戰時期邁入新的階段。Odd Arne Westad 指出隨著美蘇國家勢力的增強與歐洲殖民主義的退潮，呈現新的國際趨勢，在列強殖民地獨立前後，形成第三世界；為了爭取第三世界的支持，美蘇兩國圍繞第三世界進行意識形態戰。[45]

宗教界也有類似的「宗教冷戰」（Religious Cold War），美蘇兩大集團運用宗教情誼爭取第三世界支持，透過宗教進行國際宣傳。[46]

冷戰時期在臺灣的漢語穆斯林知識分子與中華民國政府共同抵抗共產主義，爭取第三世界的支持，而維持聯合國「中國」代

---

45 Odd Arne Westad, *The Global Cold War* (Cambridge: Cambridge University Press, 2007), pp. 110-157.

46 Andrew Preston, "The Religious Cold War", Philip E. Muehlenbeck ed, *Religious and the Cold War: A Global Perspective* (Nashville: Vanderbilt University Press, 2012), pp. 7-18.

表權。同時期的中國漢語穆斯林知識分子也按照中華人民共和國政府的統一戰線，與埃及等中東國家建立外交、展開文化活動。對此，臺灣漢語穆斯林不但派遣訪問團到國外，也透過出版期刊、擴建清真寺來進行國際宣傳。相對的，中國漢語穆斯林則配合中華人民共和國的外交活動，也在北京大學等校從事阿拉伯語教學，培養外交等領域的阿拉伯語人才。

新疆突厥語系穆斯林知識分子則為了新疆的利益而推動國際活動，即拯救因金樹仁與盛世才的暴政而逃亡印度的新疆突厥語系穆斯林。1949 年以後，他們主要分為新疆獨立派與擁護國民政府派：獨立派的艾沙（Eysa Yusup Alptekin）等逃亡土耳其，透過國際會議等機會，大肆宣傳新疆獨立；支持中華民國的堯樂博士在來臺之後，就任新疆省政府主席，強烈反對新疆獨立。

本書的章節安排

本書的結構主要分為三個部分。

第一部：政治宣傳與啟蒙活動

筆者從演講的啟蒙運動以及國家政策探討他們如何推動啟蒙活動、漢語穆斯林社群對國家政策的看法以及反應。

第一章探討漢語穆斯林知識分子的演講如何在社群中推動，從他們在伊斯蘭教革新運動中吸取基督教的傳教模式，由宣講變遷到演講，並以王曾善的演講為例探究聽眾的反應。

第二章闡明漢語穆斯林知識分子對南京國民政府「宣慰」的反應。中國抗戰期間，華北受到日本的軍事威脅，南京國民政府為了加強對華北、華中漢語穆斯林社群的管制，派遣馬宏道按照

蔣介石的中華民族融合論,否定「回族」的族群性,宣揚土耳其的凱末爾(Mustafa Kemal Atatürk),呼籲華北、華中的漢語穆斯林學習土耳其的救國精神。但北平的中國回族青年會是具有「回族」民族意識的團體,他們強烈反對馬宏道的「宣慰」,因此成效不彰。

第三章透過開封漢語穆斯林與新生活運動之間的關係,探討漢語穆斯林知識分子與社群如何看待國家政策。新生活運動具有中國傳統的儒家精神、基督教的因素,漢語穆斯林知識分子為了推動伊斯蘭教革新運動而積極響應,也認為新生活運動符合伊斯蘭教教義,但事實上並未帶給開封漢語穆斯林社群良好的影響。在新生活運動中,部分漢語穆斯林極為奢侈,有喝酒、賭博之事,甚至屠宰業者因清潔運動影響生計,還以罷工來抗議。

第二部:自覺運動與外交活動

漢語穆斯林知識分子鞏固政治地位以及改善社群的情況,扮演政府與社群之間的橋梁。此外,也在海外留學進行宗教交流,抗戰期間積極參與中華民國的「國民外交」,加強與國外穆斯林的關係,新疆突厥語系穆斯林也代表新疆的利益,展開外交活動。

第四章與第五章都探討漢語穆斯林知識分子成立的社團以及政治活動,清末民初以後,他們為了改善經濟及教育狀況而組成社團,希望參與政治活動,但國民政府認為漢語穆斯林不是「民族」,而是「宗教集團」,對此他們探討自己族群的特點,強調與漢族的差異;日本投降後,國民政府召開制憲國民大會,漢語穆斯林知識分子作為內地回民代表的身分參政,要求政府給予平等的政治地位。

第六章以北平漢語穆斯林社群為例，探討政府、漢語穆斯林知識分子以及社群的三方關係，漢語穆斯林知識分子試圖成立其他社團，但除了中國回教協會北平分會之外，都不被政府許可；他們透過北平分會下情上達，主動解決侮辱伊斯蘭教的案件、教育以及屠宰業者的問題。

第七章與第八章都檢討漢語穆斯林知識分子以及新疆突厥語系穆斯林知識分子的海外活動，漢語穆斯林到中東學習，也考察土耳其的國家建設，但他們其中有部分認為海外留學並未替社群帶來益處，也認為他們的海外經驗與社群的實際情況相差甚遠；抗戰爆發以後，中國回教救國協會組成中國回教近東訪問團與中國回教南洋訪問團進行抗日宣傳，對抗日本的回教政策，但日本方面的宣傳效果頗大，而中國回教近東訪問團宣傳成效卻不高。

中國回教南洋訪問團受到華僑的歡迎，成功籌集華僑的捐款；新疆突厥語系則組成印度中東訪問團，不但與印度的重要領袖會面爭取抗日的支持，也救濟逃亡印度與中東國家的新疆突厥語系難民與東突厥坦伊斯蘭共和國的領袖之一的穆罕默德・伊敏（Muhammad Amin bughra）。

第三部：漢語穆斯林知識分子在臺灣

接續第二部的討論，1949 年中華民國政府遷臺以後，漢語穆斯林知識分子延續政治與外交活動，但隨著冷戰體制的形塑，他們在外交方面也邁入新的階段。

第九章探討 1949 年後臺灣重建中國回教協會與中國回教青年會，他們因桂系與蔣經國派的問題，而進行各自的政治活動，因阿赫邁底亞（Ahmadiyya）與白崇禧的葬禮問題產生教義爭論，政府調整國民黨的派系，對中國回教協會與中國回教青年會

的活動都予以支持。

　　第十章說明中國回教青年會理事長蕭永泰的思想背景與該會季刊《回教文化》，蕭永泰受到伊斯蘭教革新派阿訇張子文的影響，在瀋陽與臺灣推動宗教革新運動，《回教文化》的立場與宗旨是反共主義、伊斯蘭教革新以及族群認同。

　　第十一章討論漢語穆斯林知識分子透過臺北清真寺的擴建邀請國外人士，藉以進行國際宣傳。

　　筆者將最近十幾年發表在學術期刊與博士論文的中日文文章集結一本書籍，加以修改與補充。本書各章的原始刊登處如下：

導　　論　〈中華民国期における政府と回民知識人・回民社会の関係に関する研究〉（日本中央大學博士論文，2013），頁1-19。

第一章　〈「声」の中国イスラーム改革運動－回民知識人による宣講、演説（講演）を事例として－〉，《中國研究月報》，第77卷第1號（2023年1月），頁20-36。

第二章　〈南京国民政府の「宣慰」について：華北・華中の回民社会への「宣慰」を事例に〉，《中國研究月報》，第66卷第9號（2012年9月），頁34-46。

第三章　〈回民社会と新生活運動──河南省開封市を事例に〉，《東洋學報》，第91卷第4號（2010年3月），頁501-530。

第四章　〈中華民国期における政府と回民知識人・回民社会の関係に関する研究〉（日本中央大學博士論文，2013），頁65-88。

第五章	〈中華民国期における政府と回民知識人・回民社会の関係に関する研究〉（日本中央大學博士論文，2013），頁 89-114。
第六章	〈政府與漢語穆斯林的互動關係——以1945年至1949年的北平漢語穆斯林社群為例〉，《輔仁歷史學報》，第33號（2014年9月），頁185-214。
第七章	〈中華民国期における政府と回民知識人・回民社会の関係に関する研究〉（日本中央大學博士論文，2013），頁115-141。
第八章	〈中華民国期における政府と回民知識人・回民社会の関係に関する研究〉（日本中央大學博士論文，2013），頁142-155。
第九章	〈臺湾イスラーム団体の活動と政教関係（1949年-1979年）：中国回教協会、中国回教青年会を事例に〉，《中央大学アジア史研究》，第41號（2017年3月），頁211-232。
第十章	〈臺湾イスラーム教団体の機関誌とその思想：中国回教青年会機関誌『回教文化』を事例に〉，《中國研究月報》，第72卷第8號（2018年8月），頁1-13。
第十一章	〈臺北清真寺與冷戰時期國際宣傳〉，《二十一世紀雙月刊》（香港中文大學中國文化研究所），2021年12月號，頁115-126。
結　論	〈中華民国期における政府と回民知識人・回民社会の関係に関する研究〉（日本中央大學博士論文，2013），頁182-187。

第一部　政治宣傳與啟蒙活動

第一章 「有聲」的中國伊斯蘭教革新運動

每週五，清真寺舉行集體禮拜（主麻），清真寺的宗教領袖阿訇在禮拜結束之後進行宗教講話，用阿拉伯語叫做 Al-waz，中文叫做臥爾茲，部分漢語穆斯林將宗教講話叫做「宣講臥爾茲」或「臥爾茲演講」。[1] 中國社會對宣講與演講有何區別，無人探討這個問題。[2] 本章將狹義的宣講當作中國特色的宣傳方式，也將演講看作西洋產生的講話方式。史料中可以看到與演講類似的詞彙，筆者認為演講是指主講人將特定的主義與看法呈現給聽眾。

穆斯林知識分子起初不重視宗教講話的邏輯與辯論，而高度重視頌念古蘭經的聲音，[3] 依照伊斯蘭教的教派分為高念派與低念派。[4]

---

1 〈北京市清真寺以"愛國"為主題統一宣講臥爾茲〉（2019 年 9 月 29 日），中國伊斯蘭教協會新聞，http://www.chinaislam.net.cn/cms/news/local/201909/29-13519.html（點閱時間：2020 年 12 月 29 日）；〈全國"臥爾茲"演講比賽作品〉，中國伊斯蘭教協會：http://www.chinaislam.net.cn/cms/sxjs/jiejin/yybszp/（點閱時間：2020 年 12 月 29 日）；馬海雲，〈臥爾茲宣講模式及意義研究〉，《回族研究》，2017 年第 1 期，頁 124。

2 馬海雲，〈臥爾茲宣講模式及意義研究〉，124-126 頁；李孝悌，《清末的下層社會啟蒙運動 1901-1911》（臺北：中央研究院近代史研究所，1992），頁 84-85；游梓翔，〈我要說話——五四運動與中國的口語傳播時代〉，《傳播研究與實踐》，第 9 卷第 2 期（2019 年 7 月），頁 55；程麗紅，《清末宣講與演說研究》（北京：社會科學文獻出版社，2021）。

3 Charles Hirshkid, *The Ethnical Soundscape: Cassette Sermons and Islamic Counterpublics* (Columbia: Columbia University Press, 2006), pp. 33-43.

4 趙秋蒂，《臨夏宗派—中國穆斯林的宗教民族學》（臺北：政大出版社，2012），頁 106；Guangtian Ma, *The Sound of Salvation: Voice, Gender, and the Sufi Mediascape in China* (Columbia: Columbia University Press, 2022), pp. 17-74.

漢語穆斯林知識分子推動伊斯蘭教革新運動，為了提高漢語穆斯林的知識水準而出版定期刊物。然而，漢語穆斯林的教育水平不高，知識分子的看法無法傳遞。因此，透過發出「聲音」採取宣講與演講的方式，宣傳伊斯蘭教革新運動、國內外伊斯蘭教與穆斯林的處境來啟迪民智。目前研究尚未探討以漢語穆斯林為對象的宣講與演講。

本章首先說明宣講與演講在中國社會的進行；其次為漢語穆斯林知識分子如何展開宣講、接受西洋起源的演講，確立適合漢語穆斯林講話方式的演講，以王曾善為例來看聽眾對演講會的反應。

第一節　中國社會的宣講與演講

我們梳理中國社會的宣講與演講的情況，必須理解雙方的共同點與不同之處。

（一）中國社會的宣講

根據前人研究梳理的宣講情形，阿倍泰記指出，宣講是誦讀皇帝頒發道德訓示的「聖諭」，對民眾講解。到了明代，朝廷為了維持鄉村的秩序與教化民眾而制定鄉約，[5] 清朝將「聖諭」納入到鄉約。「聖諭」是為了教化與學問無緣的民眾而編輯，使用口語也為了吸引民眾的目光。地方官員安排宣講儀式流程，由聲音響亮的學生進行宣講，也有銅鑼伴奏的表演。[6]

5　阿倍泰記，〈宣講の伝統とその変容〉，《アジアの歴史と文化》，第7號（2003年3月），頁19-20。

6　木津祐子，〈「聖諭」宣講—教化のためのことば〉，《中國文學報》，第

清朝制定正宗的宣講制度，由地方官員在縣城等地聚集民眾，或者在鄉村的鄉約制度之下向民眾講解康熙《聖諭十六條》與雍正《聖諭廣訓》，四川的宣講甚至結合大眾文化及民間信仰、民間表演。[7]

　　1903年清朝制定「學制」，透過皇帝「聖諭」宣講，教化民眾愛國主義、社會問題與中國在國際社會的處境等。為了開啟民智，在官方的監督下於北京、天津、成都等大城市設立宣講所，例如北京教育監督機關的京師勸學所[8]於1907年將「聖諭」納入宣講，[9]也提倡不得碰觸政治議題或做極端的政治發言，提高民眾對社會問題的關注，讓他們參與社會改造。

　　另外，傳統的宣講與清末中國的時代潮流不同，宣講內容極為單調，也具有強烈的道德性質，且宣講員的口音濃重與說話不流利，使民眾無法理解內容。[10]而清末的中國知識分子積極提倡男女平等，儘管如此宣講所仍未向女性開放。[11]

　　總而言之，宣講是將皇帝的德意以「聖諭」的方式傳遞並教化民眾。1903年「學制」制定之後，宣講的內容包含社會議題與國際趨勢，宣講變成一種開啟民智的手段。

　　66號，（2003年4月），頁85-86。

7　都甲亞沙美，〈清末民初の四川における宣講と通俗教育〉，《九州大學東洋史論集》（2007年4月），頁142；王爾敏，《明清社會文化生態》（臺北：臺灣商務印書館，1997），頁21-28。

8　勸學所成立於1906年監督教育的行政機關，以監督教育、獎勵就學、成立學堂等為職務。高田幸夫，〈清末地域社會における教育行政機構の形成－蘇・浙・晥三省各庁の狀況〉，《東洋學報》，第75卷第1・2號（1993年10月），頁66。

9　李孝悌，《清末的下層社會啟蒙運動1901-1911》，頁70-71。

10　李孝悌，《清末的下層社會啟蒙運動1901-1911》，頁84。

11　李孝悌，《清末的下層社會啟蒙運動1901-1911》，頁137。

（二）中國社會接受「演講」

　　演講來源於古代希臘與羅馬的辯論術。關於辯論，亞里士多德（Aristotle）為了說服對方而要求講者注重聲音的高低、音律以及正確的希臘語。[12] 西塞羅（Marcus Tullius Cicero）繼承亞里士多德的辯論術，也提倡雄辯與正確的拉丁語。[13] 文藝復興時期西方知識分子重新發現西塞羅的辯論術之後，演講開始扮演政治語言的角色，尤其是英國與美國的演講高度重視雄辯、邏輯性、正確的英語、身體表演以及聲音的高低。[14] 演講既推動政治活動，又在形塑政治空間與推動民主主義上扮演重要角色。[15]

　　由此可見，歐美國家的演講繼承古希臘羅馬的辯論術與邏輯，主講者為了表達自己的看法而重視聲音的高低、身體表演以及正確的語法等方面。

　　1901年前後，演講從歐美經過日本傳到中國。福澤諭吉將speech翻譯為「演說」，[16] 慶應義塾成立三田演講會，為了推動口語的思想與政治之溝通而展開演講活動。[17]

　　梁啟超是中國最早鼓吹演講的人，他在戊戌變法之後逃亡日本，於1899年文章〈傳播文明三利器〉中提到學校、報紙與演講。游梓翔指出，在1901年前後識字率不高的中國，知識分子

12　アリストテレス、戸塚七郎譯，《弁論術》（東京：岩波書店，2019），頁304-366。
13　キケロー、大西英文譯，《弁論家について（下）》（東京：岩波書店，2019），頁132-133。
14　高田康成，《キケロ—ヨーロッパの知的伝統》（東京：岩波書店，1998），頁42-80。
15　James Perrin Warren, *Culture of Eloquence: Oratory and Reform in Antebellum America* (Pennsylvania: The Pennsylvania University Press, 1999), pp. 1-28.
16　福澤諭吉，《学問のすゝめ》（東京：岩波書店，2020），頁122-123。
17　中嶋久人，〈三田演説館開館の歴史的意義―公共圏発展の観点から見た〉，《近代日本研究》，第32號（2016年2月），頁4-30。

認為演講能帶給社會教育很大的幫助。[18]

學教教育積極推動演講，1901 年上海創辦的南洋公學與震旦學院為了開啟民智而舉辦演講會；[19] 從 1910 年到 1920 年，北京大學與清華大學等高等院校也作為課外活動舉辦演講。[20] 另外，上海的五四運動由江蘇省教育會與聖約翰大學等基督教學校的職員主導，為掀起國民的愛國情緒，推動演講活動。[21]

中國知識分子圍繞演講的「技術」展開討論。1905 年以後，他們將日本與英國出版有關演講的書籍翻譯中文，發展出演講術。他們也出版演講教科書，例如徐松石於 1928 年在上海中華書局出版《演講學大要》，[22] 詳細敘述演講中的遣詞用字、聲音、音律與講話姿態等等。如前所述，北京大學等高校舉辦演講活動，1919 年 3 月，北京大學的學生為了開啟民智而成立北京大學平民教育演講團，於北京城內寺廟進行演講，之後活動擴大到北京城郊區的農村。他們演講不但批判國內外政治，也批評纏足、吸鴉片與迷信等各個領域。[23] 在晚間也舉辦演講會，且重視

---

18 游梓翔，〈我要說話—五四運動與中國的口語傳播時代〉，頁 52-55。

19 游梓翔，〈我要說話—五四運動與中國的口語傳播時代〉，頁 56。

20 蘇雲峰，《從清華學堂到清華大學 1911-1929》（臺北：中央研究院近代史研究所，1996），頁 301-309；平田昌司，〈目の文學革命・耳の文學革命：一九二〇年代中國における聽覺メディアと「國語」の實驗〉，《中國文學報》，第 58 期（1999 年 4 月），頁 75-114；王東杰，《歷史・聲音・學問——近代中國文化的脈延與異變》（上海：東方出版社，2018），頁 115-130；陳平原，《現代中國的述學文體》（北京：北京大學出版社，2020），頁 35-94；陳平原，《有聲的中國：演說的魅力及其可能性》（北京：商務印書館，2023），頁 12-141。陳平原透過晚清畫報探討學校的演講內容。

21 陳以愛，《動員的力量：上海學潮的起源》（臺北：民國歷史文化學社，2021），頁 96-110。

22 徐松石，《演講學大要》（上海：上海中華書局，1928），頁 225-290；關於民國初年出版演說術的專書，參見陳平原，《有聲的中國：演說的魅力及其可能性》，頁 96-141。

23 萬妮娜，《民國時期北京社會教育活動研究（1912-1937）》（南昌：江西人

與聽眾的互動交流，聽眾對該演講團的評價頗佳。[24]

儘管如此，該演講團的演講活動依然有一定的局限。學生的演講包含新詞彙，部分主講人有很濃重的口音，因此，演講團會分發給聽眾寫有演講內容的紙條，但因聽眾的識字能力低，無法理解他們的演講內容。[25]

不分黨派的政治家運用演講「鼓吹」革命，比如孫中山以及清末留日的胡漢民在東京展開政治演講活動，將排滿等演講內容刊載報刊，以文字形式推廣。[26] 演講讓民眾理解國內外的情況、改良風俗習慣以及提高民眾的教育水準。

1903年前後的宣講都是進行「聖諭」與宣傳政治意識形態。另外，1903年後的宣講與1903年前有所不同。[27] 宣講與演講的差別表現在於，宣講是中國特色的宣傳方式，將「聖諭」傳給民眾，不重視說話能力；演講則來自古希臘與羅馬的辯論，要求主講者雄辯、邏輯、肌體語言、正確的發音與語法，演講的方法刊登在專書，作為方法論的演講論則出現在20世紀初期的中國。

民出版社，2015），頁112；Vera Schwarcz, *The Chinese Enlightenment: Intellectuals and the Legacy of May Fourth Movement of 1919* (Berkeley and Los Angels: University of California, 1986), pp. 86-93.

24 萬妮娜，《民國時期北京社會教育活動研究（1912-1937）》，頁124。
25 萬妮娜，《民國時期北京社會教育活動研究（1912-1937）》，頁124-125。
26 陳平原，《有聲的中國：演說的魅力及其可能性》（北京：商務印書館，2023），頁142-208。
27 程麗紅，《清末宣講與演說研究》，頁90-103。

第二節　漢語穆斯林知識分子的宣講與演講

了解中國社會宣講與演講的情況之後，再探討漢語穆斯林知識分子的宣講與演講。部分漢語穆斯林知識分子進行宣講，也開始接受演講。與此同時，他們邀請名人演講，也提出演講的看法與方法論，將演講引進學校教育。接下來將闡明聽眾對名人演講的反應。

（一）漢語穆斯林知識分子的宣講

1724 年，陝甘總督岳鍾琪將漢語穆斯林視為「動亂分子」，上奏雍正皇帝，呈請於漢語穆斯林聚集地成立回民義學，[28] 對他們宣講《聖諭廣訓》，進行道德教化。[29] 1733 年，乾隆為了統治與教化漢語穆斯林，在各清真寺高舉讚揚皇帝的標語，每週五集體禮拜時，要求阿訇進行宣講。[30] 到了清末，朝廷加強對基層行政的管制，例如於 1875 年在甘肅省平涼的清真寺讓陳林等漢語穆斯林推廣《聖諭廣訓》。[31]

清末民初天津的醫師兼教育家丁子良既透過報紙與宣講推廣

---

28 義學（義塾）在清代由地域社會的士紳領導，透過官府的獎勵與援助成立以及營運，在邊疆地區也推動當地民眾的教育與教化。中島幸宏，〈清末新疆における義塾教育〉，《九州大學東洋史論集》，第 38 號（2010 年 4 月），頁 39。
29 溫春來、周煦陽，〈清代雍正，乾隆時期制度性 "回民" 身份的形成過程及其執行效果〉，《青海民族研究》，第 31 期（2020 年），頁 136-142。
30 范成忠，〈清代康雍乾時期的宗教政策研究〉（烏魯木齊：新疆師範大學碩士論文，2009），頁 20-21。
31 程麗紅，《清末宣講與演說研究》，頁 48。

醫學知識，又提出教育改革的看法。戶部健[32]與 Ruth Rogaski[33]已經探討丁子良的醫學教育與公共衛生的活動，他作為一位漢語穆斯林知識分子透過各種媒體提出自己的見解，在此處僅關注他的宣講論。

丁子良於1870年出生在北京德生門外馬甸，甲午戰爭後在天津當醫生，努力推廣醫學與公共衛生，刊登文章在《大公報》等媒體，自己出版《竹園白話報》，[34]也在北京參與《正宗愛國報》的出版，於1934年6月4日在天津歸真。[35]

根據戶部健的研究，天津成立宣講所[36]之後，丁子良便在天津展開教育活動，提出自己的宣講論。1906年，他在提倡女子教育時，談到自己的宣講論與經驗：

> 天津東馬路前者立了一座宣講所。每晚有些位熱心的志士宣講。聽講的一天比一天多。感動的也真快。故此在西馬路。又立了一處。每晚聽講的人。也是座得滿滿的。天津的風氣。可算真要開通了……我忽然又想起個主意來。天津的考工廠。教育品陳列館二處。不是每逢禮拜五的那一天。許婦

---

32 戶部健，〈清末における社会教育と地域社会―天津における「衛生」の教育を例として〉，《中國研究月報》，第59卷第6號（2005年6月），頁32-49；關於丁國瑞的思想與政治立場，詳見張琴，《多元角色及其思想實踐的合理化―近代回族社會活動家丁國瑞研究》（銀川：陽光出版社，2017）。

33 Ruth Rogaski, *Hygienic Modernity: Meaning of Health and Disease in Treaty-Post China* (Berkeley and Los Angels: University of California, 2004), pp. 244-250.

34 戶部健，〈丁國瑞『竹園叢話』について―附：各集目次〉，《アジア研究》，第6號（2011年3月），頁57-85。

35 〈名醫丁子良逝世〉，《正道》，第4卷第8、9、10、11、12、13號（1934年7月），頁61-63。

36 戶部健，〈丁國瑞『竹園叢話』について―附：各集目次〉，頁39。

女觀看嗎。咱們不如變通變通。把宣講所也仿此辦理。每逢禮拜五的那一天白晝。專請婦女們入內聽講。(宣講所向來白晝不宣講。宣講時。都是晚七八點鐘至十點多鐘。今於白晝許婦女聽講。兩無妨礙)中國婦女。不常出門。偶爾看看考工廠陳列館。順腳兒再到宣講所內歇歇腿兒。亦是勢所必然的。故此不必天天宣講。也不必夜晚宣講。初次宣講。先請開通些的夫人小姐們登臺。講義也不必過高過深。無妨說些家常的話兒。聽講的婦女們茶水。也是用女僕伺候。宣講女員。越多越好。熱熱鬧鬧的。就把聽講的高興給提起來了。再把成衣機器等類試演試演。再演一段留聲機器。(不要唱曲。總要灌一段文雅的笑話兒。還教婦女們聽著有趣。暗含著對病下藥。)臨出門時。每人再送給他們一張有益女界的白話單子。圖畫也可。總教他下次愛來。講過三四個禮拜之後。聽講的必然一天比一天多。我們再請兩位年長的男宣講員。合前有的女宣講員。輪流著宣講。但求婦女們。聽慣了講說。破除迷信。開通知識。女學可就勢如破竹了。[37]

考工廠是指1904年清朝為了振興實業而在天津成立的商品博物館，展示國內外的物產、礦物以及農產物等，為工商業的實業家提供觀摩的機會。[38]丁子良認為應將宣講如同考工廠與教育品陳列館一般視為女性教育的重要機會。

他的宣講論不但針對漢語穆斯林，也以天津市居民為對象，

---

[37] 竹園，〈宣講所宜令婦女聽講〉，《天津商報》，第102號（1906年3月21日），收入《竹園叢話》，第5集（天津敬慎醫室，1922），頁84-85。
[38] 〈天津考工廠〉（2018年5月8日），天津博物館、天津文博院：tjbwg.com（點閱時間：2021年8月7日）。

不要求主講者雄辯、富有邏輯與肢體語言、使用正確的語法與發音。由此看來，宣講的性質已經從推廣皇帝的「聖諭」，改變為啟迪民智。

（二）漢語穆斯林知識分子接受演講

漢語穆斯林知識分子認為宣講是一種社會教育的手段，為了社會教育的發展、應對基督教宣教師的傳教活動，因而接受演講。

1857 年，中國內地會（China Inland Mission）在沿海地區進行宣教活動，發給雲南等中國內陸的穆斯林阿拉伯文與土耳其文的《新約聖經》及《舊約聖經》。[39] 基督教宣教師 Samuel Zwemer 於 1917 年來到中國，開始對穆斯林宣教。他認為基督教「救濟」穆斯林，敵視伊斯蘭教，為不識字的漢語穆斯林解釋難以掌握的基督教教義，嚴厲批評伊斯蘭教的「錯誤」。對此，漢語穆斯林知識分子選擇避免與基督教徒發生不必要的糾紛，試圖與他們和平共處。漢語穆斯林知識分子為了革新伊斯蘭教，將基督教當做學習對象，改革包含傳教活動與啟蒙活動。[40]

提倡仿照基督教啟蒙活動的漢語穆斯林如黃鎮磐（早稻田大

---

[39] 關於中國內地會的研究，松本ますみ，〈キリスト教宣教運動と中国イスラームの近代への模索〉，《中國 21》，第 28 號（2007），頁 129-130；Matsumoto Masumi, "Protestant Christian Missions to Muslims in China and Islamic Reformist Movement," *Annual Report of JAMES*, Vol. 21, No. 1 (2005), pp. 147-171；阿爾文‧奧斯汀（Alvyn Austin）著、李楠譯、崔華傑校譯，《中國億兆：中國內地會與晚清社會（1832-1905）》（新北：臺灣基督教文藝出版社，2022）。

[40] 松本ますみ，〈キリスト教宣教運動と中国イスラームの近代への模索〉，頁 132-139；張中復，〈民國前期基督教對於回民的宣教成效及其反思—以《友穆季刊》為中心之探討〉，《近代中國的宗教發展論文集》（臺北：國史館，2016），頁 235-268；楊曉春，〈民國前期回族宗教學者對基督教的認識與批評〉，《北方民族大學學報（哲學社會科學版）》，2016 年第 3 期，頁 91。

學肄業），[41] 是留東清真教育會[42] 的成員。他認為基督教在中國成功宣教的原因是建立醫院與學校，受到年輕人的支持，為了進行宗教革新而仿照基督教徒的做法，不但面向穆斯林，也對其他人發表演講，並從漢語書籍與報紙尋找演講的題目。[43]

漢語穆斯林知識分子展開以社會教育與宣教為目的的演講：譬如1915年，全國性社團中國回教俱進會雲南分會會長馬心泉的演講；[44] 1921年，丁子良的弟弟丁子瑜提倡在清真寺成立勸學所，每天下午舉辦幾小時的演講會。[45] 如同宣講所一般，進行演講的地方限定在清真寺。馬心泉與丁子瑜沒有明言演講的具體方法，筆者無法得知他們的演講是否包含西洋或基督教色彩，但至少可以說，他們的演講是從中國特色的「宣講」，過渡到西洋與基督教色彩的演講。

北平成達師範學校試圖將演講確立出一種方法論，成達師範學校於1925年成立於山東省濟南，之後搬到北平東四清真寺，為了培養伊斯蘭教革新派領導人，教授阿拉伯語、伊斯蘭教學、中文、歷史與科學等學科。

1929年，在成達師範學校出版的《月華》，署名「天」的作者提倡演講：

---

41 〈留東清真教育會會員錄〉，《醒回篇》，第1號（1908年12月），頁95。
42 王柯，《民族主義與近代中日關係—「民族國家」、「邊疆」與歷史認識》（香港：香港中文大學出版社，2015），頁112-113。
43 黃鎮磐，〈宗教與教育之關係〉，《醒回篇》，第1號，頁14。
44 〈雲南回教俱進會第二屆改組開會記事〉，《清真月報》，第1期（1915年3月），頁1-5。
45 子瑜、丁國琛，〈論清真教今日宜開放門戶〉，《清真週刊》，第1卷第2號（1921年1月），頁1-4。

講演為最有力的宣傳,政治家的講演,常能引得人民的信任。外交家的講演,往往轉變國際間的形勢。學者的講演,給人以更多的知識。宗教家的講演,易引動人對宗教的信仰心。可見講演的力量,實大於其他宣傳方法。聖人穆罕謀德,就是一個大演說家。憑他那巧妙的口才,動人的詞令,感動了多少愚魯的反對者,啟發了多少迷蒙的教徒。到現在聚禮日的講演,仍是襲用我們聖人的良法,可惜現在把這宣傳宗教最有效力的工具,祇在大殿上用,不向各處去宣揚。[46]

《月華》也提倡在清真寺促進演講活動的方法:

在禮拜寺內開公開的講演會,不限教別,將教義用淺近的語句,作公開講演,地址可活用,禮拜寺數處,亦可共同舉行一次。[47]

清真寺舉辦的演講會是否因教派的差異而對演講看法有所分歧,或非穆斯林是否能參加漢語穆斯林的演講會,則無法得知。

19世紀末的英國要求宗教家不應將演講侷限在教堂,讓基督教教義平易近人。[48] 1930年,後來擔任成達師範學校教務的王夢揚提倡演講方法的革新:

---

46 天,〈禮拜寺的門戶開放後〉,《月華》,第1卷第2期(1929年11月),第1版。

47 天,〈禮拜寺的門戶開放後〉。

48 Joseph S. Meisel, *Public Speech and the Culture of Public Life in the Age of Gladstone* (New York: Columbia University Press, 2001), pp. 107-166.

第一，對于講演的方式上，無論如何，是不能再完全取用舊的格調了，應當以講演的內容來作標準。舊的格調，至多祗適於解釋引申經典之用；但是現在社會情形的複雜及進步，為了普及的關係，是不能專在解釋經典中討生活了。像國際問題，社會問題，自治問題，及隨時發生的宗教問題，都是很重要的講演材料；那麼，其格調也就要變化無定，不能拿一種定例來拘束的。但是開始講演的讚語，我想因為宗教的關係，是不能廢掉。就是講演術很進步的耶穌教，在開始講演時，也常誦「榮耀歸耶穌的名」，或「感讚上帝」一類的讚語。總之，改良講演方式，是比較最困難的；因為講演者須有根本的訓練，和科學的頭腦。我們為養成好的講演人才起見，除了將宗教教育程度提高以外，應當加授講演學，並且要使一般學生，能夠自由和外界接近，凡外界有講演會，都應當使他們參加。久而久之，對于講演的能力上，自然有可觀的進步了。

其次，關於文法，音韻方面，舊式的講演，也有許多不通及缺少時代性的。……假如沒有聽過回教講演的，甚至於因詞句缺少時代性，而至於大半的不懂，這並不是過甚其辭罷。至於語氣方面，更是呆板異常，上焉者完全是訓話的神氣，下焉者無異於學生背書，使聽眾受不到特別的刺激，感不到特別興趣，這樣的講演，那裡能發生很大的效力呢？所以對于講演的詞句，應當力使其時代化，社會化；並且要取消文法及音韻上的錯誤；對于語氣方面，應當力使其活潑，悲壯，自然。

復次，對于表情方面，更是有許多要改進的。因為講演固然是注重聲調，但是姿態的活潑，表情的恰當，更能促進聽眾

的興趣及注意;並且能使聽眾的印象,特別的深刻。假如我們去聽留聲機講演時,當然沒有聽生人講演有興味,或便於記憶;這就是因為留聲機沒有動作及表情的緣故。但是我們看看回教講演者,可以說是絕少表情及動作;當是必正的站著;直垂著雙手;或抄著雙手;面目自始至終,絕無一絲的變動,這是多麼呆板呢,固然是宗教講演,應當保持相當的莊嚴,但是我以為莊嚴絕不會因有相當的表情動作而失掉;好的表情及動作,更能增加講演者的莊嚴。所以希望回教講演師,對于面部的表情;手勢的動作,都應當下一番研究的功夫。[49]

王夢揚在演講論中倡議引用故事、將演講設定在人煙稠密以及交通便利的地方,[50] 他將演講視為一種「技術」,認為將讚揚阿拉與穆罕默德等符合教義的部分加上表情動作,不會改變格調。他的演講論不但強調語法與音律的正確性,也相當重視語氣與表情,我們可以看到其演講論包含西洋成分。

從 1935 年以後,演講不僅是學生,也是阿訇值得學習的一種「技術」。馬心泉將宗教講話看做演講,認為演講可以引導自己的看法,是一種開啟民智的工具,能透過練習提高演講水準,並應注意遣詞用字以及安排演講的時間。[51] 筆者認為既然沒有漢語穆斯林知識分子批評王夢揚與馬心泉將演講納入到宗教講話,可見演講不僅有教育之用,也成為伊斯蘭教宣教的重要技能。

---

49 王夢揚,〈改良回教講演芻議〉,《月華》,第 2 卷第 31 期(1930 年 10 月),第 2 版。
50 王夢揚,〈改良回教講演芻議〉。
51 馬心泉,〈怎樣演說〉,《月華》,第 8 卷第 7 期(1936 年 3 月),頁 6-7。

（三）成達師範學校的演講活動

成達師範學校為學生提供演講的機會，是中國漢語穆斯林學校中首先將演講列入課外活動者。

1931年1月20日至2月17日是伊斯蘭教齋月，成達師範學校在此期間每天都有一次演講會，參與者是該校的3位老師與14位學生，演講內容主要是伊斯蘭教教義、社會制度以及中國伊斯蘭教的發展。[52]

筆者發現該校學生的演講內容，中國伊斯蘭教革新論是演講會題目之一。山東省益都人的馬忠漢演講關於中國穆斯林面對的問題以及解決辦法，指出中國伊斯蘭教沒有得到發展的原因，漢語穆斯林的貧困是其中之一，他們也未能增加中國伊斯蘭教發展的知識。他談到漢語穆斯林在五族框架中的定位：

> 我回教在中國所據之勢力，可謂一大部分，並且為五族中之最強勇之一族，不過，近來內部漸趨頹勢，若以現在的時機而論，各民族的力量，無多大差異，正彷彿在一條線上並行並立著，最可懼怕的，即是停而不行或不生知覺，現在的藏蒙二族，政府已有相當之補救，而回民對此似無所注意。近來回教有時發生受外教之侮辱，這純是教勢不振的表現，假便再不努力工作，將來的大恥或許更甚於今茲！[53]

強調應如同蒙古族與藏族一般享有援助，以及解決辱教案。

成達師範學校從1934年起舉辦定期性的學生演講會。1934

---

52 〈導言〉，《成達文薈》，第2集（北平：成達師範學校出版部，1932），頁1-2。
53 馬忠漢，〈中國回民應有之覺悟〉，《成達文薈》，第2集，頁188-192。

年3月16日下午的演講會,校內有三十多位教職員及學生參加,教務主任艾宜栽擔任主席,阿訇馬松亭擔任評議員,教務部將演講的題目設定為〈現代青年與伊斯蘭〉等議題,讓學生自由選擇講題,在演講大會取得佳績,並贈送成績優異的學生禮品。[54] 可見學校讓學生進行演講,並試圖提高演講能力。

(四)名人演講與聽眾的反應

接下來筆者想要討論的是,漢語穆斯林知識分子如何向漢語穆斯林舉辦演講會,以及聽眾有什麼樣的反應。

1. 王曾善的演講會

成達師範學校舉辦演講活動,也邀請著名的漢語穆斯林知識分子以及中國社會的名人演講,例如在1930年代,留學英國,之後參加辛亥革命,任職山西省政府的馬君圖[55]以及著名阿訇馬振五[56]等。馮峰的研究顯示成達師範學校於1936年將演講列入正式課程,學校的福德圖書館落成時,該校董事顧頡剛、陶希聖以及陳垣等學者進行一系列演講。[57] 因本書篇幅與史料的關係,筆者僅探討王曾善在北平舉辦演講會的情形以及聽眾的反應。

王曾善是出身山東省臨清縣(現為河北省荊臺)的漢語穆斯林知識分子,燕京大學畢業之後,赴土耳其伊斯坦堡伊斯蘭大學

---

54 〈成達師範學校的各種競賽會〉,《月華》,第6卷第18期(1934年6月),頁21。

55 〈伊斯蘭學友會第一次公開講演詞〉,《月華》,第2卷第8期(1930年3月),第4版。

56 〈成達師範學校 敦請馬振五先生講演〉,《月華》,第2卷第16期(1930年6月),第3版。

57 馮峰,〈福德圖書館系列學術演講及其對當代伊斯蘭教中國化的啟示〉,《回族研究》,2017年第3期,頁59-64。

留學。1930 年，他結束留學生活，回到中國。《月華》全面報導他途經香港，入境上海直到北平的行程，[58] 同時也稱讚他為中國伊斯蘭教界的明星。[59] 他在燕京大學時，開始希望革新中國伊斯蘭教，到土耳其後一面學習土耳其語，一面研究土耳其的政治與文化。他在留學期間受南京國民政府命令，調查土耳其革命後的教育，留學結束後，赴麥加朝觀，與蘇聯以及羅馬尼亞的宗教領袖進行交流，也謁見後來即位沙烏地阿拉伯國王的阿濟茲（Faysal Abdul Aziz），進行有關中國伊斯蘭教情形的演講，受到全世界穆斯林的矚目。[60]

馬松亭前往南京邀請王曾善到北平進行演講，1930 年 8 月 23 日，他與馬松亭一同從上海到天津，8 月 25 日上午 10 點抵達北平。在王曾善抵達北平之際，王家人與成達師範學校的師生都來迎接。同一天上午 11 點抵達成達師範學校，講述留學經過。9 月 4 日再到北平錦什坊胡同的臨清同鄉會，亦受到歡迎。[61]

王曾善的演講會於 9 月 14 日（星期日）上午 9 點在北平牛街教子胡同清真寺舉辦，與會者達到一千多人。講臺在清真寺禮拜堂，桌上放著鮮花，場內有國旗與國民黨旗，並高掛歡迎的口號，會場由童年會的小學生管理。演講會除了在成達師範學校之外，也由清真第二小學與月華報社等學校與社團舉辦。上午 10 點，成達師範學校的王夢揚擔任主持人，王曾善一登場亮相，會

---

58 〈王增善博士抵滬〉，《月華》，第 2 卷第 21 期（1930 年 7 月），第 2 版；〈王曾善先生抵平〉，《月華》，第 2 卷第 25 期（1930 年 9 月），第 3 版。
59 〈介紹留土歸來之回教明星　王增善先生〉，《月華》，第 2 卷第 19 期（1930 年 7 月），第 2 版。
60 〈我國回教之志士—王曾善君〉，《月華》，第 2 卷第 21 期（1930 年 7 月），第 2 版、第 3 版、第 4 版。
61 〈臨清旅平同鄉歡迎王曾善先生之盛況〉，《月華》，第 2 卷第 26 期（1930 年 9 月），第 4 版。

場即展現熱鬧非凡的氣象。

劉伯石也邀請王曾善到北平,他的演講指出漢語穆斯林沒有被其他族群同化,維持了「民族」特色,在發展中國伊斯蘭教的過程中,應該超越北平與南京的區域差異,力圖團結。在演講的最後,劉伯石認為王曾善應作為中國伊斯蘭教革新的顧問,解決中國伊斯蘭教界的問題。[62]

王曾善的演講從留學經驗開始談起,他留土目的是探討「中東病夫」的土耳其經過革命開始復興的原因,尤其是關注凱末爾推動的服裝、寺院、文字以及婦女解放各方面的革新。不僅在國家建設仿照土耳其,他後來也發表有關凱末爾推動從阿拉伯文到拉丁文的文字改革文章。[63]

由於演講時間的限制,王曾善並未談到赴麥加朝覲的經驗,只提到在麥加得知伊斯蘭教有不分國家、人種與地域的「大同精神」,也有不分階級的「平等精神」。在演講的後半談到解決中國伊斯蘭教問題的具體方法,他指出透過全國性伊斯蘭教社團的成立,提倡中國穆斯林的團結,以及須重視他們的教育。[64]

除了王曾善的演講之外,大會也舉辦自由演講:北平回民公會代表王月波指出中國沒有全國性伊斯蘭教社團,倡議成立伊斯蘭教青年會。下午1點,演講由主持人王夢揚呼喊口號後散會。之後,拍攝團體照時王曾善穿著阿拉伯服裝。[65]

---

62 〈北平回教同人迎王大會誌盛〉,《月華》,第2卷第27期(1930年9月),第2版。
63 王曾善,〈土耳其的文字革命〉,《月華》,第3卷第35期(1931年12月),頁3-5;王曾善,〈土耳其的文字革命(續)〉,《月華》,第3卷第36期(1931年12月),頁3-9。
64 〈北平回教同人迎王大會誌盛〉。
65 〈北平回教同人迎王大會誌盛〉。

2. 聽眾的反應

聽眾們對演講會的反應如何？成達師範學校的學生將當天的情形寫在日記，從他們的日記解讀演講的情形與聽眾的反應。

成達師範學校三年級學生、河南省沁陽人買恩兆描述演講當天的情形：

> 九月十四日的早晨，陽光映射在寢室的窗櫺上。我正在甜蜜的夢中，猛聽君凡推門的聲浪說著，「快起，快起，八點鐘就走……」我忙起來問道，今日有何事嗎？君答道，「今天在牛街開歡迎大會，有制服的必須得去……」。後來我漱洗完畢穿好衣服，稍吃點心，便和同學排隊前進了。……不多時便到了會場——清真寺，門前三四個童子軍維持全場的秩序。及至，我們到了會場，見清中啦，中才啦，二十小學啦，都很嚴肅的坐滿了椅子鵠候。我們就暫休息在最後的椅子上。停不多時，總指揮便通令各校站在二門前，歡迎那穿著西服的留土學生。他於鼓掌吹呼施行見禮之中便到了會場。[66]

從買恩兆的日記來看，他完全忘記有演講會，日記繼續寫下王曾善演講會聽眾的反應：

> 不多時，司儀宣告開會，主席致開會詞畢，是某君致歡迎詞，大講他的「中國回教問題」可惜他的聲音小，引不起人

---

66 買恩兆，〈歡迎會之經過〉，《成達文薈》，第1集（北平：成達師範學校出版部，1932），頁205-206。

的興趣。正在滔滔高談的時候，忽然有人喊道「下來吧，不必多說，請王君正式演講吧，說起來，還有完嗎？」那位演說的就這樣的下臺。鼓掌拍手之中那穿西服很像土耳其的人登臺演說。有人問道「這是土耳其人嗎？」答「不是的他是京城人士，在土耳其留學，所以今天才歡迎他來演說」。……有位老太太說道，「呀！他拿是花片嗎？」他人答道「不是的，是土國的國王叫我們看」。[67]

日記中提到的某君是劉伯石。並指出劉的演講聲音太小，未引起聽眾注意，而「穿洋服的土耳其人」指的是王曾善。然而王曾善是山東省臨清縣人，不是北平，買恩兆誤會他的籍貫。另外，凱末爾是土耳其總統，聽眾誤認為國王。日記繼續提到：

及至他說完，已經下午一時，我們站的都疲倦得很，於是我心中暗想道「大概還有自由演說吧」哦……有個人猛猛撞的拍桌，打板凳的道「王博士回國了，所以今日我們熱烈的誠敬的來歡迎。我們想想歡迎也不為別的叫他做我們領導。」又拍著桌道「我們教門不發達，就是缺少領導人。」哦……眾人拍手說道，「這個人真賣力氣，馬上就把手拍壞了。」那時我的前面站著穿白服的，平頭的，兩眼密密的開口道「快完了，快散棹會啦！」我說「散會後，總還有攝影吧？」攝影時的也有那，紅紅，綠綠的，粉白旗的，真是美觀呀！[68]

---

67 買恩兆，〈歡迎會之經過〉，頁 206-207。
68 買恩兆，〈歡迎會之經過〉，頁 207。

對買恩兆而言，演講會的時間過長，令人感到疲憊。有的聽眾受演講感動，也有人發言。

從演講會得知如下兩個重點：透過他留土時所見所聞的政治情況與各方面的改革進行宣傳，開啟民智；提倡為了發展中國伊斯蘭教的革新而成立全國性的伊斯蘭教社團。然而，部分聽眾在演講會當天才知道有這個活動，並未多做關心，由此可見，王曾善的演講沒有打入聽眾內心。

王曾善等漢語穆斯林知識分子的演講被刊登在《月華》，[69] 筆者認為內容一定程度上在漢語穆斯林知識分子圈內擴散。以《月華》的出版情況來說，1929年第一卷發行量不到1,000部，之後讀者逐漸增加，第二卷發行量達到1,500部，1931年第三卷達到4,000部。《月華》不但在中國各地城市，也流傳到中東國家等海外城市。然而，漢語穆斯林的教育水準不高，識字率只有千分之一，[70] 漢語穆斯林知識分子透過演講的啟蒙活動有其侷限性。

雖然如此，演講活動仍以各種形式開展。他們透過廣播針對非穆斯林演講：[71] 1934年6月，達浦生阿訇每日下午1點在上海四馬路中洋藥局廣播電臺進行伊斯蘭教教義的演講；同樣的，1936年5月，馬松亭阿訇也在北平廣播電臺進行相關演講。[72]

---

69 如俞平伯等漢族知識分子將大學教書的講義記錄，由北京大學等大學出版社出版，漢語穆斯林知識分子也有類似的情況，筆者將進一步探討。金鑫，《民國大學中文學科講義研究》（北京：北京大學出版社，2016）；陳平原，《現代中國的述學文體》（北京：北京大學出版社，2020），頁178-188。

70 馬松亭，〈五年以來之月華報〉，《月華》，第6卷第28、29、30期（1934年10月），頁22。

71 〈播音宣教〉，《月華》，第6卷第17期（1934年6月），頁25-26。

72 〈馬松亭阿衡在電臺講演稿〉，《月華》，第8卷第14期（1934年6月），頁4-6。

1933年，北平的阿訇兼翻譯者王靜齋應天津基督教青年會[73]的邀請，進行有關伊斯蘭教教義的演講。五四運動後的反帝國主義運動，以及隨之產生的反基督教運動帶動基督教的「中國化」，基督教力圖與佛教及伊斯蘭教進行宗教對話。王靜齋在演講中提到伊斯蘭教與基督教都是一神教，介紹伊斯蘭教的誕生，能消除基督教徒對伊斯蘭教的誤解。[74]

因史料的限制，筆者對漢語穆斯林知識分子在廣播演講的成效不得而知，但在對基督教徒消除伊斯蘭教誤解的部分，他們的演講收到極大收穫。

第三節　小結

宣講原是以「聖諭」的方式向民眾傳達皇帝的德意，自清朝於1903年制定「學制」後，宣講不但是對民眾灌輸政治意識形態，也成為一種宣傳時事及風俗改良的手段。

演講是源自西方的口述表演方式，1901年前後開始在中國普及。演講高度重視正確的語法、聲音的大小等「技術」。1910年前後，演講因北京大學及清華大學作為課外活動而全面展開，至五四運動前後，面向民眾的演講由北京大學平民教育演講團

---

73 基督教青年會（YMCA）於1844年成立在英國，之後發展到美國，展開全球性的宣教活動與社會活動。他們於1895年成立天津基督教青年會，為了改善腐敗的中國社會，高度重視青年的德育、智育與體育，提倡「人格救國」的同時，也舉辦演講會。他們成立電臺，邀請天主教的神父與伊斯蘭教的阿訇播送演講節目。張志偉，《基督化與世俗化的掙扎—上海基督教青年會研究1900-1922》（臺北：臺大出版中心，2010），頁83-146；王小蕾，《全球地域化視域下的天津青年會研究（1885-1949）》（北京：中國社會科學出版社，2016），頁23-190。

74 馬景，〈王靜齋與近現代伊斯蘭基督教對話〉，《世界宗教研究》，2015年第4期，頁142-143。

主導。

清朝為加強對漢語穆斯林的管制，要求他們在星期五集體禮拜時宣講《聖諭廣訓》。到了 1903 年，清朝制定「學制」，宣講的特色有很大的改變。1905 年，天津的丁子良為了改善民眾的風俗習慣，並「鼓吹」愛國主義而進行宣講。其宣講不要求主講者雄辯及正確的語法，更是女子教育的一環。我們可以看到漢語穆斯林宣講的性質從推廣「聖諭」轉變為開啟民智。

漢語穆斯林知識分子接受演講，是因為面向漢語穆斯林、推廣社會教育的同時，也需應對基督教宣教師的傳教活動。基督教宣教師嚴厲批評伊斯蘭教，設法讓漢語穆斯林加入基督教。漢語穆斯林知識分子提出的對應，是提倡演講論具備西洋特色與基督教色彩，追求演講內容平易近人，極度重視語法，要求主講者聲音的大小等「技術」。他們將演講視為伊斯蘭教的宣教手段，也探討演講在伊斯蘭教教義中的定位。

演講活動在成達師範學校全面展開後，演講內容探討中國伊斯蘭教的處境以及伊斯蘭教教義。成達師範學校邀請具有留土經驗、考察土耳其教育的王曾善到北平演講。王曾善等漢語穆斯林知識分子為了將土耳其革命後國家建設的經驗照搬到中國，而關注土國各方面的改革。他在演講中倡議全面改善中國伊斯蘭教及漢語穆斯林的處境，但未提到如何將土耳其革命後的改革經驗應用於中國。雖然他試圖以演講開啟民智，但可惜卻未能深入聽眾的心裡。

王曾善等人的演講內容被刊登在《月華》，而從《月華》的發行量，以及發行到中東國家的情況來看，這些演講內容是有一定的觸及率，但漢語穆斯林的識字率偏低，成效或許並不高。

雖然如此，他們的演講活動在不同的方面仍得到一定的成

果，例如廣播演講，以及在天津基督教青年會向基督教徒演講伊斯蘭教教義等。

第二章　南京國民政府「宣慰」華北、華中漢語穆斯林社群

　　1930年代，中華民國受到國外勢力的軍事壓迫，包括漢族政治家在內的中國精英將邊疆視為防衛內地的「防潮堤」。王柯認為1930年代中國人想像的中國分為漢族居住的「內地」與少數民族居住的「邊疆」，此處所指的邊疆是東三省、外蒙、新疆、西藏、雲南、[1] 廣西[2] 與西康。[3] 邊疆是屏藩，由於地理、政治與國防等因素，無法將它們與內地平等對待。[4] 儘管如此，北伐後南京國民政府直接控制的區域僅江蘇與浙江等江南各省，[5] 其他的區域由地方軍閥與中國共產黨控制。如果我們考慮到南京國民政府國家統合能力的脆弱性，除王柯所看做邊疆之外的部分區域也需納入。

1　雲南由地方軍閥龍雲統治，蔣介石於1935年訪問雲南省會昆明，承認龍雲歸順南京國民政府，同時也允許龍雲統治雲南。從此之後，雲南在形式上納入到南京國民政府的統治體制中。楊維真，《從合作到決裂：論龍雲與中央的關係（1927-1949）》（臺北：國史館，2000）；石島紀之，《雲南と近代中國——「周辺」の視点から》（東京：青木書店，2004）。

2　在廣西，白崇禧與李宗仁形成地方軍閥，白崇禧參加北伐，如同雲南，在形式上歸順南京國民政府。然而，白崇禧與廣東的地方軍閥李濟棠勾結在一起發動兩廣事變，廣西傾向疏遠南京國民政府。

3　王柯，〈二重の中國——1930年代中國人の辺疆認識の構造〉，《思想》，第853期（1995年7月），頁44。

4　〈二重の中國——1930年代中國人の辺疆認識の構造〉，頁43。

5　光田剛，《中国国民政府期の華北政治：1928-37年》（東京：御茶の水書房，2007），頁4-6；Hshio-ting Lin, *Tibet and Nationalist China's Frontier: Intrigues and Ethnopolitics, 1928-49* (Vancouver: University of British Columbia Press, 2006), pp. 22-23.

南京國民政府派遣宣慰使到邊疆，試圖增強政府的影響力。據筆者所知，南京國民政府沒有對宣慰給予明確的定義，筆者認為宣慰原來是朝廷派遣官吏到地方，下情上達。南京國民政府宣慰的目的是阻止地方政府疏離中央政權，針對地方政府與當地居民宣傳中央政府的德意與政治方針，並在這些區域進行田野調查。[6] 負責宣慰的國家機關是內政部、蒙藏委員會、外交部與中央宣傳指導部等部門，[7] 他們因地區而改變，例如對西康的宣慰由國民政府軍參謀本部主導、[8] 針對內蒙則由國民政府軍參謀本部、內政部與蒙藏委員會推動。[9] 關於南京國民政府的宣慰，沒有系統性的研究，其實際情況尚未釐清，至少可以說南京國民政府冀圖透過宣慰阻止國外軍事勢力滲入邊疆。

　　然而，我們看到宣慰的對象與人物，通常在西藏、新疆與內蒙等遠離中央的地方，或比較傾向疏遠中央的邊疆。但也有在距離首都南京比較近的華北與華中進行，宣慰的對象是漢語穆斯林社群，雖然他們居住在內地，但因與漢族的風俗習慣不同而被宣慰。筆者認為上述案例是南京國民政府國家統合中值得思考的問題，除了解漢語穆斯林社群宣慰的實際情況，漢語穆斯林知識分子在面對宣慰時所採取的行動，也是值得探討的問題。

　　筆者將分析在南京國民政府國族統合中進行的宣慰，為漢語穆斯林知識分子與國家之間帶來何種影響、他們如何看待宣慰等

6　1928 年與 1935 年分別制定的參謀本部條例與參謀本部組織法不存在宣慰的職務規定與組織規定。中國第二歷史檔案館編，《中華民國史檔案資料彙編第五輯第一編：軍事（一）》（南京：江蘇古籍出版社，1994），頁 47-48。

7　Lin, *Tibet and Nationalist China's Frontier: Intrigues and Ethnopolitics, 1928-49*, pp. 32-38.

8　王叢輔、高警民，〈宣慰康北三月記〉，《邊疆半月刊》，第 2 卷第 6 期（1937 年 3 月），頁 60。

9　余漢華，〈內蒙古自治運動總檢討〉，《邊事研究》，第 3 卷第 4 期（1936 年 3 月），頁 45-47。

議題。

筆者透過《月華》、《正道》與《回族青年》等期刊探討南京國民政府的宣慰，這些史料可以瞭解漢語穆斯林知識分子如何看待政府的政策與漢語穆斯林社群的詳細情況，也透過如國史館的政府檔案，闡明官員及西北地方軍閥領導人對漢語穆斯林知識分子的族群認同以及文化活動。

本章首先梳理南京國民政府在各地進行宣慰的情況，探討華北與華中漢語穆斯林社群宣慰的脈絡、漢語穆斯林知識分子對宣慰的反應等。

第一節　「宣慰」與背景

九一八事變以後，關東軍頻繁侵入華北，在山海關與國民政府軍展開軍事鬥爭；1933 年滿洲國成立，因滿洲國與華北接壤而造成華北的危機，南京國民政府為了應對此問題與關東軍締結塘沽協定，暫時阻止關東軍入侵華北。之後任命黃郛為北平政治整理委員會委員長，與關東軍商討軍事問題。[10] 同時新疆與西藏等邊疆也受到蘇俄與英國的軍事威脅，南京國民政府為了對抗日本、蘇俄與英國等國外勢力的影響開始推動宣慰，從 1932 年到 1934 年派遣宣慰使到邊疆各地。

筆者爬梳南京國民政府在邊疆的宣慰紀載。在內蒙，身為成吉思汗直系子孫的德王推動自治運動，關東軍也試圖與德王拉近距離。為了阻止德王的自治運動與關東軍增強對內蒙的影響力，

---

10 謝國興，《黃郛與華北危局》（臺北：國立臺灣師範大學歷史研究所，1984）；光田剛，《中国国民政府期の華北政治：1928－37 年》。

行政院院長汪兆銘派遣內政部長黃紹竑與蒙藏委員會副委員長趙丕廉,到自治運動陣地的百靈廟對德王進行宣慰。[11] 其成果是國民政府與德王在成立自治區的問題上達成協議,[12] 但德王的人員韓鳳林遭到憲兵殺害,使德王轉傾向關東軍。[13]

在新疆,1933年突厥語系穆斯林的叛亂中,四一二事件讓新疆省主席金樹仁被迫下臺,盛世才開始掌握領導權。為了讓盛世才歸入南京國民政府,汪兆銘派遣黃慕松到省府迪化進行宣慰。但黃遭到盛世才監禁,未獲得任何成果便返回南京。之後,外交部長羅文榦也在新疆進行宣慰,同樣受到盛世才妨礙,無功而返。[14]

在西藏,十三世達賴與九世班禪針對徵稅問題產生衝突,九世班禪於1924年逃往內地。[15] 國民政府派遣蒙藏委員會委員長黃慕松到拉薩會見十三世達賴,雙方在維持西藏政治體制與實施

---

11 〈黃紹竑在中央紀念週報告視察內蒙經過〉,《蒙藏政治訓練班季刊》,第1期(1933年11月),頁128;汪兆銘,〈行政院告蒙民文書〉,《軍政旬刊》,第4期(1933年11月),頁2;余漢華,〈內蒙古自治運動之總檢討〉,《邊事研究》,第3卷第4期(1936年3月),頁45-47。

12 余漢華,〈內蒙古自治運動總檢討〉,頁45-47。

13 丁曉杰,〈自治運動から關東軍との提携へ―徳王と日本との関係 その一〉,《比較社會文化研究》,第18號(2005年3月),頁3-4、9;柴田善雅、內田知行,《日本の蒙疆占領:1937－1945》(東京:研文出版,2007),頁18-38。

14 新免康,〈ウイグル人民族主義者エイサ・ユスプ・アルプテキンの軌跡〉,收入毛里和子,《現代中国の構造変動7 中華世界―アイデンティティの再編》(東京:東京大學出版會,2001),頁165;平山光將,〈新疆突厥語系穆斯林在內地(1930-1945)――以艾沙為例〉,收入藍美華主編,《邊民在內地》(臺北:政大出版社,2018),頁339-370;吳藹宸,《新疆紀遊》(上海:商務印書館,1935),收入中國西北文獻叢書編輯委員會編,《西北史地文獻35卷》(蘭州:蘭州古籍書店,1990),頁367;黃建華,《國民黨政府的新疆政策研究》(北京:民族出版社,2003),頁45-49;《中央日報(南京)》,1933年11月20日,第2版;曾問吾,《中國經營西域史(下)》(臺北:文海出版社有限公司,1978),頁555-556。

15 Lin, *Tibet and Nationalist China's Frontier: Intrigues and Ethnopolitics, 1928-49*, p. 86.

自治的問題上達成共識。[16] 十三世達賴圓寂之後，國民政府為了打擊紅軍，對內蒙、青海與西藏的藏傳佛教徒滲透政治權力，加上蒙藏委員會為使九世班禪回藏，成立了專使行署，[17] 透過九世班禪的宗教權威向內蒙、青海與西藏的藏傳佛教徒進行宣慰。然而，九世班禪在青海省圓寂，國民政府對西藏的宣慰以失敗告終。[18]

在西康，從四川前來的劉文輝在此鞏固政治權力，紅軍也在西康建立革命根據地，國民政府為了壓制劉文輝與紅軍而進行宣慰，於1931年派遣藏族格桑澤仁（Bskal bzang tshe ring）到西康，展開中國國民黨的宣傳活動。從1934年1月起，任職在國民政府軍參謀本部的王叢輔與高警民，也對西康西部的藏族居民與藏族土司宣慰，目的是宣傳國民政府的德意與五族共和，調查土司與佛教界的情況。然而，劉文輝與紅軍兩大地方派實力逐漸增強，蔣介石於1935年任命藏傳佛教紅派領導人諾那呼圖克圖（Norlha Hotogtu）為西康宣慰使，國民政府軍參謀本部成立西康宣慰公署，諾那圖克圖在西康扮演蔣介石與南京國民政府發言人的角色，[19] 也對土司與西康政治菁英揭穿劉文輝的惡行，徹底否定劉文輝的統治合法性。但從1936年以後，隨著紅軍軍事勢力增強，西康宣慰公署受到紅軍的攻擊，自諾那呼圖克圖圓寂

---

16 Lin, *Tibet and Nationalist China's Frontier: Intrigues and Ethnopolitics, 1928-49*, pp. 86-87.

17 林孝庭，〈戰爭、權力與邊疆政治：對1930年代青、康、藏戰時之探討〉《中央研究院近代史研究所集刊》，第45期（2004年9月），頁128。

18 Lin, *Tibet and Nationalist China's Frontier: Intrigues and Ethnopolitics, 1928-49*, pp. 98-104；崔保新，《西藏1934：黃慕松奉使西藏實錄》（北京：社會科學文獻出版社，2015）。值得一提的是漢人知識分子對西藏具有負面形象，認為西藏是發展落後的地方，也將藏傳佛教當作一種迷信的宗教。詳見朱麗雙，《民國政府的西藏專使（1912-1949）》（香港：香港中文大學出版社，2017），頁437-456；簡金生，《近代中國的西藏想像》（臺北：民國歷史文化學社，2022）。

19 〈西康黨務進行近況〉，《中央黨務月刊》，第39期（1931年10月），頁2264。

後，政府對西康的影響力逐漸減弱。[20]

國民政府宣慰的對象既是邊疆，又是華北。隨著關東軍的入侵與滿洲國的建立，滿洲國的回教政策有所進展。日人川村狂堂在滿洲國推動回教政策，於首都新京推出城市計畫，擴張道路搬遷回民墓地，他站在漢語穆斯林的立場，與滿洲國政府商討回民墓地搬遷問題，亦參與新京伊斯蘭協會的成立。漢語穆斯林知識分子成立社團，包含新京回民全體大會於1933年8月隆重舉行，繼之而來的是1934年5月哈爾濱伊斯蘭協會，與1934年6月具全國規模的滿洲伊斯蘭協會。[21]

筆者認為南京國民政府對華北與華中的漢語穆斯林社群進行宣慰，是對抗滿洲國的回教政策。

第二節　北平漢語穆斯林社群與漢語穆斯林政策

在討論南京國民政府宣慰華北、華中漢語穆斯林之前，先梳理民國前期漢語穆斯林社群的情況，與南京國民政府推動宣慰之前的漢語穆斯林政策。

---

20 林孝庭，〈戰爭、權力與邊疆政治：對1930年代青、康、藏戰時之探討〉，頁124-125。
21 田島大輔，〈「滿洲国」初期の回民教育問題——「滿洲伊斯蘭教会」の事例を中心に——〉，《立命館東洋史學》，第32號（2009年7月），頁67；張巨齡，《綠苑鉤沈——張巨齡回族史論選》（北京：民族出版社，2001），頁192-194。

（一）民國前期的情況

南京國民政府宣慰的範圍涉及到濟南、天津、北平、河南鄭縣與開封等華北、華中的各大城市。以北平漢語穆斯林社群為例，人口最密集的區域是牛街，人口超過三千戶，有兩座清真寺，也有清真女寺，牛街的漢語穆斯林有以製造金器、玉器與古玩為業。[22]

北平牛街禮拜寺正門，《北晨畫刊》，1936年第7卷第11期

---

22 王夢揚，〈北平市回民概況〉，《禹貢半月刊》，第7卷第5期（1937年5月），頁105、108。

北平牛街禮拜寺碑亭正面,《北晨畫刊》,1936 年第 7 卷第 11 期

現今北京牛街清真寺,圖為開齋節,作者提供

　　王夢揚指出,當時受到南京遷都與世界經濟危機的影響,牛街漢語穆斯林社群整體的經濟狀況不佳,失業率達到 70%,他描述當地不景氣的情況:

就是革命沒有成功以前，一般軍閥官吏，消耗伊們的民膏民脂，也不過就是買些珠寶舊玉來開開心。到了現在，官僚的遷去，政治範圍的縮小，一般富有者之另營田園，—到租界去—珠玉行的生意，真是一落千丈。[23]

還提及牛街漢語穆斯林社群的教育水準：

牛街的教育缺乏，是基於兩種成因：一是學校過少，不能收容多量的學生，二是民生唯艱，不能充分供給子弟教育。據最近的調查：牛街的回民有一千九百戶，人口約一萬四千名，數目不可謂不多。[24]

牛街的學童多達 4,000 人，但各學校容納學生的數量卻不到 2,000 人。[25] 從他的調查可以看到，北平漢語穆斯林社群受到南京遷都與世界經濟危機的影響，加上新式教育的學校嚴重不足，回民教育的狀況又遠遠無法滿足需求，可見教育是社群中最嚴重的社會問題。

（二）南京國民政府的政策

1933 年，負責管理宗教的中央民眾運動委員會，將各地成立的中華回教公會整合為一個全國性漢語穆斯林社團。在中華回教

---

23 （王）夢揚，〈牛街回民生計談〉，《月華》，第 2 卷第 15 期（1930 年 5 月），第 3 版。
24 （王）夢揚，〈牛街回民生計談（續）〉，《月華》，第 2 卷第 16 期（1930 年 6 月），第 2 版。
25 （王）夢揚，〈平回民生計談（續）〉，第 2 版。

公會成立的同時,中華回教師協會也於 1935 年成立,[26] 這是南京國民政府的官方社團,受到中央民眾運動指導委員會與內政部的領導,成立於首都南京,主要活動是進行三民主義黨義與伊斯蘭教等研究,向漢語穆斯林進行中國國民黨的宣傳。原則上加入該會需要介紹人,不允許反革命罪者、剝奪中國國民黨籍者以及違反伊斯蘭教教義者加入。[27]

國民政府與漢語穆斯林社群的關係,特別需要注意的是辱教案,漢語穆斯林代表呈請政府處罰侮辱伊斯蘭教的出版社,行政院對此發出禁止出版的命令。[28] 政府只有在發生辱教案與漢語穆斯林屠宰業者罷工等公眾事件,才開始設法應對,政府主動介入的案例僅有成立漢語穆斯林的官方社團而已,不會去留意北平漢語穆斯林社群的經濟與社會問題。

第三節　對馬宏道宣慰的反應

對南京國民政府而言,華北與華中受到張作霖與馮玉祥等地方軍閥的統治,也同內蒙、西藏與西康一樣在北伐之後納入南京國民政府的藩籬。南京國民政府既試圖加強對華北與華中的統治能力,又為了對抗滿洲國的回教政策而從南京派遣官吏宣慰。

首先說明馬宏道從南京到濟南、天津、北平、河南鄭縣以及開封等漢語穆斯林社群宣慰與演講的行程,之後探討北平漢語穆

26　〈回教團結宣揚黨義〉,《內政消息》,第 5 號(1934 年 12 月),頁 373。
27　〈中華回教師協會成立之經過〉,《內政消息》,第 9 號(1935 年 4 月),頁 715。
28　〈回民代表請處分刊登侮辱回教文字案〉,《中央黨務月刊》,第 52 期(1932 年 11 月),頁 829。

斯林知識分子對宣慰的反應。

（一）馬宏道的宣慰

目前尚未發現政府如何決定派遣馬宏道到華北與華中宣慰的紀錄，且相關史料也不多，在此僅依照有限的史料敘述他宣慰的脈絡。馬宏道於1899年出生北京牛街，有土耳其留學經驗，回到中國之後，加入南京國民政府，任職於中央宣傳指導部。[29]

馬宏道展開宣慰華北與華中之前，中華回教公會主席穆華軒於1934年2月24日在建康淨覺寺召開全體會議，與會者包含南京各清真寺阿訇與居住在南京的各省漢語穆斯林，公會由任職南京國民政府的漢語穆斯林官吏所參與，當日也舉辦馬宏道的演講會，蔚為盛況，參與者達一百多名。1934年2月24日下午3點，該會開始進行會議，穆華軒首先說明旨趣、介紹馬宏道的經歷以及職位。[30] 他在演講中談到：

> 土耳其以單純國家，行將滅亡之時，基馬爾登高一呼，舉國響應。遂將衰頹國勢，一戰成功，該國雖正臻於世界第一等強國地位，然已免去列強之侵害，此等精神，皆係土國人民，深受穆聖教義陶鎔所致，我國教民，雖奉伊斯蘭教，既久居東土，自應本此大無畏的精神救我中國。我中國各地伊斯蘭的團體，已有相當的組織，研究宗教，崇善儉德，法良意美，在現在黨制之民主國家深合時宜，尤盼諸位穆斯霖，勿專作消極工作，要抱定國家興亡，匹夫有責之義，積極進

---

29 〈馬宏道開始講演〉，《正道》，第4卷第5期，1934年3月，頁10。
30 〈馬宏道開始講演〉，頁9。

行，須知為國即是為教，宏道此次遊行即本此旨耳。[31]

強調如同土耳其人以伊斯蘭教的精神重建國家一般，中國穆斯林也應為國家重建做出貢獻。

2月24日下午6點，中華回教公會在南京牌樓邀請軍事、政治以及商界人士到馬宏道的行前聚會，也發表〈告中國伊斯蘭同胞書〉：

> 本來我們中華民族，是綜合的民族，他能融化各小各民族和他們的文化於一爐。更能使很矛盾不同的各種思想，同時並立。舉例來說：一、自古到現在，我國沒有宗教戰爭。二、在古時候，諸子百家，各有各的思想；可是，能同時並進。……穆聖的聖諭說：「愛國是屬於信仰的一部。」古蘭經上說：「你們不要在地面上流血。」換句話說：穆聖是教我們愛護自己的國家，那纔是完全的信徒呢！古蘭經的深意，是教我們同居的人不應互相慘殺。這都是教我們的團體生活，走到完美的大道上去。所有的「伊斯蘭」教徒，全是以遵守聖諭和古蘭經為本；這裡這樣說，我們當然將已錯的心理，矯正過來。像這樣錯誤心理的來由，大都是專制帝王所給種下的惡因。前清康熙等帝王，就是利用這種方法的，使教民只去行教，國事非你們所能過問。當時好像是待「伊斯蘭」教徒萬倍皇恩；其實，他用的是狠毒的愚民政策。……現在把世界現興的國家——用「伊斯蘭」神精〔精神〕和民族神精〔精神〕工作成功的一介紹給教胞。
>
> （一）土耳其在歐戰後，已被協約國瓜分殆盡，他的國民黨

---

31 〈馬宏道開始講演〉，頁 9-10。

領袖基瑪爾，看明國家所以到此地步的原因，全在自身的不努力；於是，他穿起教師的衣服，到全國各地去講演把「伊斯蘭的精神，從新提醒給大家；並且，宣傳為「為國即是教門」。主張一千四百萬土耳其「伊斯蘭」教徒，當同歐洲人——壓迫他們的——立於平等地位。……他們復興的戰爭，軍械較他國為劣；可是信仰專一的情〔精〕神，超越他國極遠。中古時代我們不必說，只說最近在達坦尼里海峽一點，和獨立戰爭，已將「伊斯蘭」神精〔精神〕表現出來。

（二）德意志在普法戰後，德被法拿破侖戰敗，國家處在危機四伏的時候，各大城市全被法國佔領，民族的意識全都失掉；以破言論不得自由。當時有哲學家費希德，發表「告德國民眾書」，裡邊的大意是：「德國敗亡的原因，在人民的自私自利，受到外國人的壓迫，才不能自由獨立。並且人們要從內心澈底改革他的愛國觀念，要拿我們自己的力量，發揮我們的教民性……」後來一八七〇年俾斯麥統一德國的成功，和現在希特勒使德國再興，都是那時立下的根基。……由上面的事實看來；土耳其是近東的病夫，德意志是戰後受重創的國家，尚能本著「伊斯蘭」的精神和民族精神，驅除敵人壓的迫。比我們病重的兄弟，他能運用這種精神醫好他的重病。反看我們的病，不能當時醫好的原故；只是國人民族的意識薄弱。要打算收復失地，解除外患，剷除內憂，非本著土耳其德意志的精神去奮鬥不可。……基瑪爾的成功，是土耳其內民眾的擁戴；他們得到一個好首領，他們精神就在

上，物質上極力相助，一般人只知道首領為大眾所謀的幸福；不去計較他的小過。所以基瑪爾的成功，不只是他個人的能力，乃是大家的能力。我們中國現在的領導者，我們應當用這種精神去擁戴他，愛護他！共同拯救我們的中國。[32]

〈告中國伊斯蘭同胞書〉強調土耳其與德國能驅逐國外勢力的原因是發揚愛國精神與宗教，尤其是土耳其人民十分敬重凱末爾，中國人應該以此為榜樣來敬重蔣介石。

新疆突厥語系穆斯林立法委員的艾沙與教育部的王曾善，皆出席馬宏道的行前聚會，艾沙曾於1933年參加南京國民政府的黃慕松新疆宣慰團，但宣慰以失敗告終。

馬宏道從1934年2月28日到5月28日開始為期四個月的宣慰，他於1934年3月3日由穆華軒送到南京火車站，搭乘浦津線前往安徽省臨淮關。在臨淮關火車站大約有四百多人舉著國旗與中國國民黨旗迎接馬宏道，由一小隊警察與駐軍第十一旅的士兵保護。臨淮小學校長安漸九帶領民眾呼喊口號，現場氣氛相當熱鬧。[33] 根據《正道》期刊的紀錄，馬宏道的巡迴演講會在國民黨執行委員會與警軍的保衛下舉辦，受到漢語穆斯林聽眾的歡迎。

馬宏道繼續北上，於3月25日抵達濟南，逗留在馬子貞將軍的公館。在3月26日與濟南回教公會代表會晤，擬定於3月29日在濟南北大寺召開歡迎會，演講會上有國民政府軍與各界人士，多達一千多人，演講題目為〈土耳其的新生活〉；由於濟

---

32 〈馬宏道遊行講演告伊斯蘭同胞書〉，《正道》，第4卷第4期（1934年2月），頁2-7。

33 〈馬宏道碩士遊行講演出發後之情形〉，《正道》，第4卷第6期，頁9-10。

南的伊斯蘭教教義研究會,主席有三分之二的女性,因此以〈婦女教育與職業〉為題,也在濟南北大寺演講〈土耳其民俗〉,尤其是濟南北大寺的聽眾比每週五禮拜人數多了約三百人。[34]

馬宏道經過漢語穆斯林聚集的河北省滄州與天津抵達北平,於5月18日離開北平,經過河北省保定、石家莊與河南省鄭縣,於5月24日抵達開封,其演講時間、地點與題目節錄如下表:

馬宏道於北平、開封之演講(1934年5月)[35]

時間	題目	地點
1934年5月6日抵達北平		
5月6日 下午	・為何游行講演	牛街清真寺
5月9日	・教育與實業	駝業公會振育小學
5月11日	・怎樣走向同一的道路	教子胡同清真寺
5月15日 下午	・土爾其革命後的回教	花市清真寺
5月15日 晚	・回教是什麼	穆斯林訓練班
5月16日	・宣導的意義	陝甘寧青旅平同鄉會(天橋清真寺)
5月17日	・怎樣提倡教育	海定清真寺
1934年5月24日抵達開封		
5月25日	・小朋友應當努力 ・土耳其的回教徒 ・中國回教的病是什麼	開封東大寺(清真寺)養正學校 開封漢語穆斯林歡迎會

馬宏道於5月28日返回南京。中華回教公會總結馬宏道宣慰華北華中漢語穆斯林之過程:

> 留學土國十二年富有學識經驗之馬宏道氏,本年一月奉中央命令前往華中華北宣導回民,現已工作完畢,於日前返京,將所有經過詳情,完全報告中央,諸要人對於馬氏不辭勞

---

34 〈馬宏道遊行講演已抵濟南〉,《正道》,第4卷第7期,頁9。
35 〈馬宏道遊行講演行程日誌提要(續完)〉,《正道》,第4卷第8-13期,頁25-26。

苦，為黨國努力，深為嘉獎。聞馬氏此次所到者，竟有五十餘處之多。馬氏每到一處，講演皆在二三次以上，每於講演完畢，及歡迎歡送之時。皆攝影留念。其照片約計有二百餘件之多。各處餽贈銀盾銀瓶，亦復不少。馬悉將所得紀念物品，呈中央保存。又聞各地教民，以中央派馬氏赴各省視察，深感中央德意，多致函申謝。並上呈國府代表馬氏請獎。中央鑒回教團體之堅固，人民之好義。異常重視，對之有極大之希望，並有整個計劃團結回教，以便為國家謀存立云。[36]

馬宏道宣慰使得華北、華中的漢語穆斯林瞭解各少數民族融入中華民族，呼籲他們依循土耳其與德國復興的案例拯救中國所面臨的危機。中華回教公會也強調政府的影響力透過宣慰進入華北、華中的漢語穆斯林社群。然而，部分人士對此次宣慰進行嚴厲批評。

（二）北平漢語穆斯林知識分子對於馬宏道宣慰的批判

北平漢語穆斯林知識分子對來自北平牛街、留學土耳其12年、入職南京國民政府的馬宏道有所期待，但他的演講內容多是讚揚土耳其的發展、發揚凱末爾與蔣介石的精神，故部分北平漢語穆斯林知識分子認為演講未提到如何解決社群的問題。他們關心的是漢語穆斯林政治與社會問題，試圖革新伊斯蘭教，也希望提高政治地位。因此這一宣慰反而招致部分人士，尤其是中國回族青年會人士的反感。

---

36 〈馬宏道回京覆命〉，《正道》，第4卷第8、9、10、11、12、13期（1934年7月），頁27。

中國回族青年會於 1927 年由北平各大學肄業的漢語穆斯林學生成立,強調回族是中華民族之一,該會期刊《回族青年》除了宣傳活動旨趣之外,也詳細報導新疆趨勢與內蒙自治運動,強烈譴責新疆省主席金樹仁剝削「回族」的罪行。[37]

中國回族青年會中批評馬宏道宣慰者如伊斯麻誼,他在〈質馬宏道先生〉中指出:

> 今馬君學成歸國,中國回民如上海,如北平,莫不表示空前熱烈之歡迎,而尤其牛街回民,因親鄰之誼,莫不出迎街前,亦真可謂萬人空巷,伊斯蘭學友會同仁,因此次馬君歸國,殊非平常留洋生可比。諒必滿載挽救整個中國回民之計畫而來,正可以請馬君作領導,腳踏實地,作些有益回民之事業,及於月之十五日,公宴馬君於西來順飯館,時間本定下午五點,及時學友會十餘人,皆準時而到,惟馬君或以事故,六時半方見如約而來,經一一介紹畢,馬君即開始其自由式之談話,首述留學動機,再述留學經過,及歸國後感想,滋昂慷慨,痛哭陳辭,謂:「宏道將以身許宗教」,謂:「宏道將為宗教而犧牲」,謂:「反對宗教,即反對祖宗」,其言語之沈痛,其態度之誠摯,聆之誠足令人為泣下!馬君致詞畢,不待席散,即告辭而去,因席間馬君來去匆匆,致我等祇用耳恭聆馬君高論,而未用口向馬君求教,殊為遺憾!惟對馬君之簡短談話,不無疑點,謹書於此,願馬君不卑固陋,而有以教之也!
>
> (一)中國回民問題,依先生高見,是否專從宗教著手,便可

---

[37] 例如安札麗在《回族青年》的評論中呈請南京國民政府嚴厲處罰金樹仁。安札厘,〈請國府及監察院懲辦金樹仁〉,《回族青年》,第 1 卷第 6、7 期合刊(1933 年 9 月),頁 1-2。

解決？依先生當日談話，似又對此問題之答案為肯定的。吾人須知：歷史事態之演變，至今愈為複雜，如此二十世紀之年代，若再以中世紀之眼光，解釋現實一切事物，則不免有緣木求魚之誤，試觀中國回民現狀，論教育，其情況殊為可憐！回民百人中，無一人求學者，絕對大多數之回民，皆不學無術，其情形較諸漢滿等族，實有天壤之別！提倡回民教育，增高回民知識，此正回民中知識分子急切重大之責任。先生豈得避而不談？論回民生計，其狀況尤為可憐！大多數回民，皆呻吟於經濟壓迫之下，西北災民，東北難民，以及內地回民之啼飢號寒者，直不可以數計，吾人若生活現狀不能維持，則一切事情，皆談不到，而解決回民生計問題尤為我輩青年之責！……固然，先生供職中央，為中央官吏，以地位言，或有不便為此者，但孫中山先生之三民主義，亦曾主張各民族一律平等，及民族自決自治，今我輩本以上主張作民族運動，正所以實行三民主義，烏得謂反對中央？

總上以觀，教育問題，生計問題及政治問題，皆為回民當今急待解決之問題。而為我輩號稱回民智識分子之最大責任，何以先生不此之圖，而偏撇去一般回族青年，另走一路？但此處有應向先生解釋者，我非反對先生作宗教家，我反對以先生之資格，以先生之學識，而將畢生精力，用來專作一個宗教家，因現在中國回民問題，異常複雜，非專從宗教著手，便可解決，事實俱在，莫可諱言，先生留洋海外歸來，已有多日，當能目睹耳聞，無須再為喋喋！總之，我不希望先生成一個單

純的宗教家,或空洞的理論家,而希望先生作一個回民的事業家,及民族革命家!

(二) 日前在牛街聽商人某君談:「今日赴車站歡迎,明日赴車站歡迎,等歡迎來了,卻去各奔前程,究竟對咱們有什麼好處?」此言亦有是處,惟先生赴南京供職,為解決經濟問題,亦實有不得已之苦衷,吾人甚可原諒,吾人以為在京供職,正可利用環境與地位,與回民多作此「好處」也!

(三) 先生談話中,曾謂:「中國回民,現在缺少一個『蔣介石』,此言先生將何以解釋?中國回民,何以缺少一個『蔣介石』?」其原因何在?⋯⋯此言吾實不敢相信!敝人以為,中國回民現在不需要一個「蔣介石」,而為:凡一回民,皆需要受教育,皆需要有飯吃,有衣穿。而尤需要在政治上得到其應得之權!此處仍有向馬先生聲明者:我與先生素不相識,更談不到其有好感與惡感,我為此文,完全本愛護先生之心,站在回族青年之立場,向先生求教,其中或亦不免有誤解先生之處,先生如肯不吝賜教,則又敝人無任歡迎者也![38]

他的文章與馬宏道的演講有著相當大的距離:對漢語穆斯林知識分子而言,教育、經濟以及政治地位的問題是重中之重。伊斯痲誼認為馬宏道任職南京國民政府,有能力解決這些問題,但他聽到演講之後,深感馬宏道對社群問題不夠了解。值得一提的

---

38 伊斯痲誼,〈質馬宏道先生〉,《回族青年》,第 1 卷第 8、9 期合刊(1934 年 10 月),頁 13-14。

是馬宏道在宣慰中曾演講〈漢語穆斯林教育問題〉，這表示他並非對社群的問題一無所知。種種因素，使得中國回族青年會對他的宣慰相當不滿。

馬宏道抵達北平之前，中國回族青年會批評他的宣慰。他們對中華回教公會至各地發放的〈告中國伊斯蘭同胞書〉與馬宏道宣慰華北華中提出疑問：

> 近傳馬君赴各地遊行講演的消息，後來本會又收到「馬宏道遊行講演告中國伊斯蘭同胞書」一份，內容與本會宗旨抵觸，有背民族之精神，故本會對馬君此舉之事體本身，及告同胞書中所云之一切，不能不有所批判，藉使社會認識本會之主張與任務。
>
> （一）馬君赴各地講演，其講詞將不外其告伊斯蘭同胞書所說的一切，惟通觀其告同胞書的文字，滿帶有宣慰中國內地回民的口吻。我們要知道：中國五大民族，別的民族如滿，如蒙，如藏都曾脫離過中國政府而獨立，惟我們回族，始終算沒有過這麼回事，這是大家都知道的；所謂「宣慰」二字的意思，是指某部分倡亂背叛中央，中央為息事寧人計，才派大員前往宣慰，以宣達中央德意，如最近之派員宣慰蒙古，宣慰西藏等皆是。今馬君赴各地講演，宣慰中國內地回民，是不啻已承認各地回民為叛逆，故馬君以宣慰的態度赴各地講演，勞神傷財，實屬無謂！本會認為是多此一舉。
>
> （二）馬君告同胞書中首一段說：「因為共信心漸漸地渙散了！許多國民祇圖暫時的安樂，把團體生活放到九霄雲外，所以中國的現況是必然得到的結果。」自從改為民

國以後，我們祇看見帝國主義的勢力，更形穩固，軍閥的混戰，天災的流行，以及都市之日漸凋敝，農村之日趨破產；我們從未享過那「暫時的安樂」。⋯⋯馬君認為改為民國以後，中國是「治」了，以後因為國人不知道團結，所以才把「暫時的安樂失去了」，這樣說法是錯了。馬君又說：「中華民族是綜合的民族，他能融化各小民族和他們的文化于一爐。」由這話來看，馬君根本不承認中國尚有回族之存在，但是馬君卻以回族人的資格，接受政府的任命來「宣慰」我們。我們知道：各民族間都有其文字血統語言風俗習慣等等的區別，這些區別，決非短期間所能泯滅的，尤其中國回族，現在依然是中國一個民族性最強的民族，馬君焉得謂已被融化於一爐？

（三）馬君在告同胞書中段又說：土耳其的復興，是基瑪爾一人之力，德意志的統一，也是俾士麥一人使之統一，（大意如此）證明來中國也需要一個領袖來謀復興。馬君理想中的中國領袖是誰，姑且不說，可是馬君這種思想是大大的錯了！基瑪爾一人是不能復興土耳其的，同時俾士麥也是一樣，馬君祇看見其上層的領袖一人，而沒有看見其民眾全體。⋯⋯

總之，馬君主張在中國解決民族問題，是應當效法土耳其的道路的不錯，我們是要學土耳其的，但是只看見他以革命的武力，推翻帝國主義的統治，打倒了舊的王朝和腐朽的封建勢力。並沒有看見他們伊斯蘭的精神。這是極端不對的。尤有進者我中國現有的民族，每一民族，自有其特殊的不可磨滅的民族特點。若強合而為一，非特事實上不可能，亦且能引起許多

糾紛，我們以為解決中國各民族的辦法，是以各民族自由的平等的聯合為原則，而獲得其民族的自決自治。中央政府對於各民族不應當施以各種壓迫與箝制，應當盡力扶植之，指導之，使其民族性盡量的發展，以期能使其效力於社會國家。我們對於解決中國各民族問題的意見是如此，甚願馬君能本此宗旨，站在回族的立場和我們共同奮鬥，這才是我們所希望的。[39]

筆者分析中國回族青年會對〈告中國伊斯蘭同胞書〉的疑問與批評，可以總結三個方面。

第一、關於馬宏道宣慰的華北、華中漢語穆斯林社群，並未如同西藏與內蒙一般要求自治，但他們對南京國民政府的宣慰深感疑問，認為不被南京國民政府信任。

第二、漢語穆斯林知識分子認為身為「回族」的馬宏道沒有族群認同。安藤潤一郎指出，國民革命時期產生回族的認同，將他們所提倡的中國穆斯林整體改為統一固定的族群認同，即「回族」等於「回教民族」。[40] 雖然中國回族青年會亦認為回族屬於中華民族，但他們將回民與回族混為一談，對回族的概念模糊不清。[41] 西北地方軍閥寧夏省政府主席馬鴻逵，則不認可「回族」等於「回教民

---

39 〈中國回族青年會為馬宏道遊行講演宣言書〉，《回族青年》，第 2 卷第 2 期（1934 年 4 月），頁 4-5。中國回族青年會薛文波的族群認同，參見 Wlodzimierz Cieciura, "Ethnicity or Religion? Republican-Era Chinese Debates on Islam and Muslims", Jonathan Lipman ed. *Islamic Thought in China: Sino-Muslim Intellectual Evolution from the 17th to the 21st Century* (Edinburgh: Edinburgh University Press, 2016), pp. 126-140.

40 安藤潤一郎，〈中華民國期における「中國イスラーム新文化運動」の思想と構造〉，頁 134。

41 漢語穆斯林知識分子的自稱時而改為「回民」或「回族」。

族」，認為回民是中華民族的旁系；[42] 廣西地方軍閥的白崇禧也認為回民是中華民族的一部分。[43] 馬宏道的〈告中國伊斯蘭同胞書〉指出中華民族融合論既與中國回族青年會提倡的回民民族論完全不同，與馬鴻逵等地方軍閥相比更否定漢語穆斯林的民族性。

第三、中國回族青年會批評馬宏道的〈英雄救國論〉。他們認為土耳其的復興不是凱末爾個人的成就，而是土耳其人民獲得的成果，馬宏道忽視土耳其大眾的力量，他們批評〈告中國伊斯蘭同胞書〉的內容不實。

不僅如此，中國回族青年會的批評發展到對政府的抗議，中國回族青年會與西北五省出身、居住在北平的漢語穆斯林組成之陝甘寧青新回教同鄉聯合會，[44] 共同將停止馬宏道宣慰的請願書上呈南京國民政府：

> 呈為全國回民素愛黨國，懇請撤回宣慰專員馬宏道，以固民族信心而免誤會事，竊以回教傳入中國，已千餘載教化所至，罔不景從。不但對於國家政治，從未破壞，且能扶弱濟傾，撥亂為治。是以唐資其力，以削內訌，元結其族，以奠邦基，明籍其才，以竟光復。民國肇造，五族共和，回民仍一心翊贊，始終不渝。致力于革命者有之，殉身於國難者有之，建功于邊陲者亦有之。既無離心離德之表現，何須無中生有之

---

42 馬鴻逵，〈西北兩大問題　回漢糾紛與禁菸問題〉，收入《革命文獻第八十八輯 抗戰前國家建設資料─西北建設》，頁111。

43 白崇禧，《中國回教與世界回教》（出版地點、出版單位以及出版年月不明），頁7。

44 陝甘寧青新回教同鄉聯合會是由陝西、甘肅、寧夏、青海、新疆各省出身北平穆斯林主持的社團。

宣慰。竊恐不但有失回族對於政府之信心，民族感情反為割裂。是豈政府之初衷乎？故為回漢兩民族永遠融洽計，為堅決回民信心計，與其勞神傷財，反生誤會，實不若中止此行之為愈。想我賢明之中央，對此利害得失，不難洞曉。懸崖勒馬，今尚其時，萬懇。俯納所請，毅收成命。黨國幸甚！回族幸甚！隨筆惶悚，不勝屏營待命之至。謹呈。[45]

因請願書的內容與中國回族青年會的批評有所重複，不再贅述。南京國民政府對請願書沒有表態，也未停止馬宏道的宣慰。

部分漢語穆斯林知識分子對〈告中國伊斯蘭同胞書〉的內容不滿，是因政府否定了他們的民族特點，且馬宏道的看法與他們強調的族群性、改善社群情況等相差甚遠，所以他們希望政府停止宣慰。值得一提的是，他們從現代性的角度批評政府宣慰的意義以及傳統意識，比如中國回族青年會伊卜拉欣認為：

現在黨國革新之秋，當然是要顧到願沛流離的回民了。所以為政府計，如何提高回民教育？如何發展回民經濟？自然回民的民族和國家意識，逐漸濃厚了。何必取宣撫方式？夫個故？在一般的回族民眾，所需要的是政府如何提攜？如何實際上的建設？絕不需要精神上的安慰！因為有信仰的回民，對于他的宗教意識，已然有相當的安慰了。還有宣撫之對象，厥維對于國家不滿意之回民民眾。但回民但求安居樂業，希望政府加以垂顧，早出于水火之中，苟能得到自由平等。于願已足，並沒有

---

45 〈北平回民各團體呈請中央撤回宣慰回民專員馬宏道〉，《回族青年》，第2卷第2期（1934年4月），頁13-14。

什麼不滿意的。何必到處講演！到處宣撫！！但在一般回民，也許受寵若驚，互為錯愕也許因維護其信仰發生誤會。這種政策，豈不是故意把內地回民造就杌陷不安的現象麼？且以回民宣撫回民，宣撫者應明白其立場，同時運用其各種意識，在其運用之過程中，相信必有矛盾之現象，也就是很難以為情了！[46]

文章中「以回民宣撫回民」所指為馬宏道的宣慰。中國回族青年會筆名「溪」也對南京國民政府推動宣慰所使用「德意」的意思提出一些看法：

宣揚政府「德意」這句話，用得太滑口了！習焉而不察，恐怕要錯到萬世！其實在現時的組織說起來，「德意」二字是不通的名辭。民主政治的制度之下，政府是建樹在全民眾之上，固無論地域，民族，或宗教之不同也。人人的權利，都有均等的機會。每個民族的權利，也都是用不著分你高我低。用不著誰給誰好處！誰和誰表示：「德意」！政府是人民所有，若是政府向人民表示「德意」，豈不是不通的客氣嗎！至于主席院長和一切官吏那是給人民辦事的人，也可以說是公僕，公僕更用不著向主人翁表示「德意」了。在專制時代，帝王壓迫人民，是天經地義。如果帝王稍存厚道之心，愛民如子，這便是帝王的「德意」。但在如今還講得通嗎？
宣揚德意的主要意思，是使人民或一個民族信賴國家。但真要取得他們的信賴心，就看政府的民族政策和國內施政方略。有

---

[46] 伊卜拉欣，〈「宣撫」之意義何在？〉，《回族青年》，第2卷第2期（1934年4月），頁2。

沒有誠實的表示,不在泛泛的形式。所以我說與其說宣揚中央「德意」,無寧說是宣揚中央「誠意」!但是有些國為族的僧侶和拍賣階級們,還兀自忙個不住呢?[47]

總而言之,中國回族青年會強調「回族」是一個民族,也不認同「回族」融入中華民族。雖然他們沒有分離南京國民政府的傾向,但對政府派遣馬宏道宣慰的行為不滿,也認為所謂的「德意」已不符合時代潮流。

南京國民政府的宣慰本來是攏絡漢語穆斯林社群的工具,諷刺的是透過宣慰,政府與部分漢語穆斯林知識分子的分歧卻愈來愈明顯。

馬宏道宣慰的收效甚微,且部分政府官員仍然懷疑伊斯蘭教革新運動傾向泛伊斯蘭主義。1934年8月,軍事委員會參謀本部的賀耀組致蔣介石函:「自民十六年來開始回教世界化運動,即所謂新回教者,在北平辦有月華雜誌與成達師範學校,其宣傳與教育論多有違反民族利益者。彼時主其事者為唐柯三,若馬雲亭不免為之傀儡,其舉動如派學生赴埃及留學、聘請埃及教師等,其言論則謂回教即回族,竟有主張以土耳其為中心喚起大回族主義者,故洽中日人毒計,逕與東北教徒密切聯絡。」[48]由此可知,賀耀組認為該校的泛伊斯蘭主義以及漢語穆斯林提倡的「回教民族論」違背國家利益,也不滿成達師範學校的泛伊斯蘭主義正中日人之計、與東北漢語穆斯林勾結。寧夏省政府主席兼成達

---

47 溪,〈「德意」與「誠意」〉,《回族青年》,第2卷第2期(1934年4月),頁2。
48 「賀耀組函蔣中正」(1934年8月23日),〈賀耀組呈蔣中正為抵制日本蠱惑我回教徒擬組織內地回教教師使研究黨義並發刊日報以廣宣傳並附馬鴻逵「告成達中師同學書」剪報〉,國史館藏《蔣中正總統文物》,典藏號:002-080200-00175-045。

師範學校董事馬鴻逵也告誡學校:「不得指信仰回教之人,即係回教,此蓋盡人所知,吾人為中華民族,雖信仰回教仍係中國國民,自應尊重中國體制,嘗與馬松亭阿衡談本校高懸星月旗,類似使館性質,殊為大謬,亟應改正......且鴻逵現負軍事政治重要責任,更未敢表示贊同,昨已致函校長唐柯三先生,鄭重聲明,請其依照原定宗旨,訓育學生,肄業回漢經典,停止對外舉動,除刊發講義外,其他對外刊物一律取消,力矯前失,則鴻逵仍當賡續負責,竭力維持,否則當與本校脫離關係,不再過問。」[49] 批評學校高懸伊斯蘭教象徵的「星月旗」,非穆斯林易錯認成其他國家大使館。雖然馬鴻逵試圖讓成達師範學校停止對外活動與出版期刊,但據筆者所知,他後來並沒有任何具體的行動。

第四節　小結

南京國民政府前往邊疆各地推動宣慰,也包含了華北、華中的漢語穆斯林社群。但從雙方的互動而言,政府只應對了辱教案等個別事件,而對漢語穆斯林推出的政策則極為有限。因此,在漢語穆斯林社群主體性的措施方面,宣慰便扮演重要的角色。

南京國民政府為了加強對漢語穆斯林社群的政治性整合,派遣官員馬宏道到華北華中的漢語穆斯林社群。然而,馬宏道的宣慰招致部分漢語穆斯林知識分子,尤其是中國回族青年會的強烈反感。中國回族青年會對馬宏道的〈告中國伊斯蘭同胞書〉頗為

---

49 「寧主席馬鴻逵告成達中師同學書」,〈賀耀組呈蔣中正為抵制日本蠱惑我回教徒擬組織內地回教教師使研究黨義並發刊日報以廣宣傳並附馬鴻逵「告成達中師同學書」剪報〉,國史館藏《蔣中正總統文物》,典藏號:002-080200-00175-045。

失望，要求政府停止其宣慰。漢語穆斯林知識分子的基本觀點是尋找漢語穆斯林作為一個民族的特點、改善教育、經濟狀況以及爭取政治權利。

儘管如此，南京國民政府仍積極推動馬宏道的宣慰。但卻因為宣慰的內容忽視華北、華中漢語穆斯林社群的特色，尤其忽視北平社群的狀況與漢語穆斯林作為民族的特點，反而強調凱末爾的經歷與對蔣介石的忠誠，讓聽到演講的中國回族青年會成員們相當失望。

馬宏道宣慰之後，部分政府官員以及馬鴻逵等人仍然懷疑伊斯蘭教革新運動傾向泛伊斯蘭主義，也認為成達師範學校的舉措以及「回教民族論」違背國家利益，不滿該校的泛伊斯蘭主義正中日人之計、逕行聯絡東北漢語穆斯林、批評學校不應高懸伊斯蘭教象徵的「星月旗」。

抗戰爆發以後，國民政府雖仍不承認「回教民族論」，卻對泛伊斯蘭主義的看法有了大幅度的轉變，試圖讓漢語穆斯林知識分子以泛伊斯蘭主義與中東等地區的穆斯林建立關係。

第三章　新生活運動與河南開封穆斯林社群

　　新生活運動是蔣介石於 1934 年為了抗日反共，要求國民從清潔身體與整頓精神兩方面進行自我改造的政治運動。本章以開封的漢語穆斯林社群為例，探討他們面對新生活運動的看法與實際影響，也藉此討論社群與河南省政府之間的關係。

　　關於民國前期的城市漢語穆斯林社群，前人研究只探討一座城市有多少漢語穆斯林、哪裡有清真寺或其社群的社會結構等。關於開封漢語穆斯林社群的既有研究，例如胡雲生梳理民國前期開封漢語穆斯林的情況，[1] 缺憾是未從政治或社會狀況的角度來探討。

　　而新生活運動的前人研究，如 Lloyd E. Eastman[2] 與鄧元忠[3] 認為是國民黨極右團體藍衣社為了實現法西斯運動所推動；段瑞聰探討新生活運動領導人蔣介石的思想背景與運動之間的關係；[4] 齋藤道彥對蔣介石演講中的「禮義廉恥」進行分析；[5] 溫波研究江西省南昌的新生活運動；[6] 丹野美穗說明新生活運動要求婦女改

1　胡雲生，《傳承與認同——河南回族歷史變遷研究》（銀川：寧夏人民出版社，2007）。
2　Lloyd E. Eastman, *The Abortive Revolution: China under Nationalist Rule, 1927-1937* (Cambridge MA.: Harvard University Press, 1974).
3　鄧元忠，《國民黨核心組織真——力行社、復興社暨所謂藍衣社的演變與成長》（臺北：聯經出版，2000）。
4　段瑞聰，《蔣介石と新生活運動》（東京：慶應義塾大學出版會，2006）。
5　齋藤道彥，〈蔣介石と「礼・義・廉・恥」〉，《中央大學論集》，第 25 號（2004 年 3 月），頁 43-73。
6　溫波，《重建合法性：南昌市新生活運動研究（1934-1935）》（北京：學苑出版社，2006）。

造成健康的國族;[7] 深町英夫[8]與黃金麟[9]分別討論新生活運動的目的是使身體符合國族建構的需求。儘管現行研究豐富,但並未探討不同思想、風俗習慣的漢語穆斯林與新生活運動的關係。討論的對象區域也侷限在運動發祥地的江西省南昌,未論及其他城市。

有鑑於此,筆者以新生活運動中漢語穆斯林史料較豐富的開封,來梳理河南省政府、漢語穆斯林知識分子與開封的社群在城市社會中所扮演的角色,也探討他們如何看待新生活運動。

第一節　河南省政府

在考察新生活運動如何深入漢語穆斯林社群之前,我們先了解推動的過程、相關背景以及在開封如何展開。

(一)新生活運動在開封的願景

1934年,蔣介石為了包圍中國共產黨根據地而待在江西省南昌,在南昌行營做了《新生活運動之真義》的施政報告。報告指出,新生活運動的六大原則為整齊、清潔、簡單、樸素、迅速、確實,尤其是國民務必遏制抽鴉片與喝酒等慾望,也試圖從國民的一舉一動以及精神上全面改變中華民族的民族性。[10]

7　丹野美穗,〈民国期中国における「清潔」の希求と「国民」の創出―新生活運動に婦嬰衛生工作からみえるもの―〉,《立命館言語文化研究》,第10卷第5、6號(1999年2月),頁85-102。

8　深町英夫,《身体を躾ける政治―中国国民党の新生活運動》(東京:岩波書店,2013)。

9　黃金麟,《歷史、身體、國家——近代中國的身體形成1895-1937》(臺北:聯經出版,2001)。

10　蔣中正,〈新生活運動之真義〉(1934年3月26日),收入蔣中正,《新

筆者認為蔣介石做《新生活運動之真義》施政報告的背景在於中國的內憂外患。內憂是地方軍閥與中國共產黨：廣東省的陳濟棠與廣西省的白崇禧豎起反蔣旗幟，脫離南京國民政府的藩籬；中國共產黨在江西省建設根據地。外患是關東軍：九一八事變後，關東軍開始對內蒙進行侵略，並滲透到華北地區，南京國民政府高度警惕關東軍的侵略，在 1933 年 5 月底與日本締結塘沽協定，關東軍雖然停止侵入山海關以南的華北地區，但仍然駐留在東北。

新生活運動不但具有儒家傳統的因素，也具有基督教背景。[11] 蔣介石於 1929 年將黃埔學校的社團改組，成員黃仁霖在新生活運動扮演重要角色。黃仁霖在基督教學校東吳大學附中畢業後留美，接受基督教青年會（YMCA）的訓練，回到中國之後，到上海基督教青年會工作，並應孔祥熙的邀請加入力行社。力行社提倡禁止飲酒、賭博與抽菸等，積極強調清潔。[12]

鄧元忠指出，「新生活運動」的名稱與活動內容是偶然確定的。以民族復興為目標的黨政軍調查設計委員會於 1933 年 11 月 14 日在南昌成立，由江西省政府主席熊式輝與南昌行營第二廳長楊永泰秘密組成，其任務主要是研究國外的外交政策、提出經濟政策以及革新中國文化。因蔣介石離開南昌到福建省維持治安，委員會的運作受到影響，蔣被迫趕快展示成果，因此提出「新生活運動」名稱與內容。「新生活運動」是由鄧文儀、張彝鼎、蕭純錦、李煥之以及蔣志澄提案，商討名稱與具體內容，

生活運動》（南京：正中書局，1935），頁 60-65。

11 亞歷山大・潘佐夫著，梁思文、楊淑娟譯，《蔣介石：失敗的勝利者》（新北：聯經出版，2023），頁 211。

12 深町英夫，《身体を躾ける政治―中国国民党の新生活運動》，頁 30-33。

並將「新生活運動」傳達給蔣介石、陳立夫等CC派。1934年1月，正式決定新生活運動的實施。[13]

力行社成立於1932年3月1日，正式名稱是三民主義力行社，大部分的成員是黃埔軍校畢業生。[14]鄧文儀、張彝鼎、蕭純錦、李煥之以及蔣志澄都是中國國民黨組成力行社的主要成員，力行社以中華民國建設與中華文化復興為宗旨獲得蔣介石的支持。[15]力行社為了進一步展開活動，於1933年12月24日在南昌成立中國文化學社，理事長是鄧文儀，剛成立時，由南昌行營第二廳廳長楊永泰每月支付300元。中國文化學社本部於1934年1月28日在南京成立，活動內容是翻譯出版國外的教科書，推動中華文化復興運動。[16]

蔣介石報告《新生活運動之真義》之後，為了實現自己的政治理念，於1934年2月21日在南昌成立新生活運動促進會。以散布傳單、呼口號以及放映電影等方式宣傳，通知南昌市民新生活運動的規則與清潔的重要性，之後新生活運動促進會的分會在全國各地成立，而開封分會成立於1934年3月22日。[17]

民國初期的河南省爆發過幾次地方軍事派系的戰爭。北伐成功後，中央軍進入河南省，與河南省主席馮玉祥分庭抗禮，爆發中原大戰。蔣介石獲得勝利，驅逐馮玉祥，由劉峙擔任河南省政

---

13 鄧元忠，〈新生活運動之政治意義闡釋〉，收入中央研究院近代史研究所編《抗戰前十年國家建設史研討會論文集1928-1937（上冊）》（臺北：中央研究院近代史研究所，1984），頁35。
14 鄧元忠，〈新生活運動之政治意義闡釋〉，頁31-32。
15 鄧元忠，〈新生活運動之政治意義闡釋〉，頁32。
16 鄧元忠，〈新生活運動之政治意義闡釋〉，頁38。
17 蔣中正，《新生活運動》，頁60-65。

府主席。[18]

劉峙極為重視反共主義、治理黃河、建立清廉的省政府與福利制度。[19] 他是蔣介石的幕僚，大力推動新生活運動，1934年4月，根據蔣介石提出的〈新生活運動要義〉，發表〈新生活運動之基點〉，提倡公務員、軍人、學校職員以及學生皆應參加。[20] 河南省教育廳長齊真如也發表〈新生活運動的面面觀〉的文章，強調改變官吏的生活習慣，根除陋習與貪汙腐敗。[21] 從他們發表的文章來看，劉峙與齊真如認為推動新生活運動是管制河南省政府官員與建立清廉政府的大好機會。

1934年3月22日，河南省都新生活運動促進會成立，劉峙就任主席，河南省政府建設廳長的張靜愚等三十九名就任理事。促進會從4月14日開始活動，活動時間是每天下午2點至6點。於1934年4月23日至28日實施公共衛生的臨時檢查，分別制定5月14日至5月26日的整頓訓練周以及6月4日至6月30日的打掃衛生訓練周。尤其是在打掃衛生訓練周期間展開大規模的打掃衛生運動與衛生檢查。10月24日之後更加深入發展，即開闢蔬菜市場、撤除攤販與招牌以及修建道路等，整頓開封市區街頭。[22]

---

18 新生活運動促進會總會，《民國二十三年新生活運動總報告》（南京：正中書局，1935），頁301。
19 程有為編，《河南通史》，第4卷（鄭州：河南人民出版社，2005），頁309-387。
20 劉峙，《我的回憶》（臺北：文海出版，1982），頁1-124。
21 劉峙，〈新生活之基點〉，《河南政治月刊》，第4卷第4期（1934年2月），頁1-3。
22 新生活運動促進會總會，《民國二十三年新生活運動總報告》，頁301-303。

（二）新生活運動在開封的實際情況

關於開封的實施情形，新生活運動促進會考察團團長徐慶譽認為：開封的新生活運動仍有待改善的部分，在河南省政府主席劉峙的領導下，理髮店與浴室等地方的公共衛生獲得改善。[23] 儘管如此，筆者進一步探討開封新生活運動的實際情況，是頗不理想的。1935年2月19日，天津《大公報》刊登筆名「武津愛棠」的文章，指出中山公園與相國寺市場公共衛生的問題極為糟糕，也在開封街道上發現散亂垃圾等，還經常發生交通事故。[24] 我們可以看到從1934年10月以降開始實施的公共衛生運動並未得到成效，既沒有取締非法攤販的計畫，餐飲業者也缺乏公共衛生的觀念。

推動公共衛生運動不徹底，取締鴉片的措施也不充分。關於1936年河南省與開封抽鴉片的情況，吳世勛指出：1925年實施鴉片專賣制度，徵收鴉片稅，但開封目前仍常見抽鴉片的人。[25] 由此可見，在展開新生活運動時，禁抽鴉片有其侷限性，可以說開封的新生活運動沒有產生充分的效果。

第二節　開封漢語穆斯林社群

首先探討民國時期漢語穆斯林社群的情況、對新生活運動的看法以及新生活運動在開封漢語穆斯林社群的實際情形。

23　新生活運動促進會總會，《民國二十四年全國新生活運動》（南京：正中書局，1936），頁487-488。
24　武津愛棠，〈開封市公共衛生的鳥瞰〉，《大公報（天津）》，1935年2月19日。
25　吳世勛，《河南》（上海：中華書局，1936），頁119-120。

（一）民國前期開封的情況

我們在討論開封漢語穆斯林社群與新生活運動之前，須闡明民國初期開封漢語穆斯林的經濟狀況、從事的行業以及與河南省政府之間的關係。民國初期的開封共有10座清真寺，以清真寺為中心形成一個個漢語穆斯林社群，其中最大的是位於開封市區東半部的東大寺（清真寺），以此為中心是漢語穆斯林人口最密集的地區，有五分之二的漢語穆斯林從事牛屠宰業，[26] 他們的生活貧困；而開封市中心南書店街東側的文殊寺（清真寺），生活水準在開封所有的漢語穆斯林社群中最高，屬於中產階級。

河南開封東大寺清真寺大門，作者提供

另外還有善義堂（清真寺）的漢語穆斯林，他們在清末回民

---

26 屠宰是由阿訇宰牛與宰羊，具有神聖性的意義。因此，漢語穆斯林避免使用「屠殺」的兩字，而使用「屠宰」。在開封漢語穆斯林社區，牛羊由阿訇委任的二位師傅屠宰。筆者尊重漢語穆斯林的風俗習慣，以下統稱「屠宰」。何克儉、楊萬寶編，《回族穆斯林常用語手冊》（銀川：寧夏人民出版社，2003），頁161；盧振明，〈開封回教譚〉，《禹貢半月刊》，第7卷第4期（1937年4月），頁153、160。

事變,從陝西省逃往開封,在民國初期從事開封與上海、漢口、杭州之間的行商,他們生活水準普遍低下。而位於開封鼓樓西側曹三廳清真寺的漢語穆斯林,也如同東大寺一樣生活貧困,他們大部分從事小販業。[27] 除了文殊寺的漢語穆斯林之外,開封漢語穆斯林社群的經濟狀況皆十分辛苦。

而河南省政府對開封穆斯林社群並不積極,在北伐成功後相繼爆發內戰與黃河大氾濫的背景下,河南省政府實際上無暇管理。據筆者所知,目前未發現涉及省政府與開封漢語穆斯林社群的官方檔案,僅可見省會公安局試圖以民事調停解決東大寺與地主之間的糾紛。[28]

自從劉峙就任省政府主席之後,為促進農業生產而禁止屠宰耕牛,[29] 同時也徵收甚重的屠宰營業稅,一頭羊稅二角,一頭牛稅二元。[30] 屠宰營業稅讓貧困的漢語穆斯林屠宰業者生活更加困難,省政府還為了公共衛生推動成立公共屠宰場。推行新生活運動的各種措施,導致與漢語穆斯林屠宰業者之間的糾紛。

(二)漢語穆斯林知識分子與新生活運動

關於漢語穆斯林知識分子如何看待新生活運動及其立場,透過著名歷史學者白壽彝在開封主編的《伊斯蘭》、成達師範學校出版的《月華》等期刊探討他們對新生活運動的看法。

馬湘認為漢語穆斯林飲酒問題與新生活運動如下:

---

27 盧振明,〈開封回教譚〉,頁 153-161。
28 〈據公安局呈查明趙于氏向東大寺討要房產一案情牌示知照由〉,《河南民政月刊》,第 498 號(1928 年 12 月),頁碼不詳。
29 〈禁宰耕牛〉,《河南民政月刊》,第 10 期(1931 年 10 月),頁碼不詳。
30 〈河南省承辦屠宰營業稅徵收所施行細則〉,《河南省政府年刊・法規》(1933 年),頁 208。

最為易見的，如現在各地的回教飯館，門市較大一點，就要把「白蘭地」，「紹興酒」連帶的賣起來。所以，許多來過中國的回教外國人，都認為中國的回教（人民意識上的）太不真純了！這件事——飲酒，我們若從表皮上看去，似乎還沒有什麼了不得的地方，假如我們稍能冷靜一點的向它考察考察，便知是吾中國回教前途的一個不幸預兆！它不只為我們教法上之不規的舉動，就是對於民族國家的前途，它的危害也是不可諱言的。由前者美國胡佛之禁酒，最近中國蔣委員長之規定（不飲酒為新生活運動的條件），也已可見賢明的政治領袖對這事的注意。尤其是中國，它的害處更為劇烈。每年中國的金錢由白蘭地的瓶子裏流到外國去的，一定是一個很巨額的數字。……「飲酒」這事，我們無論是以宗教的立場也吧，以科學的立場也吧，若給它下一個評語，那都是不應該的。……據現在一般科學家的共同承認，以為飲酒對人的身體方面最低限度，要有三種弊害。即：（A）在神經系統方面，使神經受害。（B）在消化系統方面，使蛋白質難以消化，且使食物變成不適於身體組織的物質。（C）在循環系統方面，使心臟血管受害，其中以肝臟，腎臟受害為最。……飲酒之害，不止及於人的身體方面。因為飲酒而失機誤事者，亦為常事。從國家民族之經濟觀點而論，為患更大。一個思想最簡單的人也可知道，飲酒乃是一筆絕無意義的消費（浪費）。輕則棄國家之經濟於無益，重則導國家之經濟於搖動。[31]

---

31 馬湘，〈飲酒問題〉，《伊斯蘭》，第 4 期（1935 年 4 月），頁 12-13。

馬湘強調飲酒帶給國外穆斯林負面的形象，禁酒則符合伊斯蘭教義與新生活運動的目的。伊斯蘭教禁酒並非徒有形式，他提倡漢語穆斯林應該遵守教義，同時也在新生活運動中以禁酒的美德展現穆斯林應有的姿態。馬湘倡導禁酒的對象是違反教義飲酒的漢語穆斯林，故在文章中強調禁酒是結合伊斯蘭教教義與新生活運動的精神，要求漢語穆斯林推動禁酒運動。

筆者仔細分析北平漢語穆斯林對新生活運動的看法，可以看到相關的討論，例如鮑存明認為：

> 新生活運動者，不過是一種生活之方式，似與政治無關，然，際斯亂事，為政者不知禮義廉恥，貪婪污穢，隨之而起，民眾不知禮義廉恥，違法破紀，將層出不窮……試擇其小者而言，賭博，吸煙，酗酒，皆不留絲毫痕跡於教中，雖然回教徒不乏賭博，吸煙，酗酒者，實則此等人已不是教徒，教中根本亦不承認之，不過彼等自己在外招搖，以為自己是回教徒而已。除故意破壞回教而外，實與回教本身無關。夫回教之日常生活，即以痛戒此種惡行為最初條件，若口吸紙煙，手摸賭具，而自稱是回教徒，其又誰信之？彼雖自命為回教徒，回教固不能禁止其發言也，觀此，則知回教徒之生活，純為清真。[32]

文章提到的「禮義廉恥」是蔣介石的政治口號，認為漢語穆斯林的日常生活就是「新生活」，被伊斯蘭教禁止的賭博、抽鴉片與飲酒也是違背蔣介石提倡的「禮義廉恥」，因此伊斯蘭教教義本

---

32 鮑存明，〈回教與近代政治動向〉，《月華》，第7卷第16號（1935年2月），頁10。

就符合新生活運動的精神,呼籲漢語穆斯林參加新生活運動。由此可見,鮑存明強調伊斯蘭教教義與「禮義廉恥」具有的密切關係,以此透過漢語穆斯林熟悉的教義讓他們深刻瞭解新生活運動的精神。

一位筆名「世文」的漢語穆斯林知識分子也將〈新生活運動週年紀念感言〉刊登在《月華》,探討大家應該如何面對新生活運動:

> 至於我教胞,本有教義所規定更完美的新生活,即以拜功一端而論已包括蔣委員長所提倡之三化生活了!所以在此新運雷屬風行之際,奉勸我教胞,藉此機會來實行拜功吧!因為那不僅是實行了新生活,而且得到兩世的幸福,一舉兩得,盍興乎來![33]

蔣介石提倡的三化生活就是遵守規律、重視秩序與速度的軍事化,節約資源、勿浪費、從事生產活動的生產化,重視整頓與清潔的藝術化。如果我們只從世文的文章看,三化生活也許會符合伊斯蘭教教義,然而軍事化與生產化的概念,實際上與伊斯蘭教教義有些出入。例如伊斯蘭教的五功之一是每天五次禮拜,每次都會中斷作業,穆斯林遵守了規律與秩序,但生產的速度與效率便無法提高,可見伊斯蘭教教義其實與三化生活格格不入。「世文」這篇文章似乎顯得有所矛盾,但儘管如此,他發表的背景也許是藉執政者理念的三化生活強調穆斯林禮拜的重要性。

---

33 世文,〈新生活週年紀念感言〉,《月華》,第 7 卷第 5 號(1935 年 2 月),頁 5。

接著，我們分析南京漢語穆斯林知識分子對新生活運動的討論。1934年10月1日，中國文化學會南京分會在國立中央大學舉行，南京漢語穆斯林知識分子馬子貞演講〈回教文化與三民主義及新生活運動〉，討論新生活運動與伊斯蘭教教義之間的關係：

> 最近蔣委員長，所提倡之新生活運動，以我國固有之，「禮義廉恥」之德性，為基準，而形之於日常衣食住行之生活，此與回教文化之基本精神，非但毫無矛盾，實多相類，相成之處，故一般回教信徒，其處世接物，較為重禮，守義，明廉，知恥，生活樸實，愛美，愛潔，重信，勇敢，有恆，之原有習性，尤應發揮，而可蘭經上，對於禁烟，禁酒，禁賭，禁娼，以及對於飲食，之力求清潔，生活應合規律，均有明白規定；故全國回民，尤應力行新生活，以盡推行之效，以為新時代之國民。當茲國難日亟，全國上下，亟須團結救亡，共同生存；而我全國回民，當身體力行可蘭經，你們應服從長官之詔示，共同遵守，各盡能力，拯救國難。[34]

中國文化學會是中國國民黨黨派色彩濃厚的社團，與前述三位漢語穆斯林知識分子相比，馬子貞與蔣介石具有直接的人際關係。他指出新生活運動的政治理念完全符合伊斯蘭教的樸素、簡潔、清潔精神，飲酒與抽鴉片等新生活運動禁止的行為也沒有違背教義，遵守伊斯蘭教教義相等於拯救國難。

---

34 馬子貞，〈回教文化與三民主義〉，《正道》，第4卷第14、15、16、17、18、19號（1934年10月），頁8-9。

我們更進一步探討其他漢語穆斯林知識分子對新生活運動的觀點。在南京，筆名「燕」討論新生活運動推動受阻的因素：

> 在這新生活運動的邁進期中，除三害——煙、賭、娼，算是進攻的第一道戰線了，三害的聯合陣線非常鞏固，煙槍比任何的機關槍、大礮利害的多，海洛英比各樣的毒瓦斯力加百倍。……煙的為害，在個人、國家和民族有不可思議的力量，由個人影響國家以及民族，它把個人的本身毀滅後，並且遺害到子孫，也就影響到民族。它無形的害處非經過長時期不能看見，所以許多人，只圖暫時的快樂，把整個的國家、整個的民族斷送了。……賭的為害，一方面耗盡我們寶貴的精力和能力，把有用的時光，轉移到無味的消耗裏；把健康的體格，驅逐到孱弱的境遇裏；更由它的作祟，把好的朋友變為仇敵。一方面消失我們的事業，甚至傾家敗產，結果能使我們在世界上無立椎之地；影響到家庭、國家。娼的為害，更是筆不能盡了，散佈花柳的毒菌，遺傳到子孫，毀滅我們的民族，並且違反世界潮流，留下重男輕女的惡印像，使我們的生產事業減低，意識薄落，思想不健全，漫漫的至於毀滅，危險！危險萬分，勝過一切的洪水猛獸，一切的殺人利器！三害的流行猛進，佈滿了全國，打算除它們，要實行新生活運動，怎麼實行呢？[35]

從抽鴉片、賭博與嫖娼阻礙新生活運動的角度而言，他的觀點與鮑存明、馬子貞的差異不大，「燕」談到：

---

35 燕，〈除三害〉，《正道》，第4卷第8、9、10、11、12、13號（1934年7月），頁2-3。

> 在前些天報紙上登有宋子文觀察西北回滬後談話的概要，……
> 統觀宋氏的談話，可以想到回教法規，不但能制一般教徒的外
> 表，並且能制裁內心，遵守教規的不但能在煙上禁絕，就是賭、
> 娼也是用〔同〕樣的禁絕。我們有這樣的美德，為甚麼不趁此
> 時機，把它全盤的托出，作了國人的榜樣，使他們也走向我們的
> 正道。我們開闢好了。新生活所謂的三害，也就消於無形了。[36]

宋子文作為南京國民政府財政部部長，在中國自主關稅權的議題與國外列強進行磋商，他在辭職後於全國經濟委員會有很大的發言權。「燕」引用了宋子文的談話，呼籲漢語穆斯林嚴格遵守伊斯蘭教教義，打擊吸食鴉片、賭博與嫖娼等不良行為。

清末西北與雲南的回民事變，使部分地區的漢語穆斯林社群遭到清廷嚴重打擊，加上到麥加朝覲的漢語穆斯林受到瓦哈比派（Wahhabism）影響而成立新教，與扎根在中國的老教雙方發生衝突，也帶給社群嚴重的破壞。為了重建，漢語穆斯林知識分子在清末民初的北京與上海推動伊斯蘭教革新運動，向漢語穆斯林與漢族宣傳伊斯蘭教教義、讓因飲酒與抽鴉片而墮落的人，能遵守教義改正習慣，並加大翻譯古蘭經的力度，回歸應有的伊斯蘭教精神，透過讓漢語穆斯林知識分子到艾資哈爾大學留學，加強與國外伊斯蘭教界的交流等等。可知漢語穆斯林知識分子的伊斯蘭教革新，是為了讓中國伊斯蘭教適應國際潮流。[37]

漢語穆斯林知識分子推動伊斯蘭教革新運動的背景為二：第

---

36 燕，〈除三害〉，頁 3-4。
37 松本ますみ，《近現代中国の国民統合原理と中国イスラーム改革派の政治的諸関係についての歴史学的研究》（平成 11 年～平成 14 年度　日本學術振興會科學費補助金基盤研究（C）研究成果報告書，2003 年 3 月），頁 37-47。

一是革新中國伊斯蘭教;第二是他們產生族群認同。他們認為中國伊斯蘭教衰退的原因歸於漢語穆斯林社群的問題,即經堂教育徒有形式、阿訇的社會地位與漢語穆斯林教育水準偏低。[38] 漢語穆斯林深刻反思因清末回民事變嚴重破壞他們的社群,因此選擇報效國家,積極配合中國民族主義的崛起,並探討漢語穆斯林在中華民族框架中的特點。

此外,誠如第一章所言,中國伊斯蘭教革新運動學習基督教,吸取其傳教方式;筆者認為新生活運動的基督教因素頗為重要,基督教的禁酒、禁止賭博與嫖娼等道德與伊斯蘭教教義相似,比如《古蘭經》明確禁止飲酒與賭博:「惡魔惟願你們因飲酒和賭博而互相仇恨,並且阻止你們記念安拉,和謹守拜功。你們將戒除〔飲酒與賭博〕嗎?」[39] 此外,抽菸也是伊斯蘭教教義上的禁忌,[40] 並要求婦女必須得遵守貞節、[41] 穆斯林應該在身體與衣服等講究衛生。[42]

從漢語穆斯林知識分子積極推動伊斯蘭教革新的事實來看,他們在提出對新生活運動的看法時,特別強調新生活運動與伊斯蘭教教義具有共同點,讚揚新生活運動精神的原因為二:第一是伊斯蘭教教義與政府政治運動的理念完全一致,他們呼籲政府與

---

38 丁德普,〈我來談談中國回教的教育〉,《月華》,第6卷第4、5、6號(1934年2月),頁34-36。
39 法赫德國王古蘭經印製廠,《中文譯解古蘭經》(麥地那:法赫德國王古蘭經印刷局,2011),頁123。
40 セイフェッティン・ヤズジュ,《イスラーム教の基本知識——信仰・崇拜行為・德・預言者ムハンマドの生涯》(東京:宗教法人東京・トルコ・ディヤーナト・ジャーミイ,2012),頁200。
41 セイフェッティン・ヤズジュ,《イスラーム教の基本知識——信仰・崇拜行為・德・預言者ムハンマドの生涯》,頁187。
42 セイフェッティン・ヤズジュ,《イスラーム教の基本知識——信仰・崇拜行為・德・預言者ムハンマドの生涯》,頁180。

漢族社會重視伊斯蘭教革新運動具有正當性；第二是以新生活運動為契機，呼籲漢語穆斯林嚴格遵守伊斯蘭教教義，更欲推動革新運動。

（三）開封漢語穆斯林社群新生活運動的實際情況

筆者以有限的史料探討開封漢語穆斯林社區新生活運動的實際情況。我們關注開封漢語穆斯林社群各社會階層的情況，闡明有產階級與貧困階級對新生活運動的看法，考察漢語穆斯林屠宰業者受到衛生檢查而罷工的脈絡。

劉伯餘探討漢語穆斯林有產階級的情況。他於 1934 年春天從南京出發，經過濟南、天津與北平，於同年夏天訪問開封，受到文殊寺的漢語穆斯林熱烈歡迎。[43] 之後，他應開封漢語穆斯林有產階級的邀請參加聚會。他描寫聚會的情況：

> 這一次是開封的一位回教紳士大請客，門前當然是熱鬧非常，車馬滿門；堂上又是高朋滿座，在我進入客堂的時候，已是驚奇的開始了，我以為或是來錯了地方，可是明明白白主人正在那裡殷勤招待；忽然想起我是少見多怪了，開封的回教徒請客，都是如此嗎？不，不全如此，這不過是手屈一指的幾位紳士罷了。客堂內各樣的酒雜陳著；所有的煙，無一不備，當然鴉片一類的毒品，也是應有盡有；中西的賭具，齊集一堂，甚麼麻雀、撲克和我叫不上來名目的東西不下三二十份，客人來臨，先用點心，然後隨意賭博和吃煙，集足了十人或八人，才

43　伯餘，〈內地回教徒考察記〉，《晨熹旬刊》，第 1 卷第 9、10、11 號（1935 年 5 月），頁 1-4。

有吃飯的機會；據說由午後兩點鐘起始直到夜間十二時才得停止，主人的精神不到筋疲力盡不完，這半日的宴會，主人方面要耗去數百金至千金，客人的賭款，因為我是門外漢，無從去統計，當然的消耗不在少數；有形的是這樣，致於無形的時間損失，更不可以數計了……開封回教的有錢階級和一般教徒處在水火的狀態裏；所謂有錢者視一般教徒為草芥；一般教徒不願和他們往來，所以隔閡日深，進行的教務，常常發生困難。[44]

劉伯餘是南京出版漢語穆斯林期刊《晨熹》的編輯之一，常撰寫有關中國伊斯蘭教革新運動的文章。[45] 他在遊記中擔憂山東省青州與江蘇省農村地區漢語穆斯林的教育水準低落，但讚許他們嚴格遵守伊斯蘭教教義，[46] 而對開封漢語穆斯林則給予負面評價，看到他們抽鴉片、賭博、飲酒等不良行為，這些行為完全不符合穆斯林應有的姿態。

他的文章還表明，開封漢語穆斯林社群有嚴重的貧富差距，資產階級蔑視一般教徒。按照伊斯蘭教教義，經濟富裕的穆斯林應捐給貧窮的穆斯林財產，並有義務在清真寺做乜帖，[47] 但他們的行為與穆斯林應有的態度有所距離。可見開封漢語穆斯林的資

---

44 伯餘，〈內地回教徒考察記（續）〉，《晨熹旬刊》，第 1 卷第 18、19、20 號（1935 年 8 月），頁 3-4。
45 伯餘，〈中國回教青年今後的動向〉，《晨熹旬刊》，第 1 卷第 24、25、26 號（1935 年 10 月），頁 1-4。
46 伯餘，〈內地回教徒考察記〉，頁 1-4。
47 乜帖是阿拉伯語的 Niyyah，原義為願望。回族所稱者是指穆斯林捐給公共事業與他人金錢，或邀請阿訇念古蘭經，送給阿訇金錢。何克儉、楊萬寶編，《回族穆斯林常用語手冊》，頁 100。

產階級並不關心新生活運動與伊斯蘭教,而社頭[48]與阿訇在經營清真寺上很難應對他們。[49]

關於開封漢語穆斯林貧困階級,我們很少有可以考證的史料,劉伯餘訪問開封三年之後,開封的盧振明撰寫有關東大寺的文章,表示有部分東大寺漢語穆斯林的素質極差,抽鴉片、賭博與嫖娼者絡繹不絕。[50] 他的文章顯示不管資產還是無產階級,新生活運動都沒有被徹底推行,受到開封漢語穆斯林社群的重視。

我們對新生活運動與開封漢語穆斯林社群的關係需要進一步探討,以了解漢語穆斯林屠宰業者的狀況。如前所述,衛生運動從 1934 年 10 月起在開封推動。從衛生運動的角度而言,河南省政府要求漢語穆斯林屠宰業者帶牛羊到公共屠宰場檢查與支付屠宰費,檢查費的負擔甚重,且檢查方法也有漏洞,屠宰業者對此表示抗議,從 1934 年 12 月 21 日起開始全面停業與罷工。[51] 他們與公安局商討檢查費與公共屠宰場檢查的兩個問題,召開記者會,說明罷工的詳細情況。他們也呼籲社會各界發表牛羊業者的聲明,試圖在免除檢查費的問題上獲得支持。他們的聲明刊登在《伊斯蘭》:

---

48 社頭是河南省與山東省等中原當地漢語穆斯林的領導人,俗稱鄉老。社頭由清真寺管理委員會選拔兼具仁德與資產者,任期為三年。社頭的任務是管理清真寺與漢語穆斯林社區、邀請阿訇。開封東大寺與文殊寺的社頭共有十二人。為了防止社頭與阿訇擅自運用清真寺財產,清真寺每月會貼出開支報告書在牆壁上供信徒參考。胡雲生,《傳承與認同──河南回族歷史變遷研究》,頁 150-157。盧振明,〈開封回教譚〉,頁 160。

49 漢語穆斯林知識分子痛批開封漢語穆斯林的奢侈,例如李彗軒在〈目今回教的危機〉中批判經濟富裕的漢語穆斯林沒有做伊斯蘭教五功之一的乜帖。李彗軒,〈目今回教的危機〉,《伊斯蘭》,第 2 期(1935 年 3 月),頁 8。

50 盧振明,〈開封回教譚〉,頁 153。

51 〈牛羊屠業全體停業〉,《伊斯蘭》,第 1 期(1935 年 1 月),頁 14-15。

敝業不幸，今竟以全體停業聞於諸君之前矣！！敝業同人寧不知顧全個人之營業？寧不知供給顧主之需要？勢逼處此，無可奈何，有不得不為諸君告者。竊維官方特關專場，檢查牲畜，注重衛生。同人等雖愚昧，亦且熟習天方教之誡條矣：疾病之畜禁屠，暴斃之畜忌食，諸凡穢物之措置，均須合於清潔之意。僅就此一點言之，官方設屠宰場之本意，固同人等極端歡迎，而深願贊助者也。惜公安局公佈之屠宰規則，立法原意雖在求精密，施於實際，竟難免諸多不便。開封牛羊商均係小本經營，集儲一牛一羊之星款，即作牛羊之商販。從屠宰到售出，全家老幼，無間男女，分工合作，所得微微，僅能糊口。今按規則所定，必須檢定於場，屠宰於場，處理穢物於場，則事先既不能傾家而往，事後又不能不多輸運之資。是本來可用之人力不能用，不必消耗之費用必須出。更加以一牛之檢驗費五角，一羊之檢驗費十分，同人等之負擔愈益沉重。不加肉價，則虧蝕立至，勢決不能久存。加肉價，則顧主減少，影響銷路，勢亦決不能久存。與其不能存立於來日，以致財盡力瘁之禍，何如停業於現在，謀一長久安全之策。同人等忍痛，全體停業者，良以此也。事至今日，同人等固不敢妄想，完全犧牲官方之威信，以持維同人等之營業。然官方似亦不至完全漠視同人等之痛苦。同人等最大之希望，亦即最低之要求，為檢定於場，屠宰於家，處理穢物於指定場所，暫免收費以待市面之繁榮。則於官方設場之旨不背，同人等之便利較多，庶幾官民兩方並皆顧到也。敬請諸君教導指正，而將助之！[52]

---

52 〈牛羊屠業全體停業〉》，頁 14-15。

他們基本上贊同公共屠宰場的家畜檢查符合教義,但反過來說,如果反對公共屠宰場的設置,省政府或將再提高屠宰稅,甚至屠宰業可能會被禁止。為了保護屠宰業的權益,他們特意提到教義中的衛生觀念,強調與公共屠宰場的設置相符合。但檢查費仍是個問題,屠宰費再加上檢查費造成極大負擔,故屠宰業者開始罷工,要求省政府免除檢查費。

　　屠宰業者發表聲明之後,其代表前往公安局商討解決辦法,雙方達成以下共識:業者每年支付二千元的屠宰稅,費用可以按月攤交,而關於牛羊的檢查,則派遣檢查官到場進行。牛羊屠宰業者遂於1935年2月恢復營業。[53]

　　從屠宰業的案例可以看到,開封漢語穆斯林認為新生活運動的衛生檢查費過重,影響生計,而採取罷工的手段保護他們的生活。對他們而言,與其說關注新生活運動,不如說是保護自己的權益。總而言之,開封漢語穆斯林社群的新生活運動成果並不符合社群中知識分子的期待,從衛生運動的屠宰業者罷工事件看,他們更為重視自己的生活。

　　新生活運動在開封漢語穆斯林社群中未有成果的原因在哪裡?我們從省政府、試圖透過運動宣傳教義的漢語穆斯林知識分子、知識分子的立場等各個側面進行考察。

(四)開封新生活運動的侷限與其原因

　　省主席劉峙承認推動新生活運動的行政效率不佳,為了減少經費,河南新生活運動會的成員由各機關及學校拼湊,但他們忙於本業,使該會的活動只能集中在下午,無法專心業務,會務沒

53　〈牛羊屠業全體復業〉,《伊斯蘭》,第2期(1935年3月),頁18。

有系統性運作，各人職務不明確，業務上也各自為政，更沒有規定工作程序。不只是推動新生活運動的官員相當消極，風紀檢查員對省政府某機關突擊檢查時，甚至發現有官員在抽鴉片。[54]

段瑞聰探討過南京國民政府行政效率問題，河南省政府也有類似的情況。[55] 從部分河南省官員對新生活運動採取消極的態度，也是在開封無法深入發展的主要原因。

進一步探討新生活運動未深入開封漢語穆斯林社群的原因，對新生活運動給予高評價的漢語穆斯林知識分子確實表示贊同，但只對政治口號與伊斯蘭教教義展開討論，並未提出如何向其社群宣傳與普及的具體方法。按照上述的探討推測，漢語穆斯林知識分子與其說追求推行新生活運動，不如說是在推動伊斯蘭教革新時探討教義與新生活運動有無出入，既未強調革新運動與政府的政治運動不相違背，也未向社群提出應對措施。

另外，漢語穆斯林知識分子與領導階層對社群的影響力也是一大問題。知識分子在期刊上強調以政治宣傳、伊斯蘭教宣傳的方式，運用期刊、報紙的文字媒體、新式媒體的廣播之必要性。[56] 他們也探討伊斯蘭教宣傳所的設置與巡迴宣教人的配備，他們在河南省各地清真寺成立面向漢語穆斯林的圖書館。[57] 在開封成立清真寺附屬的小學、阿拉伯語學校，不同年齡的漢語穆斯

---

54 劉峙，〈新運的價值及河南推進新運的應有革新〉，《河南政治月刊》，第 5 卷第 2 期（1935 年 2 月），頁 2-3。

55 段瑞聰，《蔣介石と新生活運動》，頁 249-250。

56 趙永清，〈今後興教運動方式芻義〉，《月華》，第 7 卷第 24 期（1935 年 8 月），頁 9。

57 記者，〈書報閱覽室與普及教育〉，《月華》，第 7 卷第 16 期（1935 年 1 月），頁 5-6。河南省周口的巴國英等漢語穆斯林知識分子成立周口回教教育促進會，試圖成立平民半日學校與演講所。巴國英，〈周口回教教育促進會會務現狀〉，《伊斯蘭》，第 2 期（1935 年 3 月），頁 13-14。

林都可以上學或透過閱讀擷取知識。儘管如此,仍有超過85%的漢語穆斯林沒有受到教育,[58] 收藏在圖書館的報紙與雜誌,他們大部分根本看不懂。因此,筆者認為政治宣傳與伊斯蘭教宣教推廣到漢語穆斯林社群的程度,有待更進一步的檢討。儘管開封的清真寺未成立回民圖書館,但東大寺社頭杜雲章等三十位漢語穆斯林於1935年5月1日成立伊斯蘭教宣教所,每天下午3點及下午8點半舉辦演講會。[59] 筆者認為從東大寺的狀況來看,開封漢語穆斯林知識分子在宣教所呼籲參加新生活運動以及宣教,成果其實相當有限。

第三節　小結

儘管開封的新生活運動著力推行衛生運動與取締吸食鴉片,但開封市區的衛生程度甚差,鴉片吸食者也沒有減少,成效並不彰顯。漢語穆斯林菁英對運動的態度是強調其精神符合教義,他們所推動的伊斯蘭教革新運動不違背國家政策,新生活運動核心概念的基督教道德,也符合伊斯蘭教革新運動的精神。他們以新生活運動為契機呼籲群眾加入伊斯蘭教革新運動。但就漢語穆斯林對新生活運動的態度而言,大多數人並不關心,如屠宰業者的罷工,只是嚴厲抗議危及他們生存的一系列政策。新生活運動也未影響社群的資產階級、未改善顯而易見的東大寺漢語穆斯林劣行。新生活運動沒有得到有效運作的原因,就在於河南省新生活

58　馬光亮,〈中國回教不振之原因及其補救之方針〉,《伊斯蘭》,第2期(1935年2月),頁3。

59　〈北平成達影印古蘭經,開封東寺創設宣傳所〉,《伊斯蘭》,第5期(1935年5月),頁20。

運動促進會組織結構性的問題，以及漢語穆斯林知識分子對新生活運動的態度，漢語穆斯林教育水準低落，也讓省政府與漢語穆斯林知識分子對社群的影響力相對有限。

第二部　自覺運動與外交活動

第四章　1910年至1945年的政治活動

　　中華民國憲法第135條全文為「內地生活習慣特殊之國民代表名額及選舉，其辦法以法律定之」。[1] 該條文在1946年召開的制憲國民大會上，根據內地回民代表的訴求而成立，使他們獲得自1948年第一屆國民大會第一次大會之後，各屆國民大會的參政權。

　　內地回民代表參與第一屆第一次國民大會的經過一波三折，中華民國成立後，漢語穆斯林知識分子為打破穆斯林社群的困局，成立漢語穆斯林社團，表達群體的經濟利益與他們的政治訴求，致力於政治活動，像是在1916年至1921年北京政府召開的國會上，漢語穆斯林知識分子皆曾表達政治訴求。後來，北伐成功的國民政府決定召開國民大會，但因抗日戰爭的爆發而遲遲未進行，直至1946年才決定召開制憲國民大會。

　　本章將梳理1910年至1945年之間漢語穆斯林知識分子的政治活動。前人研究有方素梅探討北京政府時期漢語穆斯林知識分子的政治活動，矢久保典良則討論抗戰時期漢語穆斯林知識分子的民主憲政。[2] 筆者認為方與矢久保的研究填補1910年至1945年漢語穆斯林知識分子政治活動的空白，都值得參考。筆者將進

1　中華民國總統府官方網站：https://www.president.gov.tw/Page/94（點閱時間：2022年11月1日）。

2　方素梅，〈從《回部公牘》看民國前期回族的政治參與與活動〉，《民族研究》2010年第1期，頁84-94、100；矢久保典良，〈日中戰爭時期の中國ムスリムにとっての憲政論：一九三九‐一九四〇〉，《史學》，第84卷第1-4期（2015年4月），頁307-329。

一步深入分析，逐步整理此時期他們政治活動的動機與脈絡，尤其是他們與北京政府以及國民政府之間的關係、他們在國會上有什麼政治訴求、與漢語穆斯林社群的互動。

筆者首先探討漢語穆斯林知識分子向政府要求參政、派內地回民代表到國會的背景，之後北京政府與國民政府如何回應，進一步探討清末民初至 1930 年代的穆斯林社團，以及由國民政府主持成立的中國回教救國協會（中國回教協會）政治活動。

筆者使用如下史料：刊載北京政府時期漢語穆斯林知識分子政治活動與政治訴求文章的《回部公牘》、上海穆斯林知識分子出版並記載有多數參政訴求的《回光》、國民政府時期漢語穆斯林社群最有代表性期刊《月華》、中國回教救國協會出版的《中國回教救國協會會刊》，這些史料有利於澄清漢語穆斯林知識分子政治活動與他們的訴求。

第一節　民族認同的覺醒與政治訴求

本節探討內地回民代表參政訴求的背景，也討論 1910 年至 1945 年漢語穆斯林知識分子的政論與政治活動。

（一）參政訴求的背景

漢語穆斯林社群在西北雲南回變之際，遭到清朝徹底的鎮壓，部分社群幾乎凋零殆盡。漢語穆斯林知識分子在中華民國的政治格局中，不得不思考面對社群傳統秩序重建的現實，尤其是在中華民國成立後，迫不得已「重構」自己的族群認同，「改

善」與中國社會的關係。[3] 漢語穆斯林知識分子反思清末回變帶給族群的巨大損失，積極配合國家政策，也響應國族意識的崛起，探討漢語穆斯林在中華民族中的定位，更討論漢語穆斯林作為一個「民族」，與漢族等其他族群有什麼差別，或是他們「民族」特點在哪裡。

他們在清末已討論自身的「民族」特點。王柯指出，清末留日漢語穆斯林學生成立留東清真教育會，[4] 透過留日期間得到的學識重新發現「中國」，也將來自中國信仰伊斯蘭教的族群認定為「回胞」。松本還認為漢語穆斯林知識分子開始討論自己「民族」特點的時間始於清末。[5]

1920年代，漢語穆斯林知識分子展開各自「民族」特點的爭論，例如上海的「鉅子」，強調在中華民國政府推動的共和政治中，漢語穆斯林是五族的一部分，但也要自覺提高漢語穆斯林的「民族」意識。[6]

1930年代，持續討論「民族」特點，比如成達師範學校金吉堂認為漢語穆斯林既是中華民族的一部分，也是一個「民族」，因為他們具有從中亞與西亞遷移到中國定居的歷史記憶以及信仰伊斯蘭教的特點。[7]

3　安藤潤一郎，〈中華民国期における「中国イスラーム新文化運動」の思想と構造〉，收入堀池信夫編，《中国のイスラーム思想と文化》，頁135。
4　王柯，《民族主義與近代中日關係—「民族國家」、「邊疆」與歷史認識》，頁112-113。
5　松本ますみ，《近現代中国の国民統合原理と中国イスラーム改革派の政治的諸関係についての歴史学的研究》，頁6；陳曉虎，《回族與辛亥革命》（銀川：寧夏人民出版社，2011），頁28-31。
6　鉅子，〈孫逸仙氏所暗示之民族主義與我回族〉，《回光》，第2卷第2期（1925年2月），頁26-30。
7　金吉堂，《中國回教史研究》（北平：成達師範學校出版部，1935），頁52-53。

由此可見，漢語穆斯林知識分子認為提高「民族」意識，既「重構自己的族群認同」，冀圖振興中國伊斯蘭教界，以及改善漢語穆斯林社群的情況。

他們反思穆斯林社區拒絕與漢族社區交流的歷史，嘗試改善與漢族的關係、開放被阿訇等宗教人士壟斷的伊斯蘭教知識，也試圖解決群體的貧困問題，積極推動教育革新與創業。儘管如此，但因資金有限，他們還是需要得到政府的經濟援助，[8] 進而強調漢語穆斯林是五族中的一個「民族」，應爭取參政權、並盡力解決漢語穆斯林社群的問題。

1920 年代上海漢語穆斯林知識分子的馬長清認為，雖然漢語穆斯林被歷代王朝認定為臣民，但均被視為化外夷狄；中華民國成立後，政府制定臨時約法，明確規定漢語穆斯林是「五族」的構成部分，漢語穆斯林有權選出代表參政：

> 有人反對我說：「你這主張，是笨極了！要知道教育是很難普及的，收效是很遲緩的，還不如先爭回選舉權，將來國會裡有了回族議員，然後再提倡什麼教育啦，自治啦……了當得多哩」。我說：「有了代議士，才來提倡教育，自治……那是大錯而特錯的了。難道沒有代議士，我們就不應該提倡教育，自治嗎？代議士不是由教育，……自治裡選出來的嗎？」……先生見在掛共和假招牌的中國，三千五百餘萬回族的民眾，一點「參政權」都沒有，於是才為回族爭民權，要求真自由真平等的。[9]

---

8 劉鯁，〈向中國伊斯蘭民族的前途展望〉，《月華》，第 6 卷第 7、8、9 期合刊（1934 年 3 月），頁 11-16。

9 馬長清，〈我對於回族的感想〉，《回光》，第 2 卷第 4 期（1925 年 4 月），

並指出，為了解決漢語穆斯林的教育與自治問題，他們的參政是重中之重。

漢語穆斯林知識分子嚴厲批評漢語穆斯林熱衷信仰，但對國家採取「爭教不爭國」的態度。如1920年代上海穆斯林知識分子的東山指出：

> 民國樹立以來，雖已經十四寒暑，然國內政局，仍紊亂非常，不特無以表示五族共和之精神，反覺日陷五族於不和⋯⋯然我中國之回教徒，比年以來屢受禍於此有名無實之五族共和之政局。而尤袖手旁觀者。⋯⋯勢不能不提唱〔倡〕我回族之獨立。然我回族既為一龐大之宗教團體。如際此千載一遇之時，而不知鼓吹宗教的何種運動，祇埋頭從事於朝禮暮拜。[10]

至1930年代，北平的楊德元認為「爭教不爭國」說法在穆斯林社群依然流傳：

> 「回教爭教不爭國」，這是中國的回教徒一千餘年來，奉為圭臬的處事誡條。⋯⋯在最近首都有組織回教團體的舉動，為喚起了回民參政，我在北平清真寺裏聽見一位鄉老，又在長吁短歎的說，「唉！回教人只有兩件大事，一、是吃飯，二、是禮拜，除此而外何必問什麼政治呢？⋯⋯違背了『爭教不爭國』的古訓，恐怕也要招出禍患！」⋯⋯當清聖祖時代因回教人夜

頁53-54。民國前期漢語穆斯林知識分子提到的中國穆斯林人口數字因時代而有所改變：1920年代的中國穆斯林人口達到三千五百萬，到1930年代達到五千萬，到1940年代達到四千萬；漢語穆斯林知識分子掌握到的人口數字因個人而有所不同，筆者推測他們沒有掌握正確的人口數字。

10 東山，〈中國政局與回教徒〉，《回光》，第2卷第1期（1925年1月），頁2-9。

間聚眾禮拜，有人密奏朝廷，說：「回教人夜聚明散，圖謀不軌！」聖祖曾微服出宮，冒充回教信徒參加夜間的聚禮，適值教長在禮拜堂上高談著「爭教不爭國」的精義，教胞們靜默無聲的跪在地下點頭。聖祖大悅，回宮後下了一道保護回教的上諭，並勒賜了清真寺一處。[11]

中國回族青年會的薛文波也提出「爭教不爭國」的解釋：

在回族方面，對於「爭教不爭國」一辭，具何種不良之觀念乎？我回教入中國以來，凡數千年。在此數千年過程中，除新疆一部份回族，聚族而居，相安無事外。其雜居內地之回民，徒以信仰之不同，致風俗習慣，皆為顯然乖異。輒因枝節之爭，而引無窮之禍。……我回族先哲，劉介廉、馬復初二公，為維持其信仰，為避免誅殺，固一度將回教教義，附會于儒家之說。儒家之說，最合于統治階級之心理。[12]

楊德元則嚴厲批評穆斯林社群「爭教不爭國」的狀況：

因為到了民國，人民是國家的主人，政府是人民的公僕，人民要是只知道信仰宗教，絕不管國家的事情，那末這個國家便成了一個沒有主人的國家，身為公僕的政府將何所措手足呢？……現在世界上的國家，大多數都在法律上規定著信教自

---

11 楊德元，〈回教爭教不爭國的檢討〉，《晨熹》，創刊號（1935年1月），頁13-15。
12 達烏德（薛文波），〈「爭教不爭國」解〉，《回族青年》，第2卷第4期（1935年2月），頁1-2。

由的條文,中國國民黨的對內政策上,又有明文規定;人民在法律上有絕對的信仰自由。[13]

從他們的言論來看,我們可以瞭解漢語穆斯林社群與歷代王朝保持距離,專注於信仰,以免遭受壓迫,但中華民國成立後,「爭教不爭國」的狀態有所改變。他們呼籲漢語穆斯林社群積極參加政治活動,也呈請政府准許他們的參政。

(二) 北京政府時期的政治活動及背景

漢語穆斯林知識分子的政治活動可以追溯到1910年代,首先根據北京政府時期他們的政治活動與言論,梳理1905年的國會與1916年的制憲國會情況。

中華民國成立後,孫文主持的國民黨與梁啟超主持的進步黨於1905年共同成立南京臨時政府,制定臨時約法,為頒布憲法而召開國會,社會賢達與新疆回部代表也成立中央學會。[14] 1913年袁世凱當選為第一任中華民國大總統,他宣布國民黨籍議員當選無效而解散國會。袁世凱逝世後,安徽派副總統黎元洪繼任為總統、段祺瑞擔任國務總理,黎元洪於1916年重新召開國會,但由於直皖戰爭的爆發,國會停止運作。至直隸派的吳佩孚與曹錕掌握北京政府的主導權,1922年再次召開國會。[15]

1916年與1922年的國會上,河南漢語穆斯林知識分子李謙當選為新疆回部代表。方素梅與David Brophy認為李謙當選的

---

13 楊德元,〈回教爭教不爭國的檢討〉,頁15。
14 張朋園,〈安福國會選舉——論腐化為民主政治的絆腳石〉,《中央研究院近代史研究所集刊》,第30期(1998年12月),頁156。
15 張玉法,《近代中國民主政治發展史》(臺北:東大圖書,1999),頁191-201。

原因在於其與新疆回部王公之一哈密王的關係密切。[16]

李謙作為新疆回部代表，1916年與1917年國會上呈請新疆回部議員名額的增加，他指出：

> 採納事竊國體既改共和，種族當然平等，所有漢滿蒙回藏人均應與以參政機會，使民意宣通，遐邇一致，方足昭公允，而奠邦基此定理也。我國約法成於革命倉卒之頃，調查未及周詳，規定因多疏漏，即如各議院名額一項，漢滿無論已由蒙古選舉會選出者二十七名，西藏選舉會選出者十名，青海選舉會選舉者三名，而回部獨付缺如……特謹依各部要求，於國會組織法中比照蒙藏青海成例，為回部規定議員若干名以彌前缺。[17]

請願中提到「種族」的詞彙，但卻將「種族」與「民族」混為一談。[18] 依照他的要求，漢語穆斯林應該在政治上與蒙古族、藏族享有平等地位，值得注意的是他既提到蒙古族與藏族的族群名稱，又提到青海等具體地名。由此可見，北京政府時期國會上蒙古族與藏族等族群性較弱，地域意識卻很強烈，故蒙古當選的議

---

16 方素梅，〈從《回部公牘》看民國前期回族的政治參與與活動〉，頁85-86；David Brophy, *Uyghur Nation: Reform and Revolution on the Russia-China Frontier* (Cambridge MA.: Havard University Press, 2016), pp. 121-122.

17 李謙，《回部公牘》（上海：上海中國印刷所，1924），頁5-6。

18 民國初期「種族」與「民族」的區別，今後有待進一步探討。我們可以將「種族」的起源追溯到清末。區建英研究，清末「種族」相等於Ethnic Group，它時而是民族與部族的概念，時而是種族與民族；種將「種」與「族」區別開來。按照李謙請願書的案例，清末起源的「種」在民國初期漢語穆斯林知識分子仍在普遍使用。區建英，〈清末の「種族」論とナショナル・アイデンティティ〉，《新潟國際情報大學情報文化學部紀要》，第10號（2007），頁81。

員不一定是蒙古族,也包括漢族在內。[19]

李謙的請願在 1922 年的國會上被否決,但漢語穆斯林知識分子仍試圖解決自身社群的問題,也持續向李謙請願,如湖北省老河口的漢語穆斯林知識分子便提出社群教育的重建事宜:

> 逕啟者:吾教派衍西方道闡東土歷今千百餘載,人民多得教育之普及,此亦學術之昌明者也。竊河口上通秦豫,下達襄樊,人煙稠密,商務繁盛,吾教居斯地者不下三百餘家,經商務農營業複雜,敝方於遜清時代曾設有經書學校,自民國三年春被白匪蹂躪之後,學校逐告中止,復加吾教人民簡單,經費困難,逐致因噎廢食,深為抱歉。目今市面平靖人民安堵,同人等於今春始創辦學校一所,定名為普化,宗旨以培養吾教童蒙,造就吾教人才為目的,地址假清真寺內,現在酌定款厘欲由牛捐幫厘之內抽收撥濟補助學款,俟組織稍有成效即行呈報。[20]

他們迫切地希望政府主動解決教育問題。河南省鄭縣的漢語穆斯林知識分子也向李謙提出:

> 議定擬將抽收屠宰一項仍照皮行捐包辦法,以歷年之比較為折衷之定數,儘先由俱進會承辦,交由款產存儲轉發該校該校,如有不敷即由勸學所補助,並與該會協商進行,庶收款有固定之數而出款無濫支之虞。既足昭大公於目前,亦可弭訟端於日後,為此理合公懇鑒核准予施行等情,據此合行令仰該會長立

---

19 嚴泉,《現代中國的首次民主轉型──民國初年的憲政試驗》(臺北:秀威出版,2009),頁 375-384。

20 李謙,《回部公牘》,頁 95-96。

即遵照具覆核奪毋違切切此令等。[21]

回教俱進會是全國性的漢語穆斯林社團,對社群有極大的影響。過去河南省鄭縣的漢語穆斯林知識分子在經營清真學校時,是受漢語穆斯林社群的經濟支持,後因經濟拮据而陷入經營困難,因此他們需要得到政府的援助。但後來李謙在1922年國會上宣布辭職,加上直皖戰爭的爆發,無法得知這些要求的實效。

1925年北京政府重新召開臨時國會,上海的東山討論漢語穆斯林知識分子參政問題:

> 回顧自辛亥革命以來。吾回族雖被承認為民國政治團體中之一團體。然除仍受宗教團體待遇外。對於政治上吾回族並未享受何等權利。……且夫我中國三千五百萬龐大之回教宗教團體。同時又為政治團體。而尚不能行使其當然之權利。發何等之言論。則儼然表明五族共和為有名無實。此不特單阻害我回族之進步。即對於國家之發展上其不幸也。[22]

「我們回族是一個民國政治團體」是指為五族中的一個「民族」。可見,因為漢語穆斯林屬於五族,從民族平等的觀點而言,他們強調自己有權參政。

北京政府於1922年4月17日召開善後會議第二十屆大會,西北軍閥馬福祥提出了甘肅與新疆各省穆斯林選為一名代表的提案,相差24票而遭到否決。否決的原因,參與此會的朱清華

---

21 《回部公牘》,頁140-141。
22 東山,〈中國政局與回教徒〉,頁5-9。

認為「五族一家。回族人在何處。即取得該處之籍貫。不必另立此歧案云云。」[23]

據筆者所知，北京政府未明確表態漢語穆斯林是五族中的一個「民族」或信仰伊斯蘭教的「宗教集團」。另一方面，漢語穆斯林知識分子自稱「回民」或「回族」，也無人澄清，未提及應將漢語穆斯林當作「民族」或「宗教集團」。無論如何，漢語穆斯林知識分子認為需要在國會有代表，以便政府處理穆斯林社群的問題時，能表達自己的意見。如前所述，北京政府時期的蒙古與西藏具有地名性特色，李謙在國會上強調漢語穆斯林是構成中華民族的一個「民族」，也提倡漢語穆斯林應處於與蒙古族、藏族平等的政治地位。

（三）1930年代的政治活動

南京國民政府成立之後，漢語穆斯林知識分子的政治活動仍在持續展開。在此，筆者透過中國回教青年學會的政治活動做一探討。

中國回教青年學會於1930年代在南京成立，其宗旨是推動中國伊斯蘭教、協助漢語穆斯林脫離貧困及找工作、倡導漢語穆斯林的福利等，該會會長是王曾善。[24] 除此上述活動之外，還致力於提高漢語穆斯林的政治地位。

1933年，中國國民黨為召開國民大會而決定組織國民參政會。中國回教青年學會致立法院函強調漢語穆斯林是構成五族的

---

23 鉅子，〈我回教民族對於國民會議制定憲法之覺悟〉，《回光》，第2卷第4期（1925年4月），頁5-6。
24 〈中國回教青年學會簡章〉，《中國回教青年學會會報》，創刊號（1936年9月），頁32。

一個「民族」，要派代表到國民參政會。雖然中國國民黨第四屆第三次大會決定的選舉法賦予蒙古族與藏族等少數民族名額，但漢語穆斯林未進入少數民族的行列。因此他們向國民黨中央執行委員會與南京國民政府提出請願：

> 回民散居各地，而已取得公民權者自可參加地方選舉，似無另行推派代表之必要，然此實為似是而非玩忽歷史背景抹殺客觀事實之論，不足為信也。天〔夫〕我回民乃一整個之民族集團，……而我回民則備含有民族政治宗教之三重意義，雖雜居而未同化，一切生活習慣風俗及信仰迥與他族有別。[25]

儘管國民黨中央執行委員會對此請願沒有太多回應，但1936年南京國民政府制定五五憲草，以及為召開國民大會而舉行選舉時，請願活動皆持續進行。

1936年6月，金吉堂為請求國民大會上保障回民代表名額，向行政院院長蔣介石與立法院院長孫科展開請願活動。需要注意的是，金吉堂不是中國回教青年學會的成員，他的請願並不代表該會的立場：

> 呈為國民代表大會特設回族代表名額以昭公允謹陳管見用備採擇事，竊查此次頒布國民代表大會組織法，條分縷析，規劃周詳，各省區，各團體，各民族，皆有代表名額，唯我回族，獨付闕如，邇來各地族眾，群起籲請，書上匝月，迄無批

25　〈中國回教青年學會致立法院法制委員會各委員書〉，《月華》，第5卷第11期（1933年3月），頁19。

示。……愚意回族未獲儗於蒙藏之列者，必以為蒙藏二域，塊然特存，而天山回部，早已列入新疆行省，果有人可以當選，則當被選為新疆省之代表，可不另設回族名額矣……證以先總理「對於國內弱小之民族，政府應扶植之，使之能自決自治」之言可知矣，且該地回民與內地人民，言語異趣，衣服殊制，若不許其自行選舉，而強使其參加漢人之列，其不向隅者幾希，該處回民數百萬漢人則僅指可數，大多數人之利益將被極少數人所包辦，則情有未洽，理所不通。[26]

雖然金吉堂要求南京國民政府派新疆回民代表到國民大會，但政府僅在國民大會代表選舉中設置蒙古族與藏族的保留名額，不承認內地回民代表名額。

與北京政府時期漢語穆斯林知識分子相同，金吉堂等知識分子時而自稱為「回族」，時而為「回民」，他們認為漢語穆斯林具有「民族」特色，也是構成中華民族的一部分。但另一方面，南京國民政府認為漢語穆斯林為「宗教集團」，而不是「民族」。

南京的嘯儂分析了南京國民政府不承認內地回民代表名額的原因：

---

26 〈金吉堂呈國府文〉，《月華》，第 8 卷第 16 期（1936 年 5 月），頁 5。除了漢語穆斯林之外，其他族群也向國民政府提請參政，比如雲南、四川、湖南等各省三十名苗族等少數民族土司前往南京，提請國民政府將中國西南部非漢族族群承認一個「民族」，參加國民大會。吳啟訥，〈人群分類與國族整合——中共民族識別政策的歷史線索和歷史面向〉，收入余敏玲編《兩岸分治：學術建制、圖像宣傳與族群政治（1945-2000）》（臺北：中央研究院近代史研究所，2012），頁 331；溫春來，《身份、國家與記憶：西南經驗》（北京：北京師範大學出版社，2018），頁 31-284。

> 此次國民大會代表在開始選舉之際,各地回民紛紛起來要求增加回民代表名額,除各地回教人士函電紛馳,據理力爭而外,尚有陝西漢口鎮江九江各地推舉代表來京請願,足見全國回民愛國愛教之熱忱,實具同心,然而此項運動,結果以國民大會選舉總事務所如下之解釋,終歸失敗了。[27]

從他的言論來看,要求南京國民政府定內地回民代表名額者是金吉堂等部分漢語穆斯林知識分子,中國回教青年學會是否有要求制定內地回民代表名額,目前能判斷的材料不夠,還有待分析。

金吉堂也提到南京國民政府不賦予內地回民代表名額的原因:

> (一)天山南北之回族,其籍貫屬新疆行省,新疆行省,自有應出代表名額,苟回族人士,可以當選,則當選為新疆省代表,不必另提回族。(二)散處內地之回族,已各就所在地取得選舉權與被選舉權,不必另提回族。[28]

筆者總結嘯儂與金吉堂兩位的言論,漢語穆斯林知識分子無法派內地回民代表到國民大會選舉的原因有兩點:第一、漢語穆斯林知識分子內部沒有共識;第二、居住內地的漢語穆斯林已取得各地的選舉權,政府認為不必制定內地回民代表名額。

儘管如此,他們仍希冀派內地回民代表到國民大會的原因如

---

27 嘯儂,〈國民大會代表回民增額之要求失敗〉,《中國回教青年學會會刊》,創刊號(1936年5月),頁4。
28 (金)吉堂,〈關於國民代表大會〉,《月華》,第8卷第16期(1936年6月),頁1。

下：對人口結構來說，相較於漢族更為少數的漢語穆斯林，在選舉中處於相當不利的情況，很難讓內地回民代表進到國民大會。因此漢語穆斯林知識分子希望讓政府承認漢語穆斯林為「民族」，保障內地回民代表名額，有一定的數量在國民大會，有利於解決社群的問題。但他們自己對回民應該定位為「民族」或「宗教團體」，有很大的分歧。

第二節　中國回教救國協會的成立與其運作

漢語穆斯林知識分子透過個人身分或穆斯林社團向政府請願參與政治，也得到政府的支持，成立全國性穆斯林社團的中國回教救國協會，展開政治活動。

（一）中國回教救國協會成立前與該會活動概況

部分漢語穆斯林知識分子強調自己的族群，希望鞏固政治地位、改善社群的經濟與教育，試圖凝聚團結力量，成立社團。譬如王浩然（王寬）等人於 1909 年 10 月為振興教育，成立了北京清真教育會；1911 年在北京牛街、教子胡同兩清真寺為救濟貧困婦女與孩子，成立北京回回婦孺救濟會；[29] 南京漢語穆斯林知識分子籌備全國性社團，但因決定名稱問題時產生分歧，臨時政府內政次長居正調解糾紛，終於將社團命名為中國回教聯合會。[30] 1912 年，中國回教聯合會的本部設在南京，其分會也設

29　張巨齡，《綠苑鉤沈——張巨齡回族史論選》，頁 74。
30　孫繩武，〈關於回教的統一組織〉，《回教大眾》，第 3 期（1938 年 3 月），頁 43。

在長江流域各城市,但這些社團的範圍都限定在一座城市或一個區域。

1912年7月7日,王浩然等漢語穆斯林知識分子成立全國性穆斯林社團——中國回教俱進會。張巨齡表示該會的活動是成立清真學校、為漢語穆斯林子弟建設工廠、翻譯《古蘭經》與進行漢語穆斯林社群的社會調查。[31] 中國回教俱進會到中國各地努力成立分會,活動範圍涉及到新疆與西藏之外,王浩然則向中國各地漢語穆斯林知識分子宣傳該會的成立宗旨與規定。[32]

1918年,中國回教俱進會更名為中國回民公會,意圖革新社團的運作,但由於會員馬良下令殺害漢語穆斯林,社團被部分知識分子妨礙,運作停止,被迫解散。

1932年,華北護教代表與上海及南京等各地漢語穆斯林知識分子,在上海嘗試成立中國回教人民協會,但因組織內部的糾紛未正式成立。1934年,馬良得到南京國民政府的支持,成立中華回教公會,本會設於南京,分會也設在全國主要城市,活動內容是推動中國伊斯蘭教的發展、救濟漢語穆斯林貧困階層與成立生產合作社。[33] 抗日戰爭爆發以後,馬良投奔汪精衛南京國民政府,中華回教公會不得不停止運作。[34] 1934年,部分北平穆斯林知識分子為重新成立中國回教俱進會,向北平市公安局與社會局申請,隔年4月重組,活動內容是翻譯《古蘭經》、成立阿拉伯語學校與講解伊斯蘭教教義的講習所、調解漢語穆斯林之間

---

31 《綠苑鈎沈——張巨齡回族史論選》,頁101-102。
32 《綠苑鈎沈——張巨齡回族史論選》,頁99。
33 〈中華回教公會河南省開封縣支會簡章〉,《月華》,第9卷第14期(1937年5月),頁6。
34 孫繩武,〈關於回教的統一組織〉,《回教大眾》,頁43-44。

的糾紛、維護信仰。[35]另外,中國回教俱進會要求漢語穆斯林餐飲業者須得到清真認證,因為有漢族偽裝販賣清真食品而產生糾紛,[36]中國回教俱進會除了要求取締假清真食品之外,並沒有其他具體活動。

1930年代中期的漢語穆斯林追求成立全國性社團,但因漢語穆斯林知識分子之間的糾紛而迫不得已停止運作,最終自動解散。抗戰爆發以後,政府開始積極介入漢語穆斯林社團的成立與運作。1938年,中國回教救國協會成立於武漢,建立了社團與政府之間的關係。該會的主要活動是宣傳伊斯蘭教教義與新生活運動、出版會刊、成立分會、進行漢語穆斯林人口調查、訓練漢語穆斯林青年當兵,也推動教育振興與脫離貧困。[37]值得一提的是該會由白崇禧主導成立,並任理事長。

隨著日本回教工作的進展,於1938年由日本特務組織茂川機關成立中國回教總聯合會,並有北京與天津分會。該聯合會的目的是開展西北工作,吸收山東的馬良、天津的劉孟揚以及北京的唐易塵等華北地區的漢語穆斯林知識分子,也形成華北聯合總部、區分部、分會、清真寺以及漢語穆斯林社群的傘狀結構,力圖解決社群的各種問題。[38]在東北地區,哈爾濱伊斯蘭協會成立於1934年5月,而滿洲伊斯蘭協會則成立於1934年6月。(參見第二章)

---

35 〈回教俱進總會重行立案〉,《月華》,第8卷第10期(1936年4月),頁5。
36 〈北平回民各團體為製定湯瓶牌事件討論會記錄〉,《月華》,第8卷第26期(1936年9月),頁8-9。
37 謝松濤,〈談本會已在推行的幾種重要工作〉,《中國回教救國協會會刊》,第1卷第1期(1939年10月),頁20-21。
38 安藤潤一郎,〈日本占領下の華北における中国回教総聯合会の設立と回民社会　日中戦争期中国の「民族問題」に関する事例研究へ向けて〉,《アジア・アフリカ言語文化研究》,第87號(2014年3月),頁21-81。

白崇禧是桂系重量級人物，在蔣介石的期望下擔任中國回教救國協會理事長，他在回憶錄中談到就職該會理事長的經過：

> 有一天委員長見我，把日本軍閥分化我民族回教等事同我談，問我中國回教有無組織，我對他說民國元年時中國有個回教俱進會，但不普遍，負責人馬鄰翼擔任過甘肅省教育廳長，但局限於甘肅河北等一部份教民參加，效果不大。委員長認為有組織的必要，組織起來可以防止敵人的分化，進一步也可以產生力量。……在武昌開成立大會時，我請委員長主持，委員長說他是基督教徒，怎能去主持，我說去主持大會不是宗教的，是政治的，以示隆重，他即應允，我請時先生做會長，因為他是發起人，但他堅持要我做會長，當然委員長也希望我來主持。[39]

由此可知，蔣介石試圖成立由政府主導的中國回教救國協會，任命白崇禧為理事長，對抗日本的回教政策。對漢語穆斯林知識分子而言，該會的成立，有利於向政府爭取社群的權益，對提高他們的政治地位很有幫助。

軍事委員會的張治中深感對抗日本主導中國回教總聯合會的必要性，也建議白崇禧儘早成立中國回教救國協會，指出「蓋協會之設立目的，即在除去各民族間之隔閡，同時利用宗教關係，以協助地方政治以推行為任務，其性質全屬民眾愛國團體，與其他民眾救亡團體完全相同，絕無引起民族間隔閡之顧慮。」[40]

---

39 郭廷以，《白崇禧先生訪問記錄（下冊）》（臺北：中央研究院近代史研究所，1984），頁573-574。
40 「張治中函白崇禧」（1939年5月2日），〈白崇禧電蔣中正回民協會全屬民眾愛國團體絕無引起各民族間隔閡之顧慮等文電日報表〉，國史館藏《蔣中正總統文物》，典藏號：002-080200-00515-111。

筆者認為關於中國回教救國協會的成立，國民政府高層人士與漢語穆斯林知識分子有不同的想法：由於馬良投奔汪精衛南京國民政府，蔣介石認為日本回教政策得到漢語穆斯林知識分子的支持，因此由白崇禧擔任該會理事長，加強對漢語穆斯林知識分子與社群的管制；另一方面，中國回教救國協會成立之前的社團未能深入政治活動，漢語穆斯林知識分子在解決社群問題以及呼籲政府宗教自由的基礎上，積極成立全國性社團，在社團與政府之間建立密切的關係。於是試圖管制的國民政府，與希望爭取社群權益的漢語穆斯林知識分子在理念上就此達成共識。

　　中國回教救國協會認為自己是中國唯一正式的伊斯蘭教社團，呈請內政部取締其他伊斯蘭教社團。[41] 因有官方背景，他們也請求財政部撥款補助活動費。隨著工作範圍擴大，原由國庫按月補助2萬2千元早已不敷分配，自1940年6月增加到7萬元，1940年7月至12月增加到12萬元。[42]

　　中國回教救國協會重視與穆斯林社群的互動而推動地方分會的活動。籌備該會的沙蕾指出，過去的漢語穆斯林組織與社群之間的關係疏遠，因此為了建立關係，便將支會設在各省市縣。[43] 中國回教救國協會理事唐柯三表示，至1940年為止，地方支會已於河南、福建、四川、廣西、寧夏、甘肅及陝西等各省成立；[44] 分會必須服從中國回教救國協會的領導，也不允許跨縣成

---

41 「中國回教救國協會呈請取締非法回教民眾組織經定辦法三項」（1940年4月24日），〈中國回教救國協會呈請取締非法回教民眾組織經定辦法〉，國史館藏《內政部檔案》，典藏號：026-010900-0632。

42 「行政院訓令」（1939年11月1日），〈中國回教救國協會呈請取締非法回教民眾組織經定辦法〉。

43 沙蕾，〈關於回教組織〉，《回教大眾》，第7期（1938年5月），頁108。

44 唐柯三，〈抗戰建國運動中之回民族組織問題〉，《中國回教救國協會會刊》，第2卷第4期（1940年6月），頁3-4。

立支會。[45]

目光帶往河南省周口縣。自古以來，周口縣與開封、南京等大城市都有經濟往來。1939年1月，中國回教救國協會成立周口支會，他們也向漢語穆斯林商人宣傳三民主義，成立商人訓練班，活動時間為每天下午7點至9點，活動受到穆斯林商人的青睞。[46] 河南省以鬥雞為聞名，每年夏天舉辦競賽，但因鬥雞而產生回漢矛盾，因此周口支會取締玩鬥雞的漢語穆斯林。[47] 周口支會認為婚禮的奢侈違背伊斯蘭教教義與節約運動精神，禁止漢語穆斯林穿戴裝飾品。另外，河南省也是中國國術發祥地，周口支會讓漢語穆斯林學少林寺拳法、培養尚武精神，回民國術團於1940年9月成立，招收了130人。[48]

周口支會在中國回教救國協會的領導下成立回民學校，招收120名漢語穆斯林，周口縣教育局任命當地漢語穆斯林知識分子劉子重為校長，回民學校的經費由教育局與周口支會總幹事馬慰堂負擔。但經費不夠，教師的待遇也不佳，因此周口支會要求教育局提供糧食，這些要求也都獲得同意。[49]

---

45 〈補充支區會組織要點〉，《中國回教救國協會會刊》，第1卷第9期（1940年2月），頁26。
46 〈周口支會舉辦回商訓練班〉，《中國回教救國協會會刊》，第2卷第4期（1940年6月），頁23。
47 〈河南省周口支會會務緊張〉，《中國回教救國協會會刊》，第2卷第8、9期（1940年8月），27頁。
48 〈河南周口支會八、九月份工作概況〉，《中國回教救國協會會刊》，第2卷第12期（1940年10月），頁23。
49 〈周口支會創辦伊斯蘭小學〉，《中國回教救國協會會刊》，第2卷第4期（1940年6月），頁22。

（二）中國回教救國協會的政治活動

中國回教救國協會在展開支會活動中，商討得到國民參政會內地回民代表名額的方法：

> 一、普遍號召全國回教同胞，成立憲政促進會，藉推行憲政研究宣傳的工作，深入的提高回教同胞的政治教育，民族意識，興教與救國的關係。同時，可以藉促進憲政，來動員回教同胞，參加抗戰建國工作。二、確實進行全國回民的人口數目的總調查，及區域分配的概況，這是一件非常困難的工作，需要有計劃，詳密的調查，通過這個調查，可以進行宣傳動員，可以真實的反映出回民的要求，可以建立起全國回民的聯繫，可以增高回民的政治感覺。三、建立全國性的回民報紙：因為只有有了代表回民言論的機關，才能真實的經常的反映出全國回民的意見與要求。[50]

協會成員兼成達師範學校教師的丁增慶，對國民政府試圖制定新中華民國憲法發表評論，強調應將漢語穆斯林參政的議題納入其中：

> （一）喚起回民的一般知識青年，來閱讀關於憲政問題的書籍。及有關憲政問題的總理的遺教，領袖的言論，來確定我們研究憲政的理論，和推行憲政的方針。……（二）激發回民參政的情緒，向回民大眾說明，今日中國的憲政，是要做到澈底

---

50 〈回民與憲政運動〉，《中國回教救國協會會刊》，第 1 卷第 7 期（1940 年 1 月），頁 5-6。

的真正的民主政治,政府是樂意接受國內各民族,各黨派的意見的。……而我們有五千萬的回民大眾,佔全國人口總數九分之一,為構成中華民國主要部分之一,散居國內各地有固定的地域,並且具有特殊的文化、風俗、習慣、宗教、信仰,及純正統一的血統,為其他各民族所不能比擬,這些都是構成我們必須參政的條件,所以在這預備實施憲政運動的時期中,我們大家應該很高興地,很熱烈地來研究,來討論,提供我們良好的意見於政府,以期建設三民主義的新國家。(三)制定興教建國綱領。……在目前憲政運動期中,要多多從事於搜集古蘭經有關憲政的啟示,及聖訓中有關憲政的遺教,配合廣大回民對於憲政的意見與要求,製定一部完善的興教建國綱領,貢獻政府作為將來制定憲法的參考。(四)選舉參政人員。要做到澈底的,完全的,真正的民主憲政,必須要容納國內各民族,各階級,甚至於各黨派的意見,並且國民大會必須有各民族,各階級,甚至於各黨派的代表參加才行。[51]

本章前半部出現過的嘯儻也指出,之前的漢語穆斯林社團對參政沒有定見,但中國回教救國協會成立之後,漢語穆斯林知識分子明確提出參政目標與參政之路。

中國回教救國協會常務理事的達浦生當選為第三屆國民參政員,他提出有關中國回教近東訪問團的議案、為培養邊疆人才而給予漢語穆斯林補助等議案都通過。他於1944年9月召開的國民參政會第三屆第一次大會提出振興漢語穆斯林教育的方案,通

---

51 丁增慶,〈回教青年與憲政運動〉,《成師校刊》,第6卷第8期(1940年9月),頁168-169。

過之後,國民政府向全國各省市教育機關通告漢語穆斯林教育的補助事宜。[52] 但筆者尚未探討國民政府支援漢語穆斯林教育的實效,這方面還有待分析。

第三節　小結

漢語穆斯林知識分子認為需提高族群認同,也深感社群革新的必要性,除了要解決貧苦與教育問題,更向北京政府與國民政府要求參政。1916 年與 1922 年的國會,北京政府選河南省洛陽漢語穆斯林知識分子的李謙為新疆回部代表;李謙強調穆斯林社群的權益,要求國會增加回部議員名額,國會卻否決他的提案。國民政府以北伐名義上統一中國之後,漢語穆斯林知識分子的政治活動也持續展開:中國回教青年學會與金吉堂提請國民政府與國民黨保障他們的參政權,但在 1936 年的國民大會選舉中,國民政府並不同意內地回民代表佔有名額。

中國回教救國協會的成立及國府要員白崇禧參與,進一步解決穆斯林社群的問題。隨著達浦生當選為國民參政員,也成功讓國民政府撥出經費改善回民教育問題。

1910 年至 1945 年之間漢語穆斯林知識分子的參政,是為了解決穆斯林社群問題,並呼籲政府將其政治地位提高到與蒙古族及藏族平等,但不管北京政府還是國民政府,都未能給予他們回民代表名額。筆者認為原因表現在兩個方面:第一、北京政府沒有明確表態漢語穆斯林是一個「民族」還是一個「宗教團體」,

---

52 秦孝儀,《中華民國重要史料初編—對日抗戰時期第四編戰時建設(二)》(臺北:中央文物供應社,1988),頁 1198、1223。

漢語穆斯林知識分子則認為自己是「民族」，也是「宗教團體」，雙方的看法其實沒有交集。1930年代以降，漢語穆斯林知識分子也認為漢語穆斯林具有「民族」特色，呼籲政府給予他們如蒙古族與藏族之同等地位，但國民政府依然未能平等對待。第二、漢語穆斯林無法得到參政權的原因，是沒有明確的參政方法，也沒有代表他們權益的社團，雖然開始推動成立，但始終未能出現全國性的社團。

抗戰爆發以後，國民政府成立中國回教救國協會，與漢語穆斯林社群之間的關係進一步深化，政府透過該協會管制，漢語穆斯林知識分子則透過該協會將下情上達。

第五章　制憲國民大會與第一屆國民大會第一次大會

　　日本投降後，國民政府於 1946 年為制定中華民國憲法而召開制憲國民大會。1943 年，中國回教救國協會更名為中國回教協會，國民政府讓協會重量級人物以內地回民代表的身分參加制憲國民大會。矢久保典良探討日本投降前後中國回教協會的民主憲政以及他們的民主政治論。[1] 李南海也闡明制憲國民大會內地回民代表的特點。[2] 但並未探討內地回民代表的背景以及與漢語穆斯林社群的互動，本章將重點討論這兩個問題。

　　延續民國成立以來到抗戰時期漢語穆斯林知識分子政治活動，筆者繼續要探討國民政府召開制憲國民大會後的情形，也著重制憲國民大會內地回民代表的政治角色、在第一屆國民大會第一次大會之前當選內地回民代表的特點、他們在第一屆國民大會第一次大會的政治活動等。

　　日本投降後白崇禧等出版的《伊理月刊》，還有《月華》、《古爾邦》、國民政府出版國民參政會與國民大會的相關記錄，都能有助於瞭解這段期間漢語穆斯林知識分子的政治活動。

1　矢久保典良，〈非漢人エリートによる政治参加の試み─日中戦争終結前後の中国ムスリムの議論を例に〉，《現代中國》，第 96 號（2022 年 9 月），頁 125-137。

2　李南海，《民國 36 年行憲國民大會代表選舉之研究》（臺北：文史哲出版社，2012），頁 262-270。

第一節　內地回民代表與制憲國民大會

制憲國民大會上漢語穆斯林知識分子的政治活動，脈絡有三：第一是制憲國民大會上爭取內地回民代表的席位；第二是立法院內地回民代表的議題；第三是憲法第135條與新疆「回民」的議題。

（一）制憲國民大會上爭取內地回民代表席位

抗戰勝利後，中國國民黨與中國共產黨召開政治協商會議，商討中華民國憲法的頒布以及國共聯合政府的成立。中國回教協會下屬社團的中國回民青年會向政治協商會議請願：第一、政治協商會議應該確認少數民族的立場，尊重少數民族的利益；第二、憲法應規定積極保障少數民族固有文化（宗教、語言、文字）的自由發展；第三、扶植回民教育，提攜回民經濟。[3]

中國回民青年會起源於中國回族青年會，抗戰爆發以後該會從北平遷移到重慶，也列入中國回教救國協會的下屬社團，1939年更名為中國伊斯蘭青年會，[4] 日本投降後又更名為中國回民青年會，遷移到南京。雖然中國回民青年會爭取少數民族的參政權，也推動漢語穆斯林經濟與教育的發展，但成效不彰。

政治協商會議閉幕後，中共不滿國民黨主導的制憲國民大會而退出參政的舞臺，儘管中共與反國民黨的中國民主同盟缺席制憲國民大會，但制憲國民大會仍於1946年11月決定召開。[5]

---

3 〈中國回民青年會在渝發表對政治協商會議意見〉，《月華》，第16卷第4、5、6期合刊（1946年2月），頁15。
4 劉東聲、劉盛林，《北京牛街》（北京：北京出版社，1990），頁110。
5 張玉法，《近代中國民主政治發展史》，頁290-291。

根據極力爭取內地回民代表名額的孫繩武回憶錄，筆者探討制憲國民大會上他們爭取代表名額的脈絡。抗戰勝利後，國民政府試圖修改五五憲草，也展開制定新中華民國憲法的討論。中國回教協會理事長白崇禧成立五五憲草研究會，由時子周主持，商討漢語穆斯林如何爭取參政權。國民政府遷移南京，召開制憲國民大會，白崇禧、孫繩武、[6] 時子周、[7] 馬鴻逵、趙明遠、[8] 達浦生、常子春等人作為內地回民代表參加制憲國民大會。

我們在第四章已知悉國民政府原將漢語穆斯林視為「宗教集團」，不承認內地回民代表，為何竟在制憲國民大會上承認，與國民政府的政治力學有關。制憲國民大會召開前後，白崇禧與李宗仁等桂系在國民政府逐漸增強勢力，尤其是白崇禧擔任國防部部長。[9] 對蔣介石而言，桂系的發展已不容忽視，只能允許有桂系背景的內地回民代表參加制憲國民大會。

趙明遠提出在制憲國民大會上除了立法院蒙古族、藏族、華僑的各代表名額之外，也應明確規定內地回民代表名額之議案。[10] 孫繩武也希望將「回民」的名稱寫入新憲法之中，他擔心內地回民代表名額會被否決，因此提出將漢語穆斯林參政明文寫入新憲法第 130 條之要求：

6　孫繩武於 1886 年出生在北京牛街，歷任青島市政府土地、港灣局局長，於 1937 年擔任國民政府軍事委員會特派員，對西北各省的漢語穆斯林進行宣傳活動，隔年擔任行政院參事。賈福康，《臺灣回教史》（臺北：伊斯蘭文化服務社，2002），頁 133-135。

7　時子周於 1879 年出生在天津，歷任中國國民黨中央執行委員、寧夏省教育廳長，抗戰勝利後，就職天津市黨部主任委員。賈福康，《臺灣回教史》，頁 67-68。

8　趙明遠於 1894 年出生在山東省青州，歷任山東省第五區行政專兼保安司令，回鄉後，重建青州東關清真寺、成立中國回教典籍翻譯社。賈福康，《臺灣回教史》，頁 99-100。

9　郭緒印，《國民黨派系鬥爭史》（上海：上海人民出版社，1992），頁 336-370。

10　孫繩武，《回教論叢》（臺北：聯合出版中心，1963），頁 339。

> 我國散居內地各省之回民,為數約有四千餘萬,其中漢族信仰回教者,固不乏人,惟絕大多數,胥為千年餘年來由西北邊內外遷徙。內地居住之回胞,不但在生活上,保持特殊之習慣,迄未同化,即在宗教統系上,亦保持由回文譯音之姓氏。此為回胞自成集團之鐵證。……民國成立以來之各種選舉,則尤慘遭向隅。即以此次國民大會而論,甘肅人口六百萬中,回胞佔三分之一強,竟無一人膺選代表。雲南回胞約近三百萬,河北近四百萬,亦無一回民代表。……擬請酌定補救辦法,就回胞居住較多省區之選舉,予以分別定額選舉。[11]

趙明遠提出將「內地生活習慣特殊之國民代表」參政權列入保障蒙古族與藏族等邊疆民族參政權的新憲法之中:

> 此次國大代表之產生,蒙藏地域苗夷土著,及新疆民族,皆有代表。中國回民散處各地,政治上素遭向隅,各級政治機關,民意機構,未能按人口比例參加,故區域代表寥寥無幾。[12]

孫繩武的提案經過兩次審核過關,趙明遠的提案卻遭到否決。然而,有部分漢族知識分子對孫繩武的提案深表不滿,孫繩武對此與比較憲法學者王世杰討論之後,請蔣介石出面調解。蔣介石不認為漢語穆斯林是一個「民族」,但他為了調解與漢語穆斯林知識分子之間的分歧,提出「內地生活習慣特殊之國民代表」名稱,以及名額與選舉的相關方法與規定,得到孫繩武與王

---

11 《國民大會實錄》(臺北:國民大會秘書處,1946),頁1147。
12 《國民大會實錄》,頁1148-1149。

世杰的接受。[13]

　　孫繩武之後便與胡適及王雲五商討內地回民的參政事宜。1946年12月25日制憲國民大會決定制定憲法第135條，明確規定居住在內地的漢語穆斯林參政權，[14]隔天中國回教協會與制憲國民大會內地回民代表開了記者招待會，內地回民代表李鳳藻表示內地漢語穆斯林具有「民族」的特色，盼望4,000萬內地回民獲得參政權，也希望國民政府能重視漢語穆斯林的政治地位。[15]但李鳳藻與白崇禧雙方對此認同卻相違，白崇禧認為漢語穆斯林是中華民族的一部分，並不需要特意突顯族群性。[16]因此，對於派內地回民代表到國民大會的各項事宜，他們並未達成共識。

（二）立法院內地回民代表名額問題

　　雖然內地回民的參政權已明確寫入新憲法第135條，保障了國民大會上的內地回民代表名額，但立法院則沒有。

　　1947年3月，孫繩武與達浦生等人在中國國民黨第六屆第三次中央全體會議上要求派內地回民代表到立法院。[17]

　　特別的是，內地回民代表在立法院第三二一次大會上提出參政要求，代表的傅統先提出比照「內地生活習慣特殊之國民代表」參政的方式，但他遭到立法院院長孫科的拒絕。孫科認為如果承認漢語穆斯林具有特殊的參政權，就要承認基督教徒等其他

13　孫繩武，《回教論叢》，頁340-342。
14　孫繩武，《回教論叢》，頁342-343。
15　〈回教代表招待報界〉，《中央日報》，1946年12月17日，第二版。
16　白崇禧，《中國回教與世界回教》，頁7。
17　〈本會重視政治運動——健全常務理事會、成立憲政促進會〉，《中國回教協會會刊》，第7卷第3、4期（1947年2月），頁4。

宗教徒的參政權,要不然,將來的立法院變成宗教大會,也重蹈印度之覆轍。[18] 他所指為甘地(Mohandas Karamchand Gandhi)的印度國民會議派與真納(Muhammad Ali Jinnah)的全印度穆斯林聯盟產生激烈衝突,孫科考慮印度政治情形,警惕著立法院的「印度化」。

中國回民青年會的成員薛文波為此駁斥孫科的看法:

> 以回教徒資格可以爭取政權並非獨創。何況五千萬回民并非以宗教徒出現,在主觀的感情和客觀的事實,在史上的根據,……不談過去了,只說這次國民大會,有些回民代表大聲疾呼,費了九虎二虎之力爭得憲法第一三五條。……我們回民總有資格來引用吧,我們為什麼沒有推選立委的資格![19]

認為漢語穆斯林是「五族」的一個「民族」,儘管中華民國憲法第 135 條規定漢語穆斯林的參政權,但無法以內地回民的身分參加立法院,這也是不平等的。

北平的「輝明」亦不認同孫科的看法:

> 第一,回民在中國有其歷史之發展絕非單純之宗教問題,而實為民族之構成,第二,回民在中國一千餘年之發展,保有獨特之文化!且我〔生〕活習慣與他族迥異,且直至現在仍保有「聚族而居之勢」,所以孫院長之不顧歷史,違背國父遺教的

---

18 〈回民參政之頁〉,《中國回教協會會刊》,第 7 卷第 6、7 期(1947 年 5 月),頁 4。
19 達烏德(薛文波),〈我對孫科院長所表示的表示〉,《古爾邦》,第 1 卷第 2 期(1947 年 8 月),頁 4。

超越民族感，實為每個回民所痛心之事，在滿清政府眼裡的「回亂」，而在客觀的歷史家看來正是「回民對滿清的革命」，印回的演變正是世界回民集團的一種有力的表現，他們一萬萬穆斯林在生活特殊之共同目標下要求「獨立自由民主」為了達成此種任務他們不惜一切「犧牲」，總言印回的局勢不能不謂為一種悲劇！！中國絕不允許製造悲劇，過去的製造「回漢仇視」者是歷史上的罪人則今日果再有翻印「回漢分裂」者，不但是中華民族的罪人，更是整個中國人民的公敵，站在領導地位的政府更不能忽略了民族問題的嚴重性。[20]

認為漢語穆斯林具有與其他宗教不同的族群性，也有獨特的歷史背景，因此國民政府應承認漢語穆斯林是一個「民族」。

孫科不承認立法院內地回民代表，最主要原因是國民政府的派系問題。中國回教協會理事長白崇禧是桂系之一，既與陳立夫、陳果夫的 CC 派分庭抗禮，又與孫科等廣東派產生激烈的衝突。[21] 孫科擔心內地回民代表直接加強桂系的影響力，因此對立法院內地回民代表名額持否定態度。

（三）憲法第 135 條的問題

國民政府將內地回民的參政權列入憲法，確實讓漢語穆斯林知識分子得到極大的收穫。但規定內地回民代表名額的憲法第 135 條，使漢語穆斯林與新疆突厥語系穆斯林之間產生了「回民」整體性的問題，「回民」是指何種族群，與憲法規定的族群

---

20 輝明，〈祝「古爾邦」為回民爭取自由平等的先鋒〉，《古爾邦》，第 1 卷第 2 期（1947 年 8 月），頁 7-8。
21 郭緒印，《國民黨派系鬥爭史》，頁 356-357。

產生矛盾,新疆「回民」代表僅能以國民大會邊疆代表名額參加。筆名「以斯馬・野牧」指出:

> 新疆的回胞與內地的回胞本來是一個整體的,憲法第一三五條的訂定使之分化了,除此,另外的一個偶然的政治原因不容不加以追述。新疆的回胞顯然是有著他們的共同的政治理想與要求。內地的回胞,許多黨政先進們都是無根之花,學歷可以沒有,官職高了,就以回胞代表的身份自居。[22]

憲法第135條的適用範圍限定居住在內地的「回民」,國民大會邊疆代表的新疆「回民」也排除在外,因此制定憲法第135條損及「回民」政治上與民族上的整體性。但雙方是不同族群,即大部分新疆「回民」是突厥語系穆斯林,他們明顯具有自主性,在制憲國民大會要求新疆的民族自治。

辛亥革命以後,統治新疆的楊增新於1928年被樊耀南殺害,金樹仁開始統治新疆,與蘇俄締結不平等條約,壓制新疆突厥語系穆斯林。為拯救金樹仁與盛世才嚴苛統治下的同胞,部分新疆突厥語系穆斯林便傾向國民政府,艾沙即是其中之一,他也是制憲國民大會的新疆「回民」代表。艾沙於1946年6月在迪化成立阿爾泰書店,出版《自由》期刊,[23] 他的核心議題是新疆的「民族自治」。艾沙在1946年12月4日制憲國民大會的發言:

---

22 以斯馬・野牧,〈泛論回教在憲法中的地位問題〉,《伊理月刊》,第1卷第10、11期合刊(1947年7月),頁24。

23 Ondřej Klimeš, *Struggle by the Pen: The Uyghur Discourse of Nation and National Interest, c. 1900-1949*, pp. 187-248.

諸位，新疆處在甚麼情形下呢？外有許多的社會主義共和國，我們新疆現在的情形，不能繼下去，我們在國際上同情菲律賓，印度的獨立，為甚麼不予國內弱小民族以自治，我們要求獨立下，自治之下的一種自治。我們要求民族自治，不是分裂，無論如何對我們的自治要保障要承認，我們的痛苦要申述。[24]

國民政府對「民族自治」有什麼看法？吉田豐子指出在1945年5月中國國民黨第六次大會上，國民政府才承認賦予邊疆民族「高度自治」，而對象是外蒙與西藏中部，國民政府以「民族自治」統治內蒙，但對於內蒙「民族自治」的看法有所分歧：白雲梯等蒙古族國民黨員提倡以蒙古族為核心的統一蒙政會；參謀總長陳誠允許蒙古族以「族」為基礎的自治，但蒙古族自治應受到省政府領導而成立省別蒙政會。[25]

憲法學者雷震與王寵惠於1946年11月2日受到蔣介石的指示，著手修訂五五憲草，將第26條第1項「民族自治區」改為「蒙古各盟及西藏」，第2項將「民族自治區議會」改為「蒙古各盟及西藏地方議會」。修改條文的原因是「民族自治區」原由中共在政治協商會議提出，「民族自治區」的概念容易造成誤導，懷疑中共以「民族自治」向蒙古與西藏深入發展，因此國民政府不用「民族自治區」，而是使用「蒙古各盟及西藏」。[26]

關於國民政府官員提出「民族自治」的問題，國民黨及白崇

---

24 〈艾沙（國大邊疆代表發言）〉，《中央日報》，1946年12月4日，第2版。
25 吉田豐子，〈戰後国民政府の内モンゴル統合の試み—憲法制定国民大会までを中心に〉，《アジア研究》，第47卷第2號（2001年4月），頁62-74。
26 雷震原著、薛化元主編，《中華民國制憲史—制憲國民大會》（臺北：稻鄉出版，2011），頁88-91。

禧不認同新疆「回民」代表提出「民族自治」案件，[27] 例如國民黨宣傳部出版的《中央周刊》指出：

> 國父所主張的是地方自治，而不是「民族自治」，前者可與全體人民，以公平的待遇。而後者則只能加強分裂。新疆蒙古兩代表所表示的苦痛，大會當然同感，但在實行地方自治以後，都可以解決的。……即新疆省內居民各民族所在區域，亦不少其他民族雜居，共同生活，形成不可分割的整體。若以「民族自治」的論據相繩，勢將構成門戶森嚴的現象。因而引起民族間的對立，使已合的有機體復行分化，無論就國家設想，就任何民族的本身利益設想，都是一種沒有代價的損失。[28]

白崇禧還認為新疆「回民」代表所提出的民族自治影響到國家統一，批評新疆「回民」代表的看法。[29]

內地回民代表試圖獲得國民大會與立法院的席位，從而得到國民政府的支持，解決族群的問題；新疆「回民」代表則強調突厥語系穆斯林的利益，訴求新疆的「民族自治」。由此可見，雙方的政治訴求與看法有極大的距離，這也是因雙方社會文化與區域性的差異所造成。1947年1月1日公布的中華民國憲法使用「蒙古各盟旗、西藏及邊疆的各民族」的說法，「民族自治」的問題便束之高閣了。[30]

---

27 郭廷以，《白崇禧先生訪問記錄（下冊）》，頁573。
28 〈國大制憲的面面觀〉，《中央周刊》，第8卷第50期（1946年12月），頁13。
29 郭廷以，《白崇禧先生訪問記錄（下冊）》，頁572。
30 荊知仁，《中國立憲史》（臺北：聯經出版，1984），頁613-637。

第二節　第一屆國民大會選舉與內地回民代表

本節討論第一屆國民大會選舉上的內地回民代表與穆斯林社群之間的關係，以及他們在第一屆國民大會第一次大會上的提案。

（一）第一屆國民大會的內地回民代表

1947年，國民政府著手籌備第一屆國民大會，中國回教協會也開始商討內地回民代表的選舉辦法。中國回教協會監事丁珍亭[31]指出在1947年8月第一屆國民大會內地回民代表選舉中，中國回教協會理事長白崇禧直接由該協會選定候選人。

關於第一屆國民大會選舉，其候選人由國民黨等政黨、農業團體等職業團體以及婦女團體選出，經過中央選舉總辦公室的審查，才能當選。[32]內地回民代表提名為馬鴻逵、孫繩武、龔御眾、[33]閔湘帆、[34]張兆理、常子春、馬秀峰、溫少鶴、潘柏銘、薛文波，溫少鶴、潘柏銘、薛文波三人為候補人員，經過中央選舉辦公室審查其經歷等各方面後正式當選為內地回民代表。[35]

由於史料有限，筆者無法探討所有內地回民代表候補人員與

31　丁珍亭於1900年出生在山東省益都，畢業於山東省立醫學專校，擔任安徽省官立礦山局醫務所長，山東省立醫學專校肄業時，加入中國回教青年學會。

32　張朋園，〈國民黨控制下的國民選舉（1947-1948）〉，《中央研究院近代史研究所集刊》，第35期（2001年6月），頁153-157。

33　龔御眾畢業於保定陸軍軍官學校之後，進入國民革命軍，在第一屆國民大會之際，擔任河南省政府參議。賈福康，《臺灣回教史》，頁97-98。

34　閔湘帆出生在江蘇省，歷任上海市政府會計長。賈福康，《臺灣回教史》，頁105-107。

35　孫繩武，《回教論叢》，頁347。

漢語穆斯林社群之間的關係,因此以史料較豐富的北平漢語穆斯林社群為例。北平內地回民代表候選人是常子春與薛文波,常子春於1897年出生在北京,1920年在北平成立珠玉與玉器的工廠與商店,上海與南京也有分店。[36] 北平販賣玉器的業者集中在前門與牛街一帶,大部分玉器業者是漢語穆斯林,他們採購新疆和闐原產的玉石,1916年至1924年,北京政府官員大量購買玉器以及一戰的經濟繁榮,玉器業者生意隆盛,銷售額達到最高峰。然而受外蒙的獨立、關東大地震以及南京遷都的影響,北平玉器業逐漸蕭條。[37] 1937年漢語穆斯林玉器業者成立玉器協會,[38] 常子春在牛街開辦永寶齋玉器店,並於1945年至1949年擔任回民玉器協會理事長。[39]

當中國回教協會於1945年成立北平分會時,常子春兼任回民玉器協會理事長、中國回教協會理事以及北平分會長。他積極參與北平漢語穆斯林社群的運作,向北平市政府請願改善漢語穆斯林子弟的教育,擴充社區簡易小學,並為了改善穆斯林子弟上學的困難,要求市政府增加教育經費。[40] 在公共衛生方面,北平市政府禁止漢語穆斯林屠宰駱駝,但由於皮毛產業使用駱駝的皮與油,對北平漢語穆斯林社群而言是極為重要的產業,因此常子春要求不應禁止屠宰老衰的駱駝。[41] 另外,常子春強調為了提供

---

36 賈福康,《臺灣回教史》,頁108-115。

37 池澤匯,〈北平市工商業概況(民國21年)〉,收入孫燕京編,《民國史料叢刊》(鄭州:大象出版社,2009),頁40-43。

38 仁井田陞,《中國の社会とギルド》(東京:岩波書店,1951),頁282。

39 劉東聲、劉盛林,《北京牛街》,頁67。

40 〈中國回教協會北平分會請求補助回教學校經費的呈文及市政府的批〉(1946年8月15日),北京市檔案館藏《社會局檔案》,J002-002-00373。

41 劉東聲、劉盛林,《北京牛街》,頁108。

給漢語穆斯林經營的中小企業資金，成立信用合作社。[42] 抗戰勝利後，中國回民青年會北平分會長由回到北平的薛文波接掌，他同時也擔任成達師範學校校長。

由此可見，北平內地回民代表候選人與北平漢語穆斯林社群之間的關係，有兩個特點：第一、中國回教協會分會與下屬的中國回民青年會之領導人為內地回民代表候選人；第二、他們主動解決漢語穆斯林社群的教育與振興產業等問題。

（二）內地回民代表候選人的參選

我們已看到內地回民代表候選人與漢語穆斯林社群之間的關係，進一步探討中國回教協會選擇他們為代表的原因。

孫繩武與閔湘帆都是中國回教協會的老成員，也是常務理事；龔御眾也是理事；[43] 張兆理是中國回教近東訪問團秘書，是協會常務理事，為協會的國際活動貢獻良多；常子春是制憲國民大會內地回民代表，與白崇禧的關係極為密切，抗戰期間受到蔣介石與白崇禧的領導，呼籲淪陷的天津與上海等各城市穆斯林抗戰，日本投降後擔任中國回教協會北平分會長，後為常務理事。[44]

另一方面，馬秀峰、溫少鶴、潘柏銘、薛文波因在中國回教協會中的地位，而被選為候補人員。馬秀峰畢業於四川省公立茶葉專業學校，東渡日本學習，畢業於成城學校，歷任四川省臨時

---

42 〈中國回教青年會北平分會請求備案的呈文及社會局的批、社會局的代電、指令〉（1948 年 8 月 1 日），北京市檔案館藏《社會局檔案》，J002-002-00353。

43 賈福康，《臺灣回教史》，頁 98、頁 106、117。

44 賈福康，《臺灣回教史》，頁 107-115、165-167。

參議員,兼任成都新新新聞報社社長。雖然他是中國回教協會會員,但他未擔任理事;溫少鶴在中國回教救國協會遷移到重慶時為其重慶分會的理事長;潘柏銘兼任中國回教協會廣東省分會籌備員及廣州市支會理事長。[45] 可看出以上當選內地回民代表的漢語穆斯林知識分子,皆處在中國回教協會的核心地位。

另外需注意馬鴻逵當選的原因。除了他是制憲國民大會內地回民代表之外,也與白崇禧有著恩怨。白崇禧牽制傾向脫離國民政府及中國回教協會的馬鴻逵,[46] 因此讓他擔任協會的榮譽理事,選出內地回民代表。[47]

由此可知,第一屆國民大會選舉中內地回民代表候選人都是中國回教協會的常務理事與理事,而他們都與白崇禧有關連。

(三)第一屆國民大會與內地回民代表

1948年3月29日至5月1日,南京國民大會堂召開第一屆國民大會第一次大會,其代表人數超過二千人。迎接大會之際,《月華》的社論表示內地回民代表打算將他們的要求直接向政府反映:

> (一)應要求維護回民的獨立信仰「人民有信仰之自由⋯⋯」憲法中已經有了明條。況且回民所信仰的宗教——回教——為

---

45 〈回民國大代表候選人〉,《伊理月刊》,第1卷第12期(1947年10月),頁16-19、頁23-24。

46 馬鴻逵被蔣介石懷疑傾向脫離國民政府,因此進行了辯解,他指出針對不合理的徵稅方式與國民政府派來的官吏產生矛盾,那位官吏為此深感不滿,便散佈馬鴻逵試圖脫離國民政府的謠言。但筆者認為需要將國民政府與寧夏省政府雙方的史料做對比,進一步探討雙方的關係。張玉法、張瑞德主編,《馬少雲回憶錄》(臺北:龍文出版,1994),頁150-152。

47 高屹,《蔣介石與西北四馬》(北京:警官教育出版社,1993),頁144-199。

世界公認的偉大宗教,宗旨昭然共曉。……(二)要求維護回民之宗教教育,穆聖說過:「求學在穆士林男女上是天命」,所以受教育是回民的天職,教育的範圍本來很廣大,但回民的宗教教育:是每個人必須有所領會的,……現在中國各地的回民,成立了許多的私立小學,亦或者經地方政府的查驗合格,而將牠改為公立小學的(如市立、縣立、鄉保立等),還有的私立中等學校(如西北中學、明德中學等)已改為公立的中等學校(如國立成達師範、隴東師範)。……假如在法令以外增加上宗教教育的課程,或課外活動,那末主管教育的當局,便認為牠們不合法令,而不允許牠們施行。……我們如果照上邊所述說的情形推演下去,則回民的宗教教育,處處受到限制或取締,請問五千萬人的宗教的命脈,信仰的魂靈,從那裡得到注入和啟發呢?……(三)保障回民的寺院制度,回胞因宗教信仰及生活習慣特殊的關係,許多宗教上的典禮,以及生活習慣上的種種問題(如沐浴,婚喪,公益,救濟宣傳等事),均須在清真寺內解決辦理。[48]

內地回民代表通過該大會將宗教自由明確寫入中華民國憲法、保障漢語穆斯林的教育與宗教教育。而關於宗教自由的問題,漢語穆斯林知識分子與國民政府則因為總理紀念週與伊斯蘭教教義產升矛盾。

總理紀念週是1930年為了彰顯孫文而制定的《總理紀念週條例》明定:

---

48 〈社論:行憲與回民國大代表的任務〉,《月華》,第20卷第1-3期合刊(1948年3月),頁2-3。

第四條　紀念週之秩序：

（一）全體肅立；（二）向總理遺像行三鞠躬禮；（三）主席講總理遺囑，全體同時循聲宣讀；（四）向總理遺像俯首默念三分鐘；（五）演說或政治報告；（六）禮成。[49]

由於向孫文遺像三鞠躬，違背了伊斯蘭教教義中禁止偶像崇拜的規定，部分漢語穆斯林知識分子將牴觸的教義提交給國民大會，請求國民政府免除漢語穆斯林行鞠躬禮。北平的李誠忠於1931年提交國民會議總理紀念週與教義相違背的意見書，認為漢語穆斯林雖然尊重孫文的偉大事業，但紀念週規定不該強迫他們行禮，[50] 然而當時國民政府對此並沒有任何回應。

中國回教救國協會的馬松亭討論五五憲草所規定的宗教自由與伊斯蘭教教義：

「人民有信仰宗教之自由，非依法律不得限制之。」（五五憲草第十五條）……舉一個極平凡的例子來說吧！如回教不拜偶像，此事乃關於回民基本信仰者，在今日情形之下，時常為此發生疑竇，因之聚談紛紜，莫衷一時，這是值得注意的一件事。我以為要想解決類似這樣的問題。第一、須要澈底擁護憲法，「人民有信仰宗教之自由」的明文。第二、要刪去非依法律不得限制之規定，……所以我們主張在憲法上應採憲法直接保障主義，而不採法律保障主義，規定把五五憲草修改為「人

49　〈總理紀念週條例案〉，《中央黨務月刊》，第28期（1930年11月），頁44-45。
50　李誠忠，〈上國民會議書〉，《月華》，第3卷第14期（1931年5月），頁10。

民有信仰宗教之完全自由權。」[51]

如同馬松亭以五五憲草為後盾提倡宗教自由，抗戰期間漢語穆斯林知識分子針對宗教自由與總理紀念週規定展開討論。1940年9月，《月華》評論雖然對長官的敬禮與紀念總理截然不同，但如同對待天主教等一神教，國民政府應該尊重漢語穆斯林的宗教習慣。[52] 另一方面，白崇禧討論伊斯蘭教信仰與政治儀式，認為漢語穆斯林既然是中國人，即應該進行總理紀念週。[53] 馬松亭與白崇禧在紀念總理的看法有所不同，這一點中國回教救國協會內部沒有定見。筆者認為，對白崇禧而言，崇拜領袖不違背伊斯蘭教信仰，愛教就是愛國。他們爭論的觀點是信仰宗教重於崇拜領袖，還是崇拜領袖違背宗教信仰。

這些總理紀念週與伊斯蘭教教義的議題，因國民政府政策改變而落幕：中華民國憲法頒布之後，總理紀念週的規定被國民黨中央執行委員會常務委員會予以修正，人民團體與學校等社團停止舉行總理紀念週。[54] 這一舉措深受漢語穆斯林知識分子的青睞。[55]

總理紀念週的廢除，似乎緩解國家與宗教之間的矛盾，但《月華》1948年3月的社論認為不能完全解決宗教自由的問題。

---

51 馬松亭，〈站在回民立場對於五五憲草貢獻一點意見〉，《月華》，第12卷第13、14、15、16、17、18期合刊（1940年6月），頁6。
52 〈宗教信仰與政治信仰〉，《月華》，第12卷第22、23、24、25、26、27期合刊（1940年9月），頁2。
53 白崇禧，《中國回教與世界回教》，頁7-9。
54 小野寺史郎，《国旗・国歌・国慶——ナショナリズムとシンボルの中国近現代史》（東京：東京大學出版會，2011），頁319-320。
55 〈總理紀念週取消免除向遺像鞠躬糾紛〉，《中國回教協會會報》，第7卷第6、7期（1948年3月），頁15。

成達師範學校等漢語穆斯林學校從私立學校改為公立學校,國民政府嚴禁公立學校在法令以外舉辦宗教教育。[56] 據筆者所知,清真寺雖未被國民政府及地方政府破壞,但佛教寺院卻有。

1946年9月,上海市民政局長張曉崧在上海市參議會提出將寺院與廟接收或借用,這項提案的通過引發上海佛教徒的不滿。上海佛教會常務理事白聖法師認為寺院與廟的財產屬於其寺院與廟,也應由僧侶與道士管理之。[57]

開封的相國寺於1947年5月被河南省政府破壞,僧侶也被驅離,改成民眾教育館,相國寺的僧侶與河南省官員發生肢體衝突,中國佛教協會為此向國民政府表示強烈抗議,國民政府則向河南省政府頒布停止破壞相國寺的禁令。[58] 筆者認為前述《月華》評論的背景與相國寺的案件有關,如同佛教與道教的宗教自由,內地回民代表應該在第一屆國民大會第一次大會上提出伊斯蘭教的宗教自由之議題。

內地回民代表追求的目標不只是改善漢語穆斯林社群的情況、讓國民政府承認宗教自由,重要的是奠定政治地位,即將「內地生活習慣特殊之國民代表」的條文改為內地回民,在立法委員選舉中爭取內地回民代表名額。儘管如此,第一屆國民大會主席團認為修改憲法第135條的條件尚未成熟,這些討論持續到預計在1950年12月15日召開的第一屆國民大會第二次大會。

內地回民代表為何要穩固政治地位,依照立法院院長孫科將

---

56 〈社論:行憲與回民國大代表的任務〉,頁2-3。
57 〈同情佛教保衛寺院主張〉,《伊理月刊》,第1卷第2期(1946年9月),頁17。
58 月曜,〈相國寺血案與善後〉,《覺群週報》,第2卷43、44期合刊(1947年5月),頁2。

漢語穆斯林當做「宗教集團」的案例，如果國民政府也具有相同的看法，將不允許內地回民代表參加第一屆國民大會第二次大會，漢語穆斯林所追求的參政活動將更加困難。換言之，國民政府視漢語穆斯林為「民族」還是「宗教團體」，將決定內地回民代表能否參加國民大會。在政治地位處在模糊不清的狀態下，內地回民代表為了解決穆斯林社群的問題以及強調宗教自由，要求將參政權寫進中華民國憲法，以奠定自己的政治地位。

第三節　小結

日本投降之後，漢語穆斯林知識分子在制憲國民大會上向國民政府爭取到內地回民代表名額，成功將「內地生活習慣特殊之國民代表」的條文寫入中華民國憲法第 135 條。然而，立法院並不承認回民代表的名額，內地回民代表與新疆突厥語系穆斯林代表在新疆民族自治上也沒有達成共識，使得政治活動受到侷限。

在第一屆國民大會上，內地回民代表的候選人由中國國民黨與中國回教協會選出，即與白崇禧關係密切的常子春與張兆理、與白崇禧敵對的馬鴻逵當選內地回民代表。部分漢語穆斯林知識分子希望讓國民政府承認宗教自由，然而內地回民代表並未符合他們的期待，反而著重在爭取參政權，試圖將「內地回民」明確寫入中華民國憲法。

我們可以看到制憲國民大會及第一屆國民大會第一次大會上內地回民代表參政的特點，目標是解決漢語穆斯林社群的貧困與教育問題，但他們的參政之路依然困難重重。爭取參政權可說是他們從北京政府時期到第一屆國民大會第一次大會之間一以貫之的政治活動。

第六章　1945年至1949年政府與北平漢語穆斯林社群的互動

前面已說明漢語穆斯林知識分子的政治活動，本章以1945年至1949年之間北平漢語穆斯林為研究對象，進一步探討政治活動如何介入他們的社群，以及政府與社群的互動。在抗戰勝利以後，國民政府承受雙重壓力：國共內戰與通貨膨脹。國民黨與共產黨等各政黨對於成立聯合政府產生嚴重的矛盾，最終爆發國共內戰。北平漢語穆斯林社群受到這樣的政治環境影響，如何改變？而在國共內戰期間，北平市政府制定了何種政策？

我們在探討抗戰勝利後的北平漢語穆斯林社群的情況之前，先梳理有關北平漢語穆斯林社群的前人研究。在北平被日軍攻佔後，日本學者仁井田陞對北平漢語穆斯林社群行會制度進行了田野調查，指出他們的行會由珠寶業與牛羊業等各行業組成，不像歐洲的行會那般積極介入政治，政府也沒有介入他們的行會制度。[1] 1960年代，日本學者今永清二探討北京的清真寺、人口數字以及清真寺在其社群扮演的角色。[2]

中國學者也研究中華人民共和國成立前北平漢語穆斯林社群的情況，比如劉東聲與劉盛林分別討論北平牛街以及民國前期

---

[1] 仁井田陞，《中国の社会とギルド》，頁247-286。
[2] 今永清二，〈北京回教社会史研究序説〉，《史學論叢》，第2期（1967年1月），頁42-74。

的辱教案等議題;[3] 良警宇從牛街清真寺與牛街漢語穆斯林社群變遷的角度分析北平漢語穆斯林社群的變化,特別是1950年代牛街漢語穆斯林社群改造的全程。[4] 美國學者杜磊(Dru. C. Gladney)也在1980年代北京牛街與常營的漢語穆斯林社群展開田野調查並作為專書的一章出版。[5] 此外,周傳斌與馬雪峰則透過統計數字探討北京牛街社區的變遷。[6]

由此可見,前人研究對象的時間與地點有一定的偏重,他們聚焦在1930年代後期至1940年代初期,或1950年代至1980年代的北平漢語穆斯林社群;調查地點則集中在牛街一帶,且也沒有充分地探討政府與漢語穆斯林社群的互動。為了彌補前人研究的缺憾,本章將討論1945年至1949年的北平漢語穆斯林社群與政府的關係,從四個角度來觀察:第一、說明民國前期的北平漢語穆斯林社群的情況;第二、梳理北平漢語穆斯林社群領導人的背景;第三、檢討政府對漢語穆斯林的政策;第四、分析北平漢語穆斯林知識分子的政治活動。

透過北京市檔案局收藏的相關檔案以及北平漢語穆斯林知識分子出版的《古爾邦》期刊,來理解政府與漢語穆斯林社群的互動。

---

3 劉東聲、劉盛林,《北京牛街》。
4 良警宇,《牛街:一個城市回族社區的變遷》(北京:中央民族大學出版社,2007)。
5 Dru. C. Gladney, *Muslim Chinese: Ethnic Nationalism in the People's Republic* (Boston: Haveard University Asia Center, 1991), pp. 171-260.
6 Zhou Chuanbin and Ma Xuefeng, *Development and Decline of Beijing's Hui Muslim Community* (Chiang Mai: Silkworm Books, 2009).

第一節　民國前期北平的情況

　　北平漢語穆斯林社群主要集中在牛街與馬甸：牛街是北平最大的漢語穆斯林社群，1930年代受到南京遷都與世界大蕭條的影響，其經濟跌到低谷，失業率達到70%，大部分的牛街漢語穆斯林生活貧困；馬甸位於北平城的西部，經濟情況與牛街一樣不景氣，馬甸漢語穆斯林多是小販，經濟壓力頗大。[7]

　　北平漢語穆斯林社群都有牛羊業、珠寶業與駝行等各行業，尤其是從事牛羊肉屠宰業者最多，北平全城的牛羊店鋪達到一百家，屠牛作房多設在牛街，羊行店鋪則集中在馬甸。民國前期，北平的經濟狀況不佳，牛羊業走下坡。[8] 牛街有多家珠寶業者，採購來自新疆和闐的珠寶，北平珠寶業昌盛的時間是1916年至1924年，此期間正是北洋政府執政時期，購買珠寶最大客群是政府官員，受到外蒙古獨立與南京遷都的雙重影響，北平珠寶業因而衰退。[9] 1930年代，北平珠寶業獲得短暫的復興，來自歐美日的遊客大量購買珠寶，但二戰全面爆發以後，他們又陷入困境。[10] 北平牛羊業與珠寶業都有公會，牛羊公會最早成立在1916年，但沒有實際的運作，而珠寶業公會的成立時間早於牛羊公會，在清末即已有組織結構嚴密的公會，但他們因公會的糾紛而解散，後來重新成立回民珠寶業公會。[11]

7　薛文波，〈馬甸之回民現狀〉，《月華》，第2卷第15期（1930年5月），頁2。
8　夢揚，〈北平市回教概況〉，《月華》，第9卷第12期（1937年4月），頁4-5。
9　池澤匯，〈北平市工商業概況〉，收入孫燕京，《民國史料叢刊》，頁40-43。
10　〈京市古玩珠寶價格暴跌〉，《回教週報》，第22期（1941年1月），第4版。
11　仁井田陞，《中國の社會とギルド》，頁282-283。

北平是華北地區文化中心，尤其成達師範學校從山東濟南遷移到北平之後，成為中國伊斯蘭教革新運動最重要的基地，馬松亭、金吉堂等中國伊斯蘭教界的文化名人皆聚集在此，同時也與埃及等中東國家進行學術交流。部分成達師範學校的漢語穆斯林知識分子極為重視教育，但北平漢語穆斯林的教育水平卻偏低，成達師範學校的教務王夢揚指出，能夠接受北平回教子弟的教育機構並不多，無法容納所有的回民。到1930年代中期以後，北平漢語穆斯林社群的教育情況有所改善，根據相關的史料，牛街附近建立了二十處回民小學。[12]

　　馬甸的教育情況與牛街有所不同，馬甸漢語穆斯林社群建有一所西北小學，校長薛文波在抗戰爆發後跟著國民政府到重慶，學校不得不停辦。[13] 日本投降後，北平漢語穆斯林的教育更加困難，馬甸甚至沒有一所回民小學。[14] 由此可見，北平漢語穆斯林社群生活貧困，回民小學偏重在北平城內的牛街等地區，郊區的回民小學數量很少，因此教育水平有很大的差距。

　　在探討北平漢語穆斯林社群領導層如何介入之前，我們先梳理其領導層的背景。從中國回教協會北平分會及中國回民青年會可獲知他們的學經歷等背景，他們主要擔任漢語穆斯林社團及行業公會的理事長、北平市參議會參議會員等職務。

　　常子春：1896年，北京出生。接受經堂教育之後，就開辦了珠寶工廠兼販賣店，也在南京與上海開了分店。在牛街開辦永

12　夢揚，〈牛街回民生計談（續）〉，《月華》，第2卷第16期（1930年6月），頁2。
13　馬國璽，〈為平市北郊回民失學兒童呼籲〉，《古爾邦》，第1卷第1期（1947年6月），頁6。
14　馬國璽，〈為平市北郊回民失學兒童呼籲〉，頁6。

寶齋珠寶店，積極參與漢語穆斯林社團的活動，於日軍侵華期間留在北平，加入中國回教救國協會從事地下抗日活動。日本投降後，他擔任中國回教協會常務理事兼北平分會理事長。

薛文波：1918年，北京出生。在私立朝陽大學肄業期間加入中國回族青年會，擔任書記。大學畢業後，在馬甸成立西北小學第四部，[15]並擔任校長。北平被日軍佔領後，他跟隨國民政府到重慶；日本投降後，再回到北平，擔任中國回民青年會北平分會長[16]兼國立成達師範學校校長等職務。

唐易塵：1908年，北京出生，畢業於私立朝陽大學。對第二次國共合作深感不滿，抗戰爆發後加入具有日本背景的中國回教總聯合會，透過聯合會到麥加朝覲，並配合日本的回教政策進行活動。[17]日本投降後，他加入中國回教協會，擔任麵食品同業公會理事長兼《唐山日報》報社社長等職務。[18]

改滌生：1912年，北京出生，私立民國學院政經系畢業後，加入新聞界。抗戰爆發以後，他擔任奇珍齊珠寶店經理兼北平市中國國民黨部特別工作隊員。[19]

馬國璽：1911年，出生在北京，具有大學學歷。他在馬甸

---

15 馬國璽，〈為平市北郊回民失學兒童呼籲〉，頁6。
16 〈中國回教青年會北平分會請求備案的呈文及社會局的批、社會局的代電、指令（附章程）〉（1948年1月15日），北京市檔案局藏《社會局的代電、指令檔案》，J002-002-00353。
17 山崎典子，〈日中戰爭期の中国ムスリム社会における「親日派」ムスリムに関する一考察―中国回教総連合会の唐易塵を中心に―〉，《中國研究月報》，第65卷第9號（2011年9月），頁1-19。
18 〈北平市參議會第一屆第一次大會會刊〉，收入孫燕京，《民國史料叢刊》，頁303。
19 〈中國回教學會請求備案的呈文及社會局的批〉（1946年4月29日），北京市檔案局藏《社會局的代電、指令檔案》，J002-002-00214。

擔任牛羊行公會理事長,也是中國回教協會成員。[20]

從北平漢語穆斯林社群領導層的經歷來看,除常子春之外的知識分子都有大學學歷,教育背景並非經堂教育。他們從事的行業是珠寶業、麵食品業、牛羊業以及教育界。值得一提的是,在抗戰期間常子春與唐易塵的立場完全相反。常子春在日本佔領北平時加入中國回教救國協會,其為國民黨天津黨部在抗戰期間為了全力掌握中國回教總聯合會的組織,以此展開回教工作,派遣楊敬之到天津等華北城市進行地下活動。[21]山崎典子指出,唐易塵可能在日本投降後因抗戰期間的漢奸活動而被國民政府處罰,[22]但事實並非如此。日本投降後,他加入中國回教協會,並在北平漢語穆斯林社群中有重要的地位。

楊美惠指出,在中華帝國統治時期,政府嚴格控制宗教機構與宗教活動,也要求宗教機構建造廟宇與修道院時必須註冊,獲得允許後才能運作。[23]她還強調中華帝國時期以及民國前期成立的行會等民間社團皆因共產革命解散,中央政府的統戰部門直接控制民間社團而成為政府機構的一部分。[24]

儘管楊美惠指出的是傳統中華帝國及當代中國政府與民間

---

20 〈中國回教青年會北平分會請求備案的呈文及社會局的批〉(1948年1月15日),北京市檔案局藏《社會局的代電、指令檔案》,J002-002-00353。

21 「天津黨部函中國國民黨中央執行委員會組織部」(1940年3月18日),〈平津黨務・天津回教黨務〉,中央研究院近代史研究所檔案館藏《朱家驊檔案》,館藏號:301/01/06/197;「楊敬之函朱家驊」(1939年12月19日),〈楊敬之與敵後回教海外回教工作〉,中央研究院近代史研究所檔案館藏《朱家驊檔案》,館藏號:301/01/06/013。

22 山崎典子,〈日中戦争期の中国ムスリム社会における「親日派」ムスリムに関する一考察—中国回教総連合会の唐易塵を中心に—〉,頁12。

23 楊美惠著,趙旭東、孫珉譯,張躍宏校,《禮物、關係學與國家:中國人際關係與主體性建構》(臺北:南天書局,2005),頁267-268。

24 《禮物、關係學與國家:中國人際關係與主體性建構》,頁269。

社團的關係,但實則也展現在民國前期政府與漢語穆斯林社團之間。

筆者在第二章已探討政府與中華回教公會之間的關係,中華回教公會是由內政部與中央民眾運動委員會所組織的漢語穆斯林社團,活動宗旨是以研究三民主義與伊斯蘭教教義為主。[25] 抗戰爆發後,中華回教公會的情況有所改變:公會領導人馬良投奔汪精衛,積極參與中國回教總聯合會的活動。國民政府不得不考慮成立新全國性漢語穆斯林社團——中國回教救國協會——該會是半官方的中國穆斯林社團,具有上情下達或下情上達的功能。1943年,中國回教救國協會的名稱改為中國回教協會,日本投降後,該協會接管日軍淪陷區的中國回教總聯合會,於1945年成立北平分會,由常子春擔任理事長。

在國共內戰期間,管制宗教事務的政府機關是北平市政府社會局,他們積極介入漢語穆斯林社團的成立與運作。1946年1月,中國回教青年會[26]成員到北平市社會局進行宗教登記,社會局建議將「中國」的字樣改為「北平」,[27] 因名稱與中國回民青年會相似,容易造成混淆。中國回教青年會的活動是以研究學術、聯合回教青年之感情為宗旨,代表陳煥文任職於國民政府交通部,該會的主要成員是教師與學生。[28] 中國回教青年會沒有留

---

25 中國國民黨中央執行委員會秘書處,〈中央民運會函各省黨部(十五)——函知中華回教公會籌設經過並制止中國回民教組織〉,《中央黨務月刊》,第75期(1934年10月),頁788。

26 民國初期北平成立的中國回教青年會與第九章、第十章探討在臺灣成立的中國回教青年會完全是不同的社團,雙方沒有連續性。

27 〈北平回教青年會請求備案及回民公會遷移會址的呈文和社會局的批〉(1946年5月8日),北京市檔案局藏《社會局的代電、指令檔案》,J002-002-00249。

28 〈北平回教青年會請求備案及回民公會遷移會址的呈文和社會局的批〉(1946年1月31日),北京市檔案局藏《社會局的代電、指令檔案》,J002-002-

下任何活動紀錄,可能自動解散了。

中國回教協會隸屬社團有中國回民青年會,其原型是中國回族青年會(詳見第二章),抗戰爆發後,中國回族青年會的成員轉移到重慶,他們加入中國回教救國協會,重組為中國伊斯蘭青年會。1945年,薛文波等人將中國伊斯蘭青年會改為中國回民青年會,亦於1945年成立北平分會,活動的宗旨是團結全國漢語穆斯林、增進漢語穆斯林的民族感情、共負建國任務。然而,雖然該會向北平市政府社會局登記成功,但活動受到極大的限制。譬如作為中國回教協會下屬的青年社團,不得擅自對外活動等,[29] 活動僅侷限在阿拉伯聖戰大同盟的成立。[30]

日本投降後,在北平漢語穆斯林知識分子成立的社團中,令人矚目的是中國回教學會。中國回教學會是由三民主義青年團平津支團第二屬區隊第十一分隊組成,宗旨遵照孫中山「知難行易」的遺教,振興回教偉大教義,研究學術以增進文化的發展,協助政府推動建設工作,研究回民經濟,提高回民生活。活動內容為調查伊斯蘭教歷史、宣教、研究建設事業、處理伊斯蘭教事務以及興辦公益等各事項。[31]

中國回教學會關心社群的經濟與文化發展,與國民黨的關係密切,該學會成立的地方正是三民主義青年團北平分部,且成員都是三民主義青年團團員。中國回教學會曾向北平市政府社會局

00249。

29 〈北平回教青年會請求備案及回民公會遷移會址的呈文和社會局的批〉(1947年1月9日),北京市檔案局藏《社會局的代電、指令檔案》,J002-002-00249。

30 劉東聲、劉盛林,《北京牛街》、頁110。

31 〈中國回教學會請求備案的呈文及社會局的批〉(1946年4月29日),北京市檔案局藏《社會局的代電、指令檔案》,J002-002-00214。

進行社團登記，但遭到駁回。[32]

北平市政府社會局認為，中國回教學會的宗旨與中國回教協會有所重複，他們活動經驗也不夠，因此駁回申請。[33] 筆者認為：北平市政府注意到中國回教學會與三民主義青年團的關係；而三民主義青年團是蔣介石直屬的黨團組織，在抗戰勝利後三民主義青年團脫離國民黨的控制，甚至與黨內其他黨派壁壘分明；[34] 在國民黨派系鬥爭中，北平市政府憂慮他們在漢語穆斯林社團中成立三民主義青年團的分會，而且極有可能會吸收其他漢語穆斯林。

中國回教學會理事長改滌生對此提出抗議，也向北平市政府遞交抗議書。改滌生強調，憲法規定人民有集會、結社自由以及言論自由，中國回教學會與中國回教協會的組織結構與活動宗旨差別很大，他們有權成立自己的社團。[35]

第二節　與北平市政府的溝通

從民國前期漢語穆斯林社群領導人的活動來看，他們以愛國愛教的精神積極配合國家政策，漢語穆斯林的意願似乎與政府打成一片；另一方面，漢語穆斯林知識分子為了改善社群的情況，積極與政府進行溝通，也得到政府方面的經濟援助與政治合

32　〈中國回教學會請求備案的呈文及社會局的批〉（1946年4月27日），北京市檔案局藏《社會局的代電、指令檔案》，J002-002-00214。

33　〈中國回教學會請求備案的呈文及社會局的批〉（1946年8月6日），北京市檔案局藏《社會局的代電、指令檔案》，J002-002-00214。

34　王良卿，《三民主義青年團與中國國民黨關係研究（1938-1949）》（臺北：近代中國出版社，1998）。

35　〈中國回教學會請求備案的呈文及社會局的批〉（1947年12月1日），北京市檔案局藏《社會局的代電、指令檔案》，J002-002-00214。

法性。

北平漢語穆斯林知識分子開始推動社會活動時，並不是各自為政，而是按照中國回教協會北平分會的名義展開。透過漢語穆斯林知識分子處理辱教案、社群的教育問題，以及牛羊業者問題，以下探討他們的請願活動與政府的應對措施。

辱教案

民國前期北平漢語穆斯林社群的辱教案層出不窮，比如北新書局的《南華文藝》等案。抗戰勝利後，辱教案仍在發生，但性質與抗戰前有所不同：抗戰前的辱教案主要發生在報刊雜誌上，而抗戰勝利後的辱教案既發生在報刊雜誌上，又在電影等媒體上。我們從《北平新報》教案與《白山黑水血濺紅》教案來探討漢語穆斯林知識分子的反應與政府的應對措施。

《北平新報》教案發生在1947年9月16日，該報的副刊發表了〈除伊斯蘭教徒外誰願尊敬豬呢？〉。文章出版後，北平漢語穆斯林大發雷霆，他們到《北平新報》社砸毀玻璃與牌子，抗議人數達到數千人，附近的交通秩序混亂，憲兵一度開槍鎮壓，但沒有人傷亡。[36] 中國回教協會北平分會理事長常子春召開緊急會議，要求報社向北平漢語穆斯林公開道歉。[37]

雖然《北平新報》社公開道歉，但事情愈來愈嚴重，中國回教協會北平分會為了徹底解決類似的辱教案而成立《北平新報》

---

36 〈北平新報文字糾紛〉，《大公報》（1947年9月18日），第3版。
37 〈中國回教協會北平分會籌備會成立大會及分會常務理事會、理監事聯席會議記錄〉（1947年9月20日），北京市檔案局藏《社會局的代電、指令檔案》，J002-002-00390。

事件護教籌備大會，[38] 除處理該區域的教案，還成立專門解決教案的機構；大會以伊斯蘭教全體同胞為會員，並以大會常務委員互相推薦出一位主席、兩位副主席。從委員的名單來看，馬松亭、改滌生、馬國璽都有參加。[39] 大會召開第一次常務會議，報告指出由馬松亭與馬國璽出面與北平市政府交涉。他們還謁見了市長何思源，並與他的秘書商討《北平新報》事件的後續處理，北平市政府發佈了尊重宗教的公告。[40] 他們將何思源的提案帶回《北平新報》事件護教大會，正式接受北平市政府的提案，何思源隨即發出《北平新報》社禁止刊登侮辱伊斯蘭教的通令：

> 民族平等信教自由為我國基本國策，政府對於各宗教間尊重保護不遺餘力，奉行政院命令並經本政府於民國廿五年四月十日通令在案，查回教同胞忠誠愛國貢獻慕著，值茲戡亂建國時期，尤宜互相團結，共襄國是，毋得稍存歧視致生事端，凡我市民倘有任意輕衊，本府定當執法以繩決不寬攸，仰各凜遵。此令。[41]

該通令發出後，《北平新報》事件護教大會決議解散，教案得以平息。

---

38 〈中國回教協會北平分會籌備會成立大會及分會常務理事會、理監事聯席會會議記錄〉（1947 年 9 月 18 日），北京市檔案局藏《社會局的代電、指令檔案》，J002-002-00390。

39 〈中國回教協會北平分會籌備會成立大會及分會常務理事會、理監事聯席會會議記錄〉（1947 年 9 月 20 日），北京市檔案局藏《社會局的代電、指令檔案》，J002-002-00390。

40 〈中國回教協會北平分會籌備會成立大會及分會常務理事會、理監事聯席會會議記錄〉（1947 年 9 月 20 日）。

41 〈中國回教協會北平分會籌備會成立大會及分會常務理事會、理監事聯席會會議記錄〉（1947 年 9 月 20 日）。

1947年前後,中國各地發生電影放映糾紛,其中最引人矚目的是電影《假鳳虛凰》案件。這是1947年拍攝的一部喜劇片,描述一對青年男女希望透過徵婚,與有錢人結婚來改變自己的生活狀況,男主角所演飾的理髮師與女主角所飾演的寡婦在交往中不斷露出破綻,結婚後才發現對方並不有錢,但他們還是開始新生活。上海市理髮職業工會認為男主角在語言與身體動作上,有侮辱理髮師的嫌疑。工會通過上海市社會局的調解,與製作的文華電影公司進行交涉,文華電影公司最後做出讓步,同意刪除有侮辱理髮師的片段。[42]

　　與《假鳳虛凰》類似的糾紛也發生在北平漢語穆斯林社群,即電影《白山黑水血濺紅》。該片是由中央電影攝影廠第三廠出品的抗日宣傳片,因筆者無法觀看,對具體內容不得而知,但北平漢語穆斯林知識分子認為片中有與日本憲兵相貌類似的屠宰人,有損屠宰人的形象。

　　1947年3月,馬國璽與唐易塵等人向中央電影攝影廠嚴正抗議。中央電影攝影廠認為該片是宣傳國策,未有製造屠宰業者負面形象的意圖,而中國回教協會北平分會卻要求刪除屠宰人持刀剝皮及割羊頭的片段等六項事宜。[43] 他們再三與中央電影攝影廠交涉,最終攝影廠同意刪除屠宰業者的片段。[44]

　　從此得知,北平市政府只有在事件發生或擴大時,才被動開

---

42 李鎧光,《內戰下的上海市社會局研究(1945-1949)》(臺北:臺灣學生書局,2012),頁216-225。

43 〈中國回教協會北平分會籌備會成立大會及分會常務理事會、理監事聯席會會議記錄〉(1947年3月23日),北京市檔案局藏《社會局的代電、指令檔案》,J002-002-00390。

44 笑農,〈「白山黑水血濺紅」的一場風〉,《古爾邦》,第1卷第1期(1947年6月),頁14。

始採取應對措施,在教案發生之前沒有預防的措施,發生後也沒有主動介入,只進行調解並發出通令而已。

社群的教育問題

北平漢語穆斯林社群的教育因所在地有很大的差距,尤其是因經費不足而造成的教育困難,在中國回教協會北平分會成立後,試圖解決教育的問題。北平分會於1946年8月提交改善北平漢語穆斯林社群教育的請願書,主要內容是雖有簡易小學,但六年制學校嚴重不足,因此請市政府撥給教育補助金,以發展回民教育。這份請願書提到馬甸漢語穆斯林社群的教育情況,並提出如下要求:

> 謹為謀發展健全教育起見,擬請將黑寺之簡易小學擴充為六年制完全小學,以便學生畢業後有升學機會。理合具文呈請,仰乞鑒核賜予轉請,並請設法補助以利教育。[45]

市政府收到請願書以後,過一個月才回函答覆:呈悉查回民教育已包括國民教育以內,又各私立宗教學校待遇均悉同等其市私立小學校,職員亦系由該校長自行聘用,所請補助回教學校經費及儘先沿用回教教員一節著毋庸議。[46]因此到1947年6月馬甸仍沒有一所六年級回民小學。

---

45 〈中國回教協會北平分會請求補助回教學校經費的呈文及市政府的批〉(1946年8月15日),北京市檔案局藏《社會局檔案》,J002-002-00373。
46 〈中國回教協會北平分會請求補助回教學校經費的呈文及市政府的批〉(1946年10月3日),北京市檔案局藏《社會局檔案》,J002-002-00373。

牛羊業者問題

如前所述,北平漢語穆斯林社群的主要行業是牛羊業。按照伊斯蘭教教義,穆斯林不准吃外教人屠宰的肉類食品,但北平漢語穆斯林社群仍然流通這類的肉品,因此中國回教協會北平分會理事長常子春與北平牛羊業公會理事長馬國璽,共同要求取締外教人屠宰的肉類食品販運到北平和與穆斯林社群:

> 嚴緝鄉肉以利本教食肉事,竊以春節在邇,一般投機商民鑒於需肉較多,率皆紛赴各產畜地區採購大批牛羊肉類,每日於平綏平漢平通各線源源運平,分別在街巷及牛羊肉鋪銷售,查該種肉類來自外鄉,大部皆為外教人所屠宰,設不速制止,非但不宜於本教教規,且影響於國課亦復至鉅。[47]

國共內戰期間北平市經濟受物價暴漲的影響,商人買空賣空,投機現象嚴重,食糧陷入嚴重不足,投機商人拉高市場價格,謀求利益。[48] 對北平漢語穆斯林社群與北平牛羊公會而言,這樣的行為嚴重損害北平漢語穆斯林全體利益。

1947 年 11 月,常子春與馬國璽致政府的函重申外教人屠宰牛羊的事宜:

> 惟查近日市內時常發現大批銷售私屠私運牛羊肉類商民,究其來源,多係於平綏平通各線,躲稅偷運來平以獲厚利者,遂使

---

47 〈中國回教協會北平分會關於教胞與牛羊業、驗業公會請求事項的呈文及市政府的批〉(1947 年 1 月 6 日),北京市檔案局藏《北平行轅檔案》,J002-002-00379。

48 楊英,〈物價暴漲中的平市糧食問題〉,《北方經濟旬刊》,第 2 卷第 6 號(1947 年 5 月),頁 6-7。

正當業者受其影響，無法維持，若不速謀妥策，非但正當業者蒙其不利，即國課收入、宗教關係以及人民保健方面影響頗為至鉅，查屠宰場之設置。[49]

從發揚伊斯蘭教教義與人民健康的角度而言，他們請求政府積極取締外教牛羊肉類業者與設置外地產地牛羊的屠宰場。

北平市財政局做出的答覆是：「對於私肉查緝工作，向極注重，至查獲違章案件，均已依法從重罰辦，所請嚴緝一節，已分飭兩屠宰場緝私隊切實辦理矣。」[50]但對北平漢語穆斯林知識分子而言，市政府並沒有積極地取締，成效並不理想。

除了外教人屠宰牛羊肉類的販運之外，北平漢語穆斯林業者也遇到其他問題，即是販運外地牛羊時遭徵收綏靖特別捐。業者在販運至北平時會經過河北省昌平縣（現為北京市昌平區），縣政府為了綏靖工作及復員而徵稅。1947年5月，北平市與昌平縣南口等地開始徵收工作，常子春與馬國璽向國民政府主席北平行轅呈情：

平市牛羊肉食向皆仰仗察綏產地供給，會員採購牛羊自產區以迄轉運北平兩地均經納有正稅不下十餘種之多，綜合稅率已超出羊價本身三分之一有餘，商販對於業務早感無法經營之苦……查敝會會員皆屬穆民教胞，仰賴是業歷有年所，近年以

---

49 〈中國回教協會北平分會關於教胞與牛羊業、驗業公會請求事項的呈文及市政府的批〉（1947年11月29日），北京市檔案局藏《北平行轅檔案》，J002-002-00379。
50 〈中國回教協會北平分會關於教胞與牛羊業、驗業公會請求事項的呈文及市政府的批〉（1947年12月11日），北京市檔案局藏《北平行轅檔案》，J002-002-00379。

> 來因迫於生計,教民十分之八九已感破產,倘因徵收綏靖特別捐稅牛羊來源中斷,再使牛羊業教民破產,影響所及於整個北平教民生活更形嚴重。[51]

昌平縣徵收的稅過多,已占羊價格的三分之一,且徵收嚴格,直接影響北平牛羊業者的生計,甚至於影響到整個北平漢語穆斯林社群的經濟。請願從國民政府主席北平行轅轉達到河北省政府財政廳。河北省政府做出了如下答覆:

> 值此非常時期,凡我商民皆當集中力量共濟時艱,不應因一時之擔負,而作其他之要求,且此項特捐係全省通案,並非昌平一縣徵收,關於徵收對象,亦非限於牛羊兩種,尚有其他牲畜包括在內,貴會為教胞領導機關不乏明達之士,務期一本互助精神盡力協助。[52]

1947年前後,華北與東北兩個地區受到中共解放軍的威脅,國民政府需要大量的軍費,有鑑於國共內戰的進展,河北省政府以拒絕撤除綏靖特別捐而告終。

---

51 〈中國回教協會北平分會關於教胞與牛羊業、驗業公會請求事項的呈文及市政府的批〉(1947年6月10日),北京市檔案局藏《北平行轅檔案》,J002-002-00379。
52 〈中國回教協會北平分會關於教胞與牛羊業、驗業公會請求事項的呈文及市政府的批〉(1947年7月16日),北京市檔案局藏《北平行轅檔案》,J002-002-00379。

第三節　漢語穆斯林社群領導人的政治活動

北平漢語穆斯林社群領導人除了請願之外，也以政治活動解決社群的各種問題，他們的政治舞臺是北平市參政會。

國民政府在 1947 年夏天正式公布地方級參議會選舉辦法，中國回教協會北平分會提名改滌生、唐易塵為北平市參議會參議員。他們於 1947 年 12 月 1 日參加北平市參議會，[53] 提案：

> 提請教育部扶持各地簡單學校以補助地方學校之不足籍免學齡兒童失學案
> 辦法：（一）各地成立之大中小學校，凡合於教育部規定者，應一律予以立案，切勿過事挑剔。（二）凡不合教育部規定小學私塾，應均改為私立簡易小學，以由當地教育機關予以立案，至於升學問題則由當地同等學校合併考試，合格者由考試之學校代發證書。（三）無論設備如何均應予以備案，倘有設備簡陋應加以指導，不得強迫解散。（四）簡易學校教職員一律與其他學校待遇平等。[54]

雖然北平市政府已經補助私立回民學校的經費，將私立回民學校與國民學校平等對待的提案仍在 1947 年 12 月召開的北平市參議會提出，這意味著北平市政府還沒有回應改滌生與唐易塵。

北平市政府消極應對教育問題，不只在北平漢語穆斯林社群

---

53 〈北平市參議會第一屆第一次大會會刊〉，收入孫燕京，《民國史料叢刊》，頁 13。
54 〈北平市參議會第一屆第一次大會會刊〉，頁 251。

中討論，也在整個北平市教育界發酵。在 1948 年 9 月召開的北平市參議會第一屆第四次大會上，教育局長王季高做了施政報告，指出教育局該年 6 月組織市民教育狀況調查委員會，並動員教育局體制內高級幹部等進行抽樣調查。他承認在兒童部分，在學生占總數的百分之四十九，而失學者占百分之五十一，而青年學生方面，在學生占總數的百分之四十二，失學者占百分之五十八。[55]

從北平漢語穆斯林社群領導層與北平市政府之間的互動而言，領導層希望北平市政府解決教育與牛羊業問題，但態度消極。雖然領導層的活動在解決教案上確實得到一定的成果，但牛羊業者的問題則有待解決。

然而，北平漢語穆斯林領導人的活動為何受阻？在國共內戰期間，國軍在東北展開戰鬥，卻節節敗退。隨著國共內戰的發展，內戰舞臺從東北轉移到華北，自中共解放軍於 1947 年 9 月在河北省石家莊成立革命委員會之後，便呈現解放軍包圍平津地區的狀態。[56] 國軍在軍事上相當不利，北平市政府對保衛北平城經費負擔過重，北平出版的《正論》期刊對此一問題進行評論：

> 地方負擔一天比一天加重了。先說北平城防費，原已籌到二千噸洋灰和三千多億現金了，下一期卻要五萬億，這在貧窮的地方上如何拿得出？剿總派到北平的馬乾費一百四十萬斤，給價一百億，但地方在八月份應額外代付的是一千八百億元。還有九月到十二月的馬草用八月份價格來計算，那要花到

55　〈北平市參議會第一屆第一次大會會刊〉，頁 251。
56　林桶法，《戰後中國的變局以國民黨為中心的探討》（臺北：臺灣商務印書館，2003），頁 149-170。

四千八百億元。如按現在價格計算,已然不夠了。結果只籌了六百億後,就再籌不出款來。……中央方面卻說,國防部也沒有這筆經費,對於城防費是沒有辦法。[57]

由此可見,在中共包圍平津地區下,北平市政府不得不撥出大量的軍事經費,無暇解決北平漢語穆斯林社群的問題,只能消極應對。

1949 年 1 月 31 日,中共「解放」北平,改稱為北京。中共回民工作的主要領導人為馬玉槐,1917 年出生在河北省任丘,1938 年加入中共,1949 年至 1958 年擔任北京市回民工作隊長。根據他的回憶,中共「解放」北平時,中共北平地下黨承擔回民工作,到牛街等漢語穆斯林社群召開座談會,吸收民眾的意見。1949 年 3 月,北京市回民工作隊肅清「回奸」,吸收支持中共民族政策與宗教政策的知識分子,之後北京市政府回民工作隊更名為回民工作委員會。1951 年,少數民族政治訓練班也在東四清真寺後院開辦,回民幹部在業餘時間上課,進行思想改造。該訓練班也在西單清真寺等地開辦,招收小商販、臨時工以及待業青年等。於 1953 年增辦文化班,學員逐漸增多,最多時達到一千多人。此外,中華人民共和國政府撥款修繕牛街清真寺與天橋清真寺。[58] 北京市回民工作隊(回民工作委員會)如何接管中國回教協會北平分會,又如何處理抗戰時期與日本合作或有國民

---

57 本刊特約記者,〈北方問題重重〉,《正論》,第 11 期(1948 年 11 月),頁 20。

58 馬玉槐著、宋傳信整理,〈回憶解放初期北京的民族工作〉(2014 年 9 月 20 日)北京哲學社會科學北京黨建研究基地官網:https://rcbpb.bac.gov.cn/dang/huiyi/beijing/detail-c43-aid325.html(點閱時間:2023 年 6 月 14 日)。

黨籍的漢語穆斯林知識分子，以及如何進行思想管制，[59] 這些問題皆有待調查。

第四節　小結

　　民國前期的北平漢語穆斯林社群整體是貧困的，他們有各行業的公會，但由於南京遷都與抗日戰爭爆發等政治因素，珠寶業等行業走入下坡。就北平漢語穆斯林社群的教育狀況而言，平均教育水準極低，雖牛街等教育狀況有很大的改善，但北平城郊區馬甸的教育與牛街相比相當落後，甚至未成立六年制回民學校，教育狀況因地區而有很大差距。

　　國民政府的伊斯蘭教政策是將各自為政的漢語穆斯林社團合併為全國性的中國回教協會，不允許擅自成立社團。北平市政府對社團的措施，表現在三個方面：第一，不允許成立名稱相似的社團，避免漢語穆斯林之間產生不必要的糾紛；第二，北平市政府將各個漢語穆斯林社團合併為同一個社團，有利於控制社群；第三，北平市政府不允許國民黨派系意識極強的漢語穆斯林社團成立。

　　北平漢語穆斯林社群領導人大部分畢業於大學本科；他們為珠寶業、麵食品業、牛羊業以及教育界等各行業的負責人，代表各行業的實際利益。這些領導人為了解決社群所面對的難題，以請願與參政的方式建立與北平市政府的關係。他們希望解決教

59　中共接管北平至中華人民共和國建國初期，中共對報紙等出版業進行審查，也以群眾運動對一貫道等宗教採取壓迫措施。洪長泰著、麥惠嫻譯，《染紅中國：中共建國初期的控制政治》（新北：聯經出版，2023），頁129-164。中華人民共和國建國以後的民族與宗教問題是一個雷區，雖然北京市檔案館在網路上公開中華人民共和國成立後的檔案目錄，但筆者估計查閱檔案的難度頗大。

案、教育與牛羊業者的問題,但因國共內戰的影響使得北平市政府消極應對,他們的活動遇到極大的障礙。

愈可平在探討當代中國公民社會興起的問題之際,說明民間社會對黨國體制的應對措施。他指出,民間團體既服從黨政機關又保持相當的獨立性。服從黨政機關主管部門的領導,既是強制性的規定,在一定程度上也是利益驅動。[60] 由此可見,民間社團以請願等手段請求政府部門解決本地居民切身問題。

對北平市政府與北平漢語穆斯林社群而言,政府積極介入社團的運作,治理北平漢語穆斯林社群,將上情下達,北平漢語穆斯林知識分子受到中國回教協會北平分會的領導,透過協會下情上達。因此中國回教協會北平分會可說是北平市政府與北平漢語穆斯林知識分子之間的橋樑。

---

60 俞可平,〈中國公民社會興起與其對治理的意義〉,收入陳祖為、梁文韜主編,《政治理論在中國》(香港:牛津大學出版社,2001),頁 326。

第七章　漢語穆斯林知識分子的外交活動

　　自古以來，中國與中東國家的交流不斷深化，伊斯蘭教傳入中國，中東與中亞的穆斯林來到中國定居，已定居在中國的穆斯林也透過行商以及到麥加朝覲與中東國家進行交流。[1]

　　19 世紀以後，中東國家與印度等穆斯林知識分子抵抗歐洲國家侵略，以伊斯蘭教的情誼團結穆斯林，提倡泛伊斯蘭主義；另一方面，他們為使伊斯蘭教適應現代潮流而展開伊斯蘭教革新運動，[2] 該運動主要表現在新式教育的引進、出版業的發展、伊斯蘭教教義的研讀以及《古蘭經》等經典的翻譯。受到革新運動影響的漢語穆斯林知識分子與他們接觸，開始在埃及推動伊斯蘭教文化交流，也在土耳其展開國情調查。

　　抗日戰爭全面爆發以後，漢語穆斯林知識分子的外交活動從伊斯蘭文化交流與國情調查，進展到謁見中東國家政治領袖與推動抗日宣傳。[3]

1　蘇良弼，《中阿關係史略》（臺北：五洲出版，1988），頁 43-124。
2　松本ますみ，《近現代中国の国民統合原理と中国イスラーム改革派の政治的諸関係についての歴史学的研究》，頁 6；陳曉虎，《回族與辛亥革命》（銀川：寧夏人民出版社，2011），頁 28-31。
3　Wan LEI, "The Chinese Islamic 'Goodwill Mission to the Middle East' During the Anti-Japanese War", *Divan: Disiplinlerarası Çalışmalar Dergisi*, Vol. 15, Iss. 29 (2010), pp. 133-170; Yufeng Mao, "A Muslim Vision for the Chinese Nation: Chinese Pilgrimage Missions to Mecca during World War II", *The Journal of Asian Studies*, Vol.70, Iss. 2 (2011), pp. 373-395; 宛磊，〈抗日戰爭時期的中國回教南洋訪問團〉，《馬來西亞華人研究學刊》，第 13 期（2010），頁 55-88；鄭月裡，〈理念與實踐：「中國回教近東訪問團」的形成與影響〉，收入樂景河與張俊義主編，《近代中國：文化與外交（下卷）》（北京：社會科學文獻出版社，2012），頁 958-972；平山光將，〈延續與斷裂——現代中國回民知識分子

中華民國政府與中東國家的關係相當薄弱，雙方的外交關係也不成熟，從保護東南亞華僑的權益來看，融洽東南亞穆斯林感情極為重要。因此，漢語穆斯林知識分子以及新疆突厥語系穆斯林知識分子與政府合作，以民間的身分展開國民外交。

　　前人研究從文化交流的角度探討漢語穆斯林知識分子的國際交流、接受埃及等國之伊斯蘭教學等，本章則探討埃及之外其他漢語穆斯林知識分子的活動以及他們國際活動的看法。第四章至第六章已指出他們的政治活動與政教關係，第七章與第八章進一步討論1930年代至抗日戰爭時期的漢語穆斯林知識分子與新疆突厥語系穆斯林知識分子的國際活動。

　　透過《月華》、刊載居住在土耳其漢語穆斯林知識分子文章的《晨熹》、中國回教救國協會出版的《中國回教救國協會會刊》以及政府相關的檔案史料等，以探討他們與中東國家的交往、對他們交流情況的批判以及國際活動的概況。

　　首先理解中國各地新式伊斯蘭教學校派遣學生到埃及留學、成達師範學校與埃及之間的文化交流、漢語穆斯林知識分子對土耳其的國情調查，之後討論抗日戰爭爆發以後中國回教救國協會領導的國際活動，尤其是活動方針與國民外交。

的國民外交〉，《民族學界》，第34期（2014年10月），頁105-132；包修平，〈中日戰爭與回民國民外交（1937-1941）〉，《日本の皇民化政策と対日ムスリム協力者の記憶——植民地経験の多声の民族誌》，澤井充生，平成29-31年度科學研究補助金基盤研究(C)研究成果報告書，2020年3月，頁118-136。

第一節　國際活動

漢語穆斯林知識分子一方面革新伊斯蘭教，接受中東國家穆斯林提倡的伊斯蘭教革新思想，一方面通過居住在土耳其的漢語穆斯林，了解土耳其的國家建設過程，並於中國國家建設上學以致用。

（一）赴埃留學

19世紀以後，隨著交通運輸以及通信發展，到麥加朝覲或與國外穆斯林的交往更加方便，埃及等中東國家產生的伊斯蘭革新思想也從西非傳播到中國。[4]

就國際活動而言，雲南的馬德新於1841年到麥加朝覲及與國外穆斯林進行交流，將伊斯蘭教革新思想帶回中國；[5] 北京的王寬訪問埃及與土耳其，傳遞了埃及伊斯蘭教革新學者穆罕默德‧阿布都（Muhammad 'Abduh）的思想。[6] 漢語穆斯林知識分子開始關注埃及的伊斯蘭教革新運動，尤其是艾資哈爾大學，並深造阿拉伯語與伊斯蘭教學等專業。

艾資哈爾大學成立於970年，主要教授伊斯蘭教學，廣收中

4　James L. Gelvin, Nile Green, *Global Muslims in the Age of Steam and Print* (Los Angels: University of Californa, 2014), pp. 1-22. 中國與埃及等中東兩個地區知識分子互相瞭解國情，康有為因戊戌維新失敗後逃亡國外，有一段時間停留在埃及，記錄了埃及的國情；埃及媒體工作者透過如李希霍芬（Ferdinand Paul Wilhelm Freiherr von Richthofen）等西方漢學家的文章介紹中國的國情。Shuang Wen, "Mediated Imaginations: Chinese-Arab Connection in the Late Nineteenth Early Twentieth Centuries", Ph.D. dissertation (Georgetown University, 2015), pp. 41-79.

5　中西竜也，〈馬德新とイブン・アラビーの来世論：19世紀中国ムスリムの思想変相〉，《西南アジア研究》，第86號（2017年3月），頁56-57。

6　Zvi Ben-Dor Benite, "Taking 'Abduh to China: Chinse-Egyptian Intellectual Contract in the Early Twentieth Century", James L. Gelvin, Nile Green eds, *Global Muslims in the Age of Steam and Print*, pp. 227-249.

東及非洲的留學生。鄂圖曼帝國埃及總督穆罕默德・阿里帕夏（Mehmet Ali Pasha）推動歐洲式的軍事以及教育改革，建立實業學校。艾資哈爾大學受到實業學校崛起的挑戰，不得不進行教學改革，以適應時代潮流。穆罕默德・阿布都原先是媒體工作者，進入該校以後，開始提倡伊斯蘭教革新與泛伊斯蘭主義。[7]

成達師範學校、上海伊斯蘭師範學校與雲南明德中學等新式學校在中國各地建立，進行阿拉伯語與伊斯蘭教學，也與國外的伊斯蘭教革新學者建立關係。1930 年代初期，中國各地伊斯蘭學校開始將學生保送到艾資哈爾大學。雲南明德中學的沙國珍積極與艾資哈爾大學進行交流，其他學校也共同派遣學生前往。到 1938 年為止，共派出六屆中國留學團，中華人民共和國建國前後擔任高校阿拉伯語教師的馬堅、馬金鵬、劉麒瑞以及 1949 年後承擔中華民國中東外交的定中明、擔任臺北清真寺阿訇的王世明等人皆曾赴艾資哈爾大學留學，並成立艾資哈爾大學中國留學生會。[8] 他們留學資金來源是各學校董事以及社會賢達的捐助，比如馬君圖以及馬鴻逵等人捐款給成達師範學校。[9]

---

[7] Indira Falk Gesink, *Islamic Reform and Conservatism; Al-Azhar and the Evolution of Modern Sunni Islam* (New York: I. B. Tauris, 2009), pp. 9-236.

[8] 馬博忠、納家瑞、李建工，《歷程：民國留埃回族學生派遣史研究》（銀川：寧夏人民出版社，2011），頁 1-6；Wlodzimierz Cieciura, "Bringing China and Islam Closer: The First Chinese Azharites", *Middle East Institute "All about China"* (2015), pp. 1-6.

[9] 馬博忠，〈他們不應該被遺忘──留埃回族學生派遣資金問題初探〉，收入《歷程：民國留埃回族學生派遣史研究》，頁 107-111。

第七章　漢語穆斯林知識分子的外交活動 | 171

留埃學生之派遣，後排立者由右而左分別為：金殿桂、王世明、韓洪魁、馬金鵬、張秉鐸，前排坐者為馬松亭，《禹貢》，1936 年第 5 卷第 11 期

　　留學艾資哈爾大學最為代表的人物是龐士謙。1902 年出生在河南省焦作縣，幼年時進入私塾，習讀《三字經》等書籍以及四書。辛亥革命以後，他改讀商務印書館出版的共和教科書。後來，他在洛陽向丁繼高阿訇學習古蘭經，[10] 在經堂教育深受新教的影響，[11] 新教別稱伊赫瓦尼（Ikhwan），是由 1886 年甘肅省東鄉族馬萬福受到沙烏地阿拉伯瓦哈比運動的影響，回國後為革除舊習，提倡伊斯蘭教革新運動所創立之學派。龐士謙到了開封、太原，後在鄭州成立伊赫瓦尼研究社，設立一所小學與研究班，受到馬松亭的邀請離開鄭州到北平成達師範學校。[12] 1938 年 3 月 23 日，他擔任成達師範學校教員率領學生抵達艾資哈爾大學，於 1940 年獲聘為艾資哈爾大學的中國文化講座講師，講授中文與中國文化。[13] 龐士謙逗留在埃及期間，撰寫《中國與回教》的阿拉伯語書籍，與穆斯林兄弟會（Muslim Brotherhood）

10　龐士謙，《埃及九年》（北京：中國伊斯蘭教協會，1988），頁 67-68。
11　《埃及九年》，頁 104-106。
12　《埃及九年》，頁 86-87。
13　《埃及九年》，頁 31。

建立密切的關係。[14] 穆斯林兄弟會成立在 1928 年，領導人哈桑・班納（Hassan al-Banna）受到伊斯蘭教革新運動的影響，推動社會運動，抵抗殖民地主義。[15] 龐士謙於 1946 年回到中國。

（二）成達師範學校與埃及的文化交流

成達師範學校讓畢業生到艾資哈爾大學留學，其核心人物是馬松亭，他於 1933 年率領王世明等五位畢業生前往艾資哈爾大學。

馬松亭在埃及期間謁見埃及福德國王（Fuad I）等政界重要人物，締結中埃兩國民間文化交流協定：既派艾資哈爾大學博士到成達師範學校，[16] 又贈送成達師範學校圖書館《古蘭經》與阿拉伯語書籍。

---

14 《埃及九年》，頁 77。John T. Chen, "Re-Orientation: The Chinese Azharites between Umma and Third World, 1938-55", *Comparative Studies of South Asia, Africa and Middle East*, Vol. 34, Iss. 1 (2014), pp. 24-51.

15 橫田貴之，《現代エジプトにおけるイスラームと大衆運動》（京都：ナカニシヤ出版，2006），頁 32-82。

16 〈中山公園歡迎會主席團代表致詞〉，《月華》，第 5 卷第 25 期（1933 年 9 月），頁 12-13。

第七章　漢語穆斯林知識分子的外交活動 | 173

成達師範學校大門，《月華》，1932 年第 4 卷第 19-21 期

成達師範學校建築中之福德圖書館，《禹貢》，1936 年第 5 卷第 11 期

新建成的福德圖書館，《北晨畫刊》，1936 年第 10 卷第 2 期

埃及國王贈送成達師範學校書籍之一部,《北晨畫刊》, 1936 年第 10 卷第 2 期

　　埃及政府於 1933 年 9 月派艾資哈爾大學教授賽義德‧穆罕默德‧達理（Said Muhammad Dali，以下簡稱達理）與穆罕默德‧伊伯拉欣‧福力腓樂（MuhammadIbrahim Fulayfil，以下簡稱福力腓樂）到成達師範學校擔任阿拉伯語兼伊斯蘭教學教授。成達師範學校在北平中山公園邀請兩位埃及博士舉辦交流會與演講會，北平穆斯林社團也有參加，參加人數達到四千多人。[17] 達理在演講中強調來中國的目的是推動中埃兩國的文化交流。[18] 福力腓樂在成達師範學校教書時，自編《阿拉伯語學生簡明語法》，讓學生容易瞭解阿拉伯語語法，獲得學生的好評。[19]

17　〈平市回民各團體歡迎埃及二博士〉,《月華》, 第 5 卷第 25 期, 頁 23-24。
18　〈達理博士在中山公園歡迎大會席上之講演詞〉,《月華》, 第 5 卷第 25 期, 頁 18-19。
19　馬保全,〈現代來華阿拉伯語教師的歷史貢獻〉,《跨文化對話》, 第 45 輯（2022）, 頁 177-182。

第七章　漢語穆斯林知識分子的外交活動 | 175

中山公園歡迎埃及二位
博士大會，《月華》，
第 5 卷第 25 期

達理、福力腓樂來華攝於馬連
良宅。右起：達理、馬連良、
福力腓樂，《圖畫周刊》，
1934 年第 3 卷第 11 期

1935年福德國王逝世，由法魯克國王（Farouk）即位，成達師範學校期望與埃及持續文化交流，讓馬松亭謁見法魯克國王；並為增加福德圖書館的藏書量而會見埃及政府官員。[20]

　　1936年9月，成達師範學校為紀念福德國王而建立的福德圖書館，得到埃及政府的支持，但阿拉伯語及伊斯蘭教學等方面的書籍仍然不足。因此學校重新派馬松亭到埃及，並成立福德圖書館籌備委員會，在購買阿拉伯語書籍一事上也得到陶希聖與陳垣等漢族歷史學者的協助。[21]

（三）在土耳其的活動

　　漢語穆斯林知識分子關注凱末爾的土耳其革命，也學習土耳其國家建設的經驗，代表人物是馬宏道與其弟馬明道[22]以及居住在安哥拉的迪心。

　　馬宏道曾於1922年隨同著名阿訇王靜齋到艾資哈爾大學學習伊斯蘭教學，也到麥加朝覲過，之後隻身前往伊斯坦堡大學哲學系留學，攻讀伊斯蘭哲學。筆者在第二章已探討馬宏道入職國民政府的經過，1935年中國與土耳其建交，國民政府參謀本部賀耀組擔任土耳其公使時，馬宏道擔任其秘書前往土耳其。馬明道也隨同一行，他進入安哥拉大學法學院，之後轉到土耳其陸軍步兵學校，畢業後進入土耳其陸軍。馬明道回到中國之後，進入

20　馬湘，〈馬松亭阿衡二次赴埃〉，《月華》，第8卷第28期（1936年10月），頁1。
21　克行，〈福德圖書館建設始末記〉，《月華》，第8卷第28期，頁10-11。
22　馬明道與馬宏道的經歷與相關人士的回憶，詳見馬希桂編，《馬明道阿訇紀念文集》（香港：藍月出版社，2011年）。筆者於2013年11月9日在臺北清真寺馬明道之子馬希哲先生介紹下認識馬希桂先生，馬希桂先生贈送筆者該書，向兩位由衷致謝。

國民政府,相繼在駐約旦與駐土耳其使館擔任使館武官。[23]

馬宏道邀請赴麥加朝覲的新疆突厥語系穆斯林到駐土耳其使館舉辦歡迎儀式。[24] 他在土耳其的活動只接待新疆突厥語系穆斯林,筆者認為他似乎專心研究土耳其國情,他也關注土耳其革命後的國民教育,集中探討黨化教育:

> 土耳其共和政府對其青年,亦實施黨化教育,以國民黨的黨義,灌輸各級學生,養成護黨衛國的觀念。政府於實施黨化教育,雖無明文規定,然一九三三年伊斯坦堡大學改組後,特添設「土耳其革命研究所」隸屬於大學之文學院;全國大中小學遂亦添設黨義課程;大學之黨義課程,每週一小時,由土耳其革命研究所的講師任教,學年考試時以黨義為首試課目,不及格者,不得參加其餘課目之考試。[25]

馬宏道學習土耳其黨化教育的經驗,將其應用到中國國民黨的黨化教育。他強調實施政教分離,也認為土耳其的政教分離不利團結伊拉克等中東國家,而提出與伊斯蘭教和諧的方法:

> 把回教教法儀節,刪繁就簡,去腐增新,引用回教精神,擴張回教徒美德,參以民族國家思想,建立新回教。換一句話說,就是放棄泛回教主義,建立民族的回教,再圖結合回教的各民

---

23 賈福康,《臺灣回教史》,頁 168-169。
24 明道,〈新疆人口中的新疆〉,《晨熹》,第 2 卷第 4 期(1936 年 4 月),頁 28。
25 馬宏道,〈戰後土耳其教育上的改革〉,《晨熹》,第 3 卷第 2 期(1937 年 2 月),頁 20。

族,如是,政與教乃能得到相互發揮的善果。[26]

馬宏道表示,解決政教分離與振興伊斯蘭教的方法是放棄泛伊斯蘭主義,他的看法與其他漢語穆斯林知識分子有極大的不同:成達師範學校等部分漢語穆斯林知識分子提倡泛伊斯蘭主義,[27] 而馬宏道提倡具有民族與國家背景的伊斯蘭教。

筆名「迪心」與馬宏道、馬明道兄弟同一時期居住在土耳其,討論土耳其青年的健康素質從革命以後有所提升的原因:

> 土耳其是施行徵兵制的國家,各個男子皆有服兵役的義務,無論階級的高低,職業的分別,在十八歲以後,皆要在十八個月的兵役期內受軍事訓練;學生們是每年暑假集中露營訓練。受過這樣鐵的鍛鍊之後的青年,不合衛生的習慣,得以矯正,體力較弱者,亦可轉為健壯。……在土耳其的城市及鄉間沒有那些毒窟、賭場、妓館、舞廳等,耗青年的精力,摧青年的志氣之罪惡淵藪;他們的生活是枯澀的,但只以坐咖啡館,下棋之類作消遣,酒館之設,尚是最近幾年的事,所以在消極方面講,社會上沒有像中國那樣多的摧殘青年體質的組織及風氣。……土耳其青年的體育,雖經政府竭力提倡,目下尚未能十分發達,舉凡體育人才的培養,運動場所之普遍設立,以及公共衛生事業,皆距理想尚遠。但是他們青年以優良的先天秉賦,以及兵役期的鍛鍊,加以社會風尚的好武,在將來一定會

---

26 明道,〈土耳其的回教〉,《晨熹》,第 3 卷第 4 期(1937 年 4 月),頁 25。
27 王夢揚,〈向世界伊斯蘭教大會進數語〉,《月華》,第 3 卷第 32 期(1931 年 11 月),頁 1-2。

有很好的進步。[28]

迪心強調土耳其青年健康素質有所提升的原因是徵兵制度與改良社會風俗。無法得知迪心與馬宏道、馬明道兄弟的社交網絡，推測居住在安哥拉的漢語穆斯林知識分子間有一定的社交網絡。

由此可見，漢語穆斯林知識分子在推動國際文化交流之際，也有部分人不一定認同他們的活動。

（四）部分漢語穆斯林知識分子的批判

誠如第二章所言，賀耀組等部分國民政府官員因為泛伊斯蘭主義違背國家利益，對成達師範學校的國際文化交流活動感到不滿。中國回族青年會的部分成員也認為馬宏道在宣慰時宣傳土耳其的復興，不重視漢語穆斯林社群的現實，有極大的反感。不只北平的楊德元批評馬松亭在埃及境內的活動與言論，在漢語穆斯林知識分子社交網絡中也有謠傳，馬鴻逵因不滿馬松亭訪問埃及而請辭成達師範學校董事。雖然辭職一事並非事實，但馬鴻逵呈請國民政府不讓該校傾向泛伊斯蘭主義。在天津，當地漢語穆斯林知識分子認為這個謠言來自孫繩武，然而楊德元否定這種說法。[29] 筆者認為謠言源自對成達師範學校與埃及文化交流不滿的漢語穆斯林知識分子。

也有其他對成達師範學校的國際活動批判者，南京筆名「一

---

28 迪心，〈土耳其青年的體質〉，《晨熹》，第3卷第5期（1937年5月），頁35-36。
29 楊德元，〈我對於馬松亭阿衡赴埃之見聞與感想〉，《晨熹》，第3卷第4期（1937年4月），頁4-5。

萍」的言論：

> 我們非常敬佩他們這樣熱忱；不過，他們沒看清目前的環境，他們沒抓住時代的要求，他們所做的文化運動，祇是抓幾個留學生，開個圖書館，就以為是做了文化運動了。留學生盡管是求到滿腹的文化而歸，圖書館裏盡管是裝滿了文化書籍；然而這能救濟回教文化的低落嗎？這能算作回教的文化運動嗎？這與我們回民大眾又有什麼關係？再進一步說，阿拉伯、埃及、土耳其等等他們雖都是回教的國家（至少回教人佔大多數），但是他們的文化都與我們的文化不同的。阿拉伯人有阿拉伯人的文化，埃及人有埃及人的文化，土耳其人有土耳其人的文化，我們有我們的文化，別一個民族的文化，放到另一個民族上不能完全相合。[30]

一面強調漢語穆斯林與國外穆斯林團結，共同打擊國外的威脅，一面指出成達師範學校與埃及的文化交流不符合穆斯林社群的現實，指出圖書館與文化運動者，分別是福德圖書館與馬松亭。「沙澤田」也提出如下的看法：

> 回教徒是有人利用時機向政府建議派遣中國回教徒去埃及和土耳其留學。我們去埃及和土耳其學什麼？學宗教嗎？提議的人可向曾留土的學生去打聽一下，那裡的政治與宗教的輕重的程度，是不是仍像顎托曼帝國時代的情形，或是恰好相反！我們

---

30 一萍，〈中國回教的文化運動〉，《晨熹》，第3卷第6期（1937年6月），頁22-25。

常聽到埃及現正掙扎著作反抗帝國主義以自救的運動,我們派遣赴埃的學生是去學那過去的文化,還是去參觀青年們的示威運動?[31]

認為解決社群的問題必須提高教育水平,中國伊斯蘭教革新的目的不是邀請埃及教授到成達師範學校,也不是增加阿拉伯語書籍,更不是調查土耳其國情,但他們也未提出能夠取代中東國家伊斯蘭教革新的新思想。即便如此,在這些紛擾下,成達師範學校仍於1938年派法魯克埃及留學學生團到艾資哈爾大學。[32]

第二節　中國回教救國協會的國民外交

抗日戰爭前漢語穆斯林知識分子的國際活動猶如一盤散沙,然而抗日戰爭後他們的國際活動得到政府的補助,被納入到「國家體制」。本節將探討中國回教救國協會派訪問團到東南亞及中東等各地區的背景以及其目的。

(一)中國回教救國協會與其外交方針

中國回教救國協會成立於1938年,也提出為促進與中東國家交流的外交方針:

以中國回胞之立場,進而與世界回教共謀宗教本身之發展,以中華民國之立場,本諸三民主義,履行扶植弱小民族之神聖義

---

31 沙澤田,〈我們需要一種文化運動嗎?〉,《晨熹》,第3卷第5期(1937年5月),頁18。
32 〈法魯克留埃學生團抵開羅〉,《月華》,第10卷第3期(1938年4月),頁8。

務，與夫聯絡世界上以平等待我之民族，共同奮鬥，更求樹立與日本「回教利用政策」之對策，以遏止其西進之野心，基于上述各觀點觀察，胥有與世界回教國家亟謀密切聯絡之必要，際此非常時期，更須由我教胞協助政府以國民外交之方式，設法推進世界各回教國家之聯絡。[33]

他們國際活動的是為了對抗日本的回教政策，並與世界穆斯林團結。日本的回教政策已在日軍佔領的中國各地區展開，華北地區有中國回教總聯合會、蒙疆也有西北回教聯合會、滿洲國也有滿洲回教協會等社團。[34] 1939年日本與伊朗締結日本伊朗修交條約，成立了日本伊朗協會。[35] 中國回教救國協會發表國際活動的方針：與埃及回教青年聯絡、成立中埃文化協會中國分會、派遣中國留學生、利用朝覲機會為世界回教之聯絡、宣傳，以及速設吉達領事館等各方面。[36]

中國回教救國協會試圖加強與埃及等中東國家的關係，並透過派留學生到中東國家及派遣麥加朝觀團展開抗日宣傳。國際活動延續成達師範學校的活動，但成達師範學校與埃及的交流側重

---

33 〈聯絡回教世界計劃大綱草案〉，《中國回教救國協會會刊》，第1卷第2期（1939年2月），頁22。
34 松長昭，〈東京回教団長クルバンガリーの追放とイスラーム政策の展開〉，收入坂本勉編《日中戦争とイスラーム 満蒙・アジア地域における統治・懐柔政策》（東京：慶應義塾大學出版會，2008），頁179-224；山﨑典子，〈日中戦争期の中国ムスリム社会における「親日派」ムスリムに関する一考察—中国回教総連合会の唐易塵を中心に—〉，《中國研究月報》，第65卷第9號（2011年9月），頁1-19；Kelly A. Hammond, *China's Muslims and Japan's Empire: Centering Islam in World War II* (Chapel Hill: University of North Carolina Press, 2020), pp. 109-144.
35 小村不二男，《日本イスラーム史》（東京：日本イスラーム友好連盟，1988），頁102。
36 〈聯絡回教世界計劃大綱草案〉，頁22-23。

文化領域，該協會則側重外交活動。他們派遣訪問團，讓國外穆斯林瞭解中國穆斯林的情況，也爭取他們對中方的支持；另一方面，他們為抵制日軍侵入新加坡與馬來亞，不得不關注東南亞穆斯林。因此，可以說中國回教救國協會此時配合國民政府推動國民外交，協助世界穆斯林的發展。[37]

（二）國民政府的國民外交

賈中福認為國民外交是為了捍衛國家主權與國家利益而援助政府的外交活動，也是國家之間的民間外交。[38] 國民外交起源於1905年，清朝與美國的關稅談判決裂，中國總商會呼籲國民杯葛美國產品，給美國政府與清朝壓力。[39] 為了解決這起事件，中美兩國總商會進行互訪，處理移民問題，推動國民外交。[40]

中華民國成立後，國民外交進入新的階段：1919年，中國總商會成立國民外交協會，為反對華盛頓會議提出的各國共同管理中國，展開遊說活動。之後，國民政府繼承北京政府時期的國民外交活動。

應對九一八事變之後的國際趨勢，國民外交協會會員周星榁討論活動方針：

> 欲救此垂危之事局，非使人民一致愛國救國無他途。且非促進國民外交不可。研究外交學術及籌外策略，宣傳外交常識，喚

---

37 樋谷賢三郎，〈蘭印の華僑と回教徒〉，《月刊　回教圈》，第5卷第8號（1941年8月），頁31。
38 賈中福，《中美商人團體與近代國民外交（1905-1927）》（北京：中國社會科學出版社，2008），頁9。
39 賈中福，《中美商人團體與近代國民外交（1905-1927）》，第1、2章。
40 賈中福，《中美商人團體與近代國民外交（1905-1927）》，第3、4章。

起垂危之民眾，以為愛國救國之謀，以保吾領土主權，更進而聯絡世界各民族，共同抵禦帝國主義之侵略，此之謂吾國現時之國民外交。[41]

認為國民外交的目的是對抗國外勢力的侵略，展開有關外交的研究活動與啟蒙活動。

留學日本的藝術考古學者常任俠談到國民外交應具有文化外交的因素：政府在展開外交活動之際陪同對方國的專家，其中包含哲學與歷史學等具有專業知識者。國家外交協會會員張德流也提倡天主教界與佛教界的國民外交。[42]

南京教區的大司鐸于斌於 1937 年受到蔣介石的任命，對梵諦岡進行國民外交，國民政府雖與梵蒂岡建立準外交關係，但滿洲國也與他們建立邦交。于斌相繼在 1937 年與 1939 年與歐洲與美國進行國民外交，至梵諦岡謁見庇護十一世（Pius XI）與十二世（Pius XII），會談的內容是與滿洲國斷交以及與國民政府正式建交。[43]

中國佛教界革新派知識分子太虛法師與國民政府關係密切，也展開屬於佛教界的國民外交。太虛法師強調應爭取印度與緬甸等的支持，國民政府遂於 1939 年 12 月派他到緬甸仰光，並前往印度訪問，與甘地等印度國民會議派領導人討論抗日。[44]

---

41 周星楷，〈國民外交之意義〉，《國民外交特刊》（1932 年 9 月），頁 27-30。
42 張德流，〈現代國民外交論〉，《外交季刊》，第 1 卷第 2 期（1940 年 1 月），頁 137。
43 陳方中、江國雄，《中梵外交關係史》（臺北：臺灣商務印書館，2003），頁 142-184。
44 學愚，《佛教、暴力與民族主義：抗日戰爭時期的中國佛教》（香港：香港中文大學出版社，2011），頁 174-186；侯坤宏，《太虛時代：多維視角下的民國佛教》（臺北：政大出版社，2018），頁 431-461。

就知識分子對國民外交的看法以及活動而言,國民外交在表面上由宗教領袖等民間人士或非外交人員處理國際問題;但實際上,國民政府是間接控制了他們的國民外交。

第三節　中國回教救國協會各外交訪問團的活動

在中國回教救國協會展開之前,國民外交偏重於歐美及東南亞,並不重視其他地區。因此,中國回教救國協會為了填補政府國民外交的空隙,而對穆斯林聚集的中東地區展開國民外交,並成立外交訪問團。

根據協會理事孫繩武的說法,協會首次派遣的訪問團是於1937年12月由達浦生組建,目的是參加埃及法魯克國王的婚禮。[45] 達浦生在埃及訪問期間向埃及政府及國民用阿拉伯語發表〈告世界回教同胞書〉,展開抗日宣傳。如前所述,中國回教救國協會於1938年1月首次公開對外活動的方針,而達浦生成立埃及訪問團是在此之前,這意味著其實早在1937年該會的對外活動方針即已奠定。

(一) 中國回教近東訪問團

中國回教救國協會分別組成中國回教近東訪問團及中國回教南洋訪問團。[46] 由王曾善、馬天英以及張兆理成立的中國回教近東訪問團,1938年1月中旬從重慶出發,並在出發時發表宣言,

---

45　孫繩武,〈抗戰以來回教同胞的國民外交〉,《外交季刊》,第1卷第2期（1940年1月）,頁141。
46　孫繩武,〈抗戰以來回教同胞的國民外交〉,頁141、144。

經過香港、西貢、新加坡、吉隆坡、孟買抵達麥加。

宣言中嚴詞批評川村狂堂等日本穆斯林加入日本回教政策的行列,也陳述對抗日本在中東國家所展開的回教政策,因此派遣中國回教近東訪問團。[47] 他們在赴麥加朝覲途中宣傳抗戰戰況,他們用翻譯成阿拉伯語、土耳其語及英語的傳單,宣稱:

> 親愛的「穆思林」弟兄們:
> 本團代表全中國的「穆思林」,向你們說「賽倆目」!……本團便是受全中國回民各團體的推舉,到世界各回教的區域裏來訪問。日本侵略中國的事實,他的罪惡已傳徧世界了!……最可痛心的,中國各地的回民們,尤其是在北部,已然受到日本的宰割與威脅。……有志的青年們差不多都已逃出樊籠,作神聖抗戰的工作。老而不能行的,被他們羈絆著,強制其參加傀儡的回教組織,而為奴隸回民的工具。事實告訴我們,多數的禮拜寺,與回教學校除被其焚燬,變成焦土主外,都為日軍所佔領,改作日本的軍營,使回民無處禮拜,子弟不能就學。日本的文字已然代替了回文。所有回民種種固有組織均被破壞,回民的一切一切,都受著強烈的干涉。……最可慶幸的,協助蔣委員長指揮全國軍隊作戰的副總參謀長烏瑪爾白崇禧將軍,是光榮的回教人物。[48]

向全世界穆斯林強調日軍的殘忍,並讚美蔣介石及白崇禧,

---

47 中國回教近東訪問團編,《中國回教近東訪問團日記》(重慶:中國文化服務社,1943),頁 4-5。
48 〈中國回教近東訪問團敬告世界回教友〉,《中國回教救國協會會刊》,第 1 卷第 8 期(1940 年 2 月),頁 21-22。

主張漢語穆斯林參加抗戰具有正當性。傳單中提到「所有回民種種固有組織被破壞，回民的一切，都受著強烈的干涉」，是指日軍佔領下的穆斯林社團被強制編入中國回教總聯合會及滿洲回教協會。根據日本的檔案史料，日本政府已透過成都中央通信社的國際新聞得知中國回教近東訪問團前往中東國家。[49]

訪問團到沙烏地阿拉伯，謁見國王兩次，國王聆聽抗日戰爭戰況。與當地政府官員見面，官員建議訪問團兩點：第一、中國與沙烏地阿拉伯兩國加強外交關係；第二、沙烏地阿拉伯抵制日貨。[50] 訪問團從沙烏地阿拉伯到土耳其的海路上，遇到鈴木剛等三位日本穆斯林，鈴木剛到麥加朝觀之後，也前往土耳其。紀錄顯示他們到麥加朝觀以後，應沙烏地阿拉伯財政大臣的邀請參加宴會，中國回教近東訪問團亦出席了這個聚會，在進行宣傳時卻遭到鈴木的阻擾。鈴木還表示他與來自世界各國的穆斯林會晤，宴會後半部分的主題都圍繞著日本伊斯蘭教。[51] 假如鈴木剛的說法正確，日本的回教工作似乎在沙烏地阿拉伯取得一定的成果，而中國回教近東訪問團的宣傳成效不彰。[52]

中國回教近東訪問團在旅途中寄給國民政府一份報告書，提倡團結旅阿回民，到麥加朝觀而留居在當地的漢語穆斯林約一百多人，以及新疆突厥語系穆斯林約六千多人，都相當關心訪問團，尤其是受到金樹仁與盛世才暴政逃亡沙烏地阿拉伯者甚多，

---

49 「成都中央通信社國際放送」JACAR Ref. A03024405700，各種情報資料‧內閣情報部情報（國立公文書館）。
50 孫繩武，〈抗戰以來回教同胞的國民外交〉，頁 142。
51 鈴木剛，〈聖地メッカ巡礼〉，《回教世界》，第 2 卷第 7 期（1940），頁 95-96；平山光將，〈延續與斷裂－現代中國回民知識分子的國民外交〉，頁 112-116。
52 平山光將，〈延續與斷裂－現代中國回民知識分子的國民外交〉，頁 112-116。

因此訪問團會見曾任師長的瑪賀木德以及曾任河闐行政長的穆哈莫德尼牙子,並宣示中央政府重視民族平等。對抗日本的宣傳部分,因為日本利用反新疆省政府情緒與反共主義煽惑新疆獨立,故鈴木剛不但對近東國家的宣傳頗有成效,也取得新疆突厥語系穆斯林的同情。此外,訪問團要求沙烏地阿拉伯抵制日貨,但物美廉價的日貨受當地居民的青睞,使他們感到頗為痛心。[53]

中國回教近東訪問團在埃及謁見法魯克一世、埃及首相及教育部部長,宣傳抗日,並參加世界反侵略大會埃及分會會議。訪問團繼埃及之後,於1938年7月2日訪問印度孟買,會見全印度穆斯林同盟的真納議長。

結束訪問印度,前往土耳其,訪問團內的張兆理曾目睹日本在土耳其的宣傳情形:

> 一九三八年十月裏,在土京安格拉的《Ulus》烏路斯日報忽然出現了一段文字,就是「國際騙子的中國回教近東訪問團將到土耳其」,內中盡是些反宣傳的話。但是我們不曉得這個消息,等到我們向駐埃土使要求簽護照,竟被土使拒絕,當時還很覺詫異。後來到了土耳其,才明白這原來受了駐土日本使館特務人員在安格拉散佈的謠言。[54]

儘管日本干擾中國回教近東訪問團的行程,但他們仍謁見土耳其外交部部長進行抗日宣傳,訪問團並於1939年2月返回重

---

53 〈中國回教近東訪問團報告〉(1938年4月20日),國史館藏《內政部檔案》,典藏號:026-010900-0535。
54 張兆理,〈土耳其訪問追記〉,《外交季刊》,第1卷第3期(1940年5月),頁131。

慶。由此可見,中國回教近東訪問團的活動始終是與中東國家領袖往來、保護新疆突厥語系穆斯林的權益以及抗日宣傳。他們的報告中承認日本方面的阻力頗大,無法獲得令人滿意的成果。

(二)中國回教南洋訪問團

中國回教南洋訪問團是為抵制日本的東南亞回教政策而成立,以馬天英為團長,於1939年9月從重慶出發,抵達香港,在港期間受到香港穆斯林社團博愛社以及印度穆斯林社團穆友社的接待。[55] 馬天英於9月22日的主麻日得到香港清真寺印度籍阿訇的協助,複印抗戰傳單,以及蔣介石、白崇禧的照片,分發給香港穆斯林,並呼籲他們捐款、藥費給抗戰難民。根據中國回教救國協會的報導,香港穆斯林實業家楊華章捐款200元、香港藥局玲昌寶號捐款200元,獲得的捐款不算太多,約1,100元。[56]

訪問團停留在香港兩個月,於1939年12月4日離開,之後抵達新加坡,受到華僑實業家胡文虎等著名人士的歡迎,胡文虎宣布捐送給中國回教救國協會戰時藥品。訪問團向新加坡及馬來西亞華僑宣傳抗日,並成立中馬文化協會。[57]

訪問團於1941年3月抵達吉隆坡,應中華大會堂建設委員會的邀請,團長馬天英向當地200位商人展開抗日宣傳。吉隆坡華僑陳永捐款給中國回教救國協會10萬元。他們還訪問位於馬

---

55 Barbara-Sue White, *Turbans and Traders: Hong Kong's Indian Communities* (Hong Kong: Oxford University Press, 1994), pp. 59-77.
56 〈本會特派南洋訪問團抵港〉,《中國回教救國協會會刊》,第1卷第2期(1939年10月),頁41。
57 〈中馬文化協會在新成立〉,《中國回教救國協會會刊》,第1卷第11期(1940年3月),頁25。

來半島南部的柔佛王國,受到該王國總理等政治領袖的接待,[58] 離開柔佛王國之後本打算訪問印尼,但無法得到其宗主國荷蘭的滯留許可,最後於 1942 年 2 月 21 日返回重慶。

馬天英向中國回教救國協會及理事長白崇禧報告成果:

> 此次天英等奉命組織南洋訪問團,南下訪問僑胞及馬來教胞,自香港出發起至返回香港止,共用去十三個月,歷訪馬來聯邦馬來屬邦海峽殖民地等十二個單位,及英屬婆羅洲四個單位,受到各地大小埠頭一百四十七處的正式招待,講演約五百次,聽眾連同中外不下三十萬。[59]

從他的報告可以看到,訪問團的目的是得到東南亞華僑及當地穆斯林的協助來爭取捐款。

(三)兩個訪問團的特點及其意義

兩個訪問團在宣傳中國伊斯蘭教及抗戰上具有共同點,然而雙方的活動具有兩個差異。

第一、中國回教近東訪問團進行抗日宣傳,並不強調漢語穆斯林與中東穆斯林之間的歷史淵源,而中國回教南洋訪問團則為了強調與當地華僑的關係而發揚鄭和精神。[60] 漢語穆斯林知識分

---

58 〈吉隆坡華僑慨捐鉅款〉,《中國回教救國協會會刊》,第 1 卷 12 期(1940 年 4 月),頁 29;〈中國南洋訪問團抵馬來亞各埠日程(一)〉,第 2 卷 10-11 期(1940 年 9 月),頁 51;〈南洋訪問團行抵波羅州〉,第 2 卷第 12 期(1940 年 10 月),頁 30。
59 〈南洋訪問團代表僑胞向白理事長典禮演詞〉,《中國回教救國協會會刊》,第 3 卷第 6 期(1940 年 4 月),頁 9。
60 蘇慶華,〈馬來西亞的「鄭和記憶」及其在當代的意義:從鄭和廟和鄭和「遺跡」切入的討論〉,收入曾玲編,《東南亞的「鄭和記憶」與文化詮釋》(合肥:

子從 1930 年代以後透過期刊交往馬來半島與印尼穆斯林，比如《月華》引用馬來半島與印尼出版 *Pembela Islam* 等期刊文章。回族歷史學者白壽彝研究宋代中國與南洋的藥品交易，也關注中國穆斯林與南洋穆斯林的友誼。[61] 抗戰爆發以後，鄭和也成為中國與南洋之間友誼象徵。

第二、中國回教近東訪問團的任務是抗日宣傳、謁見政治領袖以及保護新疆突厥語系穆斯林，而中國回教南洋訪問團的任務是請求華僑捐款。新加坡與馬六甲是孫中山打倒清朝的革命根據地，中國國民黨於 1927 年在新加坡及馬六甲等城市成立分會，國民政府也成立僑務委員會，呼籲華僑投資給中國，華僑在福建省廈門市的建設上扮演了重要角色，中國回教救國協會再將捐款匯給國民政府。[62]

（四）中國回教救國協會對國民外交的想法

漢語穆斯林知識分子的國際交流原是以文化為主，抗戰全面爆發之後，活動開始具有政治意涵。特別的是，仍延續抗戰之前國際文化交流，即他們的國際活動包含成達師範學校的赴麥加朝覲與派遣留學生在內，而資金來源是自費。

中國回教救國協會參與國民外交的想法如下：赴麥加朝覲與派遣留學生需要大量資金與政府的協助，例如 1948 年，中國回教協會向教育部交涉，教育部在十名留土學生內甄拔漢語穆斯林

黃山書社，2008），頁 70-91。

61 John T. Chen, "'Just Like Old Friends': The Significance of Southeast Asia to Modern Chinese Islam", *Sojourn: Journal of Social Issues in Southeast Asia*, Vol.31, No. 3 (2016), pp. 685-742.

62 李盈慧，《華僑政策與海外民族主義（一九一一～一九四九）》（臺北：國史館，1997），頁 324-326。

學生六名,與奉行行政院批准,但因外匯困難,暫緩派遣。[63]

兩個訪問團回到中國之後,達浦生等漢語穆斯林知識分子、王雲五以及顧頡剛等漢族知識分子於 1943 年 1 月在國民參政會建議政府繼續派遣回教中東近東訪問團:他們為了與中東國家建立密切的關係,互相派遣使節以及締結友好條約,以國民外交方式繼續組織訪問團分赴中東國家進行宣傳;辦法是選派十分熟悉伊斯蘭教教義以及阿拉伯語等外語的人才,每團 3 人與 5 人按照國別分往訪問。[64]

1947 年,中國回教協會試圖重組南洋訪問團,原因是 1946 年 6 月 7 日印尼發生華僑殘殺事件,為了化除印尼人對華僑的仇恨,也讓印尼華僑信仰伊斯蘭教,建議國民政府培養漢語穆斯林的外交官,[65] 中國國民黨駐南洋英屬新加坡直屬支部執行委員會亦請外交部派遣南洋訪問團,以便溝通民族感情、促進各民族和平相處。[66] 雖然因中華民國政府在國共內戰失敗,未能派遣中國回教南洋訪問團,但 1949 年後海峽兩岸伊斯蘭教界的國際活動,仍然延續著 1949 年前國際交流的特點。

---

63 〈交涉留土學生名額 回教學生共取六名〉,《中國回教協會會報》,第 8 卷第 2 期(1948 年 10 月),頁 2。

64 「國民參政會三屆一次大會建議繼續組織回教中東近東訪問團以聯絡國際情誼案」(1943 年 1 月 19 日),〈國民參政會三屆一次大會〉,國史館藏《內政部檔案》,典藏號:017-010500-0137。

65 張兆理,〈印度尼西亞的民族革命與中國今後的僑保政策〉,《伊理月刊》,第 6、7 期(1947 年 3 月),頁 13-15。

66 「為呈請中樞從速遣派回教訪問團南來馬來亞及荷印兩屬訪問藉以溝通民族情感促進各民族和平相處由」(1948 年 1 月 29 日),國史館藏《外交部檔案》,典藏號:020-010802-0035。

第四節　小結

　　受到泛伊斯蘭主義及伊斯蘭教革新派影響的漢語穆斯林知識分子與埃及穆斯林進行文化交流。埃及艾資哈爾大學是伊斯蘭教革新運動的中心，漢語穆斯林知識分子前往留學，學習阿拉伯語、鑽研伊斯蘭教學、吸收伊斯蘭教革新思想。如龐士謙擔任艾資哈爾大學中國文化講座講師，出版阿拉伯語書籍，與穆斯林兄弟會建立密切的關係。馬松亭兩次前往謁見埃及國王及政府官員，請求允准艾資哈爾大學派遣教授到成達師範學校，贈送阿拉伯語書籍給福德圖書館，均獲得埃及政府同意。土耳其的部分漢語穆斯林知識分子關注土耳其革命後的國家建設，並將其經驗應用於中國。但並非所有人都樂見其成，賀耀組認為成達師範學校的泛伊斯蘭主義違背國家利益；馬鴻逵批評學校傾向泛伊斯蘭主義；部分漢語穆斯林知識分子也批評留學沒有為社群帶來利益。

　　隨著抗戰全面爆發，國際交流進入新的階段。中國回教救國協會推行國際活動，基於國民外交的框架推動與中東國家的交流，相繼成立中國回教近東訪問團及中國回教南洋訪問團，中國回教近東訪問團保護逃往麥加的新疆突厥語系穆斯林，並展開抗日宣傳，但日本已先取得沙烏地阿拉伯的信賴，故宣傳成果並不理想，中國回教南洋訪問團則一面進行抗日宣傳，一面向華僑籌集資金給國民政府。

　　抗戰爆發之後，中國回教救國協會將國際活動進行系統化及組織化，即轉由中國回教救國協會及國民外交控制，使其按照官方的方針進行。中國回教救國協會因赴麥加朝覲與派遣留學生需要大量的資金，亦得到政府的援助。

　　由此可見，漢語穆斯林知識分子以泛伊斯蘭主義與國外穆斯

林團結,學習土耳其的國家建設,以便促進中國伊斯蘭教革新運動,也有助於中國的國家建設。國民政府關注他們的泛伊斯蘭主義傾向,通過他們的國際交流與中東國家建立外交關係,對抗日本在中東的回教政策,保護華僑的權益,並呼籲東南亞華僑籌集戰事資金。可見在國際交流上,漢語穆斯林與政府的想法達成一定的共識。

第八章　新疆突厥語系穆斯林知識分子的外交活動

　　1920年代至1930年代的新疆受到英國與蘇俄的軍事威脅，金樹仁與盛世才等地方軍閥未得到國民政府同意，即擅自與蘇俄締結密約，使外國勢力介入新疆。[1] 對金樹仁不滿的艾沙為了讓新疆脫離金樹仁、盛世才等人的獨裁，傾向國民政府，為拯救新疆的內憂外患，展開各種活動。筆者將探討艾沙的外交活動與第七章漢語穆斯林知識分子外交活動的不同之處。

　　新免康討論艾沙在國民政府的政治活動及其軌跡，[2] 也闡明他在中國及土耳其的活動；清水由里子與 Ondřej Klimeš 探討1940年代艾沙的言論活動。[3] 這些研究澄清了艾沙在國民政府或亡命土耳其之後的活動，但未深入探討他在抗戰時期的外交活動。

　　有鑑於此，筆者將從艾沙驅逐外交勢力上著手，釐清他與朱家驊之間就中東訪問的應酬討論，闡明他的外交活動特點，也揭開艾沙向朱家驊引薦穆罕默德‧伊敏的內幕。

1　賈米里‧哈桑雷（Jamil Hasanli）著、楊恕譯，《蘇聯政策中的新疆：斯大林與東突厥斯坦的穆斯林運動（1931-1949年）》（香港：香港中文大學出版社，2021）；寺山恭輔，《スターリンと新疆：1931-1949年》（東京：社會評論社，2015）。

2　新免康，〈ウイグル人民族主義者エイサ‧ユスプ‧アルプテキンの軌跡〉，收入毛里和子，《現代中国の構造変動7：中華世界―アイデンティティの再編》（東京：東京大學出版會，2001），頁151-178。

3　清水由里子，〈国民党系ウイグル人の文化‧言論活動（1946－1949年）について―『自由』紙にみる「テュルク」民族意識の検討を中心に―〉，《日本中央アジア学会報》，第6號（2010年3月），頁23-45；Ondřej Klimeš, *Struggle by the Pen: The Uyghur Discourse of Nation and National Interest, c. 1900-1949*, pp. 187-248.

筆者主要使用艾沙主編的《邊鐸半月刊》、《天山月刊》以及他的回憶錄，這些史料可以見到他對新疆外國勢力的看法及國民外交的內容。

艾沙於1901年出生在新疆英吉沙（即為疏附），幼年時接受中文教育。1923年，受到英吉沙縣縣長委任為縣立漢文學校維文教師，1926年調任駐蘇安集廷領事館主事兼維文翻譯。他在安集廷目睹猖獗的共產黨地下活動，見到新疆省金樹仁與蘇聯締結的「新蘇協定」後，開始具有反蘇意識。[4]

1920年代至1930年代新疆省內憂外患頻仍，金樹仁與盛世才相繼發動政變，尤其是盛世才與蘇聯勾結推動包括民族平等等六大政策。[5]艾沙對盛世才統治以及蘇聯在新疆擴張勢力深感不滿，致函蔣介石強烈譴責盛世才的暴政，獲得蔣的賞識。到南京後，他在軍事委員會參謀本部服務，也擔任過立法委員。[6]他在南京的活動主要為：一、建立內地與新疆之間的橋樑；二、增強新疆突厥語系穆斯林的政治影響力。1930年代，新疆突厥語系穆斯林紛紛來到南京，艾沙為了增進聯繫而成立南京新疆同鄉會，贊助人是蔣介石等南京國民政府政要，可說是半官方性質社

---

4 平山光將，〈新疆突厥語系穆斯林在內地（1930-1945）——以艾沙為例〉，頁342。

5 〈艾沙〉，國史館《軍事委員會委員長侍從室》，典藏號：129-050000-4070。平山光將，〈新疆突厥語系穆斯林在內地（1930-1945）——以艾沙為例〉，頁342；木下惠二，《近代中國の新疆統治：多民族統合の再編と帝國の遺產》（東京：慶應義塾大學出版會，2022），頁55-118；熊倉潤，《新疆ウイグル自治區：中國共產黨支配の70年》（東京：中央公論新社，2022），頁19-23；Andrew D. W. Forbes, *Warlords and Muslims in Chinse Central Asia: A Political History of Republican Sinkiang 1911-1949* (Bangkok: White Lotus Co. Ltd, 2010), pp. 97-157; James A. Millward, *Eurasian Crossroads: A History of Xinjiang* (London: Hurst & Company, 2021), pp. 175-230; Justin. M. Jacobs, *Xinjiang and the Modern Chinese State* (Seattle: The University of Washington Press, 2016), pp. 75-110.

6 〈艾沙〉，國史館《軍事委員會委員長侍從室》。

團。南京新疆同鄉會呈請政府成立中央政治學校附屬蒙藏學校回民班,招收不同籍貫與年齡的新疆突厥語系穆斯林的子弟。[7]

第一節　艾沙與外國勢力

艾沙如何看待支援盛世才的外國勢力?他在南京出版的《邊鐸半月刊》上呼籲內地讀者應推翻盛世才、驅逐在新疆的外國勢力,他指出英國與蘇俄等外國勢力的文化侵略陰謀:

> 英俄兩大帝國主義者亦嘗以此「文化賄賂」(即密予讀書閱報之便利)為結好吾民之資餌,藉遂其挑撥離間之陰謀,彼駐新各地之領事館,幾為銷售各項書籍之惟一源泉,智識階級趨之若鶩,多願密與交接(漢吏雖加嚴禁然收效殊微也),且有因圖取得此項「閱讀書報之自由與便利」,而竟脫離國籍,認賊作父,甘為英俄之順民者。[8]

艾沙也擔憂蘇俄共產主義流入新疆:

> 一九二六年,彼復聳恿回民共產黨於塔什干處,創辦刊物,曰「庫吐路施」(Kutolushi)(即解放之意),公然宣傳共產,詆毀宗教,所有文字(多新疆土語)極淺顯而富刺激性,即最無智識之愚民亦能閱讀,而必受其誘動。又彼為普遍宣傳,及

---

[7] 平山光將,〈新疆突厥語系穆斯林在內地(1930-1945)——以艾沙為例〉,頁 348-353。

[8] 艾沙,〈新疆痛史之一頁-寫在本刊發刊辭後〉,《邊鐸半月刊》,創刊號(1934 年 3 月),頁 1。

增加麻醉效率起見,曾將該項刊物散發與由新去中亞細亞(烏茲伯克共和國)為俄人幫同植棉之一班貧苦回籍工人(每年去者只少在三萬人以上),並派宣傳員多人前往為之講解。[9]

新免康已指出艾沙是反共主義者,但我們從上述史料難以判斷,這個問題還需要進一步的探討,至少可以說,他對於蘇俄共產書籍進入新疆突厥語系穆斯林社群反感。他既持反共思想,又對蘇俄有不滿情緒:

有俄國領事之城市官吏,其地位能否保持長久觀其能否滿足俄領之意。如果得罪俄領,一紙公文,省政府就撤職,每一領館均有幾百武裝軍隊,這些軍隊都是克薩克隊伍裏挑的精壯。他們在操場練習,暗示民眾將彼等和本地軍隊加以比較,使民對本地軍隊厭惡輕視。俄軍喜歡喝酒,醉後在街上胡鬧,或調戲婦女,本地人對於這種行為極為厭惡,但政府絲毫不能加以干涉。俄人到新省經商,往來貨物概不納稅。他們自由購置土地財產,也不繳納契稅,夏天山水流下時先讓俄人灌溉。[10]

從艾沙的言論可看到在新疆的俄羅斯人對新疆人的輕視,他對縱容俄羅斯人蠻橫的新疆省政府表達抗議。同時,艾沙也擔憂日本的回教工作:

近數年來,各國研究新省問題之回文雜誌甚多,其最著名者

---

9 艾沙,〈新疆痛史之一頁—寫在本刊發刊辭後〉,頁2。
10 艾沙,〈新蘇關係述略(續)〉,《邊鐸半月刊》,第2卷第1期(1934年7月),頁2。

在日（東京）有古班阿利（韃靼回回）所主持之「新日本通訊（Yani Yapoon Mobobiri）」……易起興趣，有時常將日本巨官大吏與回民合攝之影刊出，以示寵異，而資誘惑，為計至狠毒也。上述各種刊物，在新絕對禁止寄遞，入境時亦檢查綦嚴，不令攜帶，然事實上收效極微，今日南疆各縣，幾無地不有此類刊物也。[11]

日本出版期刊的目的是攏絡新疆突厥語系穆斯林，但新疆省政府不允許攜帶進入新疆，因此效果不彰。艾沙擔憂這些日本期刊若成功籠絡突厥語系穆斯林，日本的心理戰必定能發揮效果。

艾沙的言論與他對新疆問題的關心相當密切。新免康認為，艾沙作為新疆突厥語系民族主義者，希望通過中央政府對新疆加強政治影響力，打破新疆的僵局，最終使新疆得以自治。強調在新疆的俄羅斯人無禮地對待新疆人、外國勢力在新疆逐漸擴張的事實，引起內地政治家及漢族知識分子對新疆問題的關注。

第二節　艾沙與國民外交

艾沙曾擔任中國回教救國協會的常務理事，負責部分重要任務，國民外交即是其中之一。他訪問中東的目的除了展開國民外交之外，也救濟新疆突厥語穆斯林難民。

（一）新疆突厥語系穆斯林難民的產生

新疆突厥語系穆斯林與新疆省政府之間的矛盾發生於金樹仁

11　艾沙，〈新疆痛史之一頁－寫在本刊發刊辭後〉，頁3-4。

上臺後,特別是 1930 年哈密回王沙木胡特歸真後,金樹仁決定在哈密實施縣制,暴政鎮壓,引發居民反抗,部分哈密的突厥語系穆斯林遷徙到阿山地區。[12] 1933 年盛世才上臺,他親近蘇聯,遠離國民政府,新疆省政府變成了蘇聯的「傀儡」政權。盛世才推動六大政策,也從蘇聯引進史達林統治手法,建立情報網,派情報人員監視新疆突厥語系穆斯林菁英。[13]

1937 年春,東突厥斯坦伊斯蘭共和國領袖穆罕默德・伊敏與馬虎山製造叛亂,因伊敏曾派人去國民政府,引起盛世才與蘇聯的憤怒,大肆逮捕新疆突厥語系穆斯林民族主義者,[14] 他們受壓迫後開始遷徙到甘肅。[15] 甘肅省政府成立了管理新疆突厥語系穆斯林難民的哈民管理局,規定要公平劃分牧地,但因草場問題與當地藏族及蒙古族牧民產生糾紛,難民只能再遷到青海,卻遭到青海省主席馬步芳的屠殺,部分的難民則冒著生命危險從青海經過西藏流亡到印度。[16]

(二)艾沙的國民外交

艾沙在展開國民外交時,請求朱家驊派往中東國家、幫助逃亡到中東的難民子弟返國上學、提供訪問團的補助費、編印宣傳

---

12 王希隆、汪金國,《哈薩克跨國民族社會文化比較研究》(北京:民族出版社,2004),頁 56-57。
13 James A. Millward, *Eurasian Crossroads: A History of Xinjiang*, pp. 206-207.
14 王柯,《東トルキスタン共和国研究:中国のイスラムと民族問題》,頁 79-80。
15 張大軍,《新疆風暴七十年》,第八冊(臺北:蘭溪出版,1980),頁 4327-4332。
16 《哈薩克跨國民族社會文化比較研究》,頁 67-69;平山光將,〈邊政或僑務?中華民國政府遷臺後對中東地區西北穆斯林難民的政策〉,中央研究院近代史研究所學術演講(2014 年 7 月 10 日),頁 4。

刊物等。[17]

　　艾沙本來打算經過蘇俄訪問土耳其，但因無法得到蘇俄的簽證，改由經東南亞及印度訪問土耳其，卻面臨經費困難，因此他請求與土耳其政府友好的中國穆斯林協會提供資金，起初遭到拒絕，在他們得知艾沙訪問土耳其的目的是抗日宣傳後，才決定提供經費。[18] 艾沙與蔣介石商討訪問土耳其之事，得到蔣的同意，遂與馬賦良開始展開國民外交。

　　二人於 1938 年 10 月離開重慶途經新加坡。他們抵達孟買時希望會見甘地與尼赫魯（Jawaharlal Nehru），並透過駐孟買中華民國領事館與印度國民會議派商討，於 11 月 19 日與尼赫魯會談。尼赫魯表明印度在抗戰期間援助中國，中國也要協助印度獨立，並強烈譴責日本侵華。艾沙請求尼赫魯給予逃亡印度的新疆突厥語系穆斯林政治庇護，[19] 也成功與甘地見面。[20] 在管理中英庚款董事會的函件中顯示，艾沙二人備受印度人民的歡迎，他們宣傳日軍的殘暴，引起印度人的憤怒，但林珈珉認為印度人知識落後，受到日本方面宣傳的影響，不了解抗戰的實際情況，中方仍須持續努力揭發抗戰的真相。[21]

　　艾沙等人造訪印度之後，復前往沙烏地阿拉伯訪問，見到在

---

17 「艾沙函朱家驊」（1938 年 7 月 21 日），〈新疆人士：艾沙卷〉，中央研究院近代史研究所檔案館藏《朱家驊檔案》，典藏號：301/01/15/008。

18 İsa Yusuf Alptekin, *Esir Doğu Türkistan için: İsa Yusuf Alptekin'in Mücadele Hatıraları* (Istanbul: Doğu Türkistan Neşriyat Merkezi, 1985), p. 330.

19 逃亡印度與土耳其的新疆突厥語系穆斯林的研究，參見松原正毅，《カザフ遊牧民の移動：アルタイ山脈からトルコへ，1934-1953》（東京：平凡社，2011）。小野亮介，《亡命者の二十世紀：書簡が語る中央アジアからトルコへの道》（東京：風響社，2015）。

20 İsa Yusuf Alptekin, *Esir Doğu Türkistan için: İsa Yusuf Alptekin'in Mücadele Hatıraları*, p. 338.

21 「林珈珉函朱家驊」（1939 年 1 月 19 日），〈新疆人士：艾沙卷〉。

埃及留學的漢語穆斯林知識分子，向他們提醒日本麥加朝觀團的宣傳活動，並加入西北回教同胞麥加朝觀團。[22]

訪問沙烏地阿拉伯期間，領導日本回教工作的唐易塵受到日本特務機關的資助到麥加朝觀。山崎典子的研究顯示，唐易塵加入日本回教工作的主因是基於反共立場，他對第二次國共合作深感不滿。艾沙因身體不適並未與唐易塵見面，[23] 他與馬賦良在麥加結束抗日宣傳之後，就前往埃及開羅遊覽，[24] 之後於1939年5月6日抵達伊斯坦堡。他們也前往土耳其首都安哥拉，透過中華民國駐土耳其公使的介紹，會見土耳其外交部部長及其他重要領袖，考察兵器工廠與學校。

艾沙與馬賦良救濟因金樹仁及盛世才高壓統治而逃亡土耳其的難民，同時向國民政府報告駐土耳其公使館與開羅領事館的無能與腐敗，比如駐開羅領事的私宅耗用10餘英鎊，挪用公費以及外交機密費的現象極為嚴重。[25]

他們結束土耳其訪問之後，於1939年10月10日抵達伊拉克巴格達，參觀軍事演習，之後還到伊朗會見禮薩沙阿・巴列維（Reza Shah Pahlavi）國王及穆罕默德禮薩沙・巴列維（Mohammad Reza Pahlavi）皇太子的誕辰紀念典禮。他們對薩沙阿・巴列維王朝沒有好感，認為政府完全控制工商業幾乎與共產主義無異，社會道德與宗教信仰在現代化過程中消失殆盡。艾沙更不滿伊朗

---

22 〈本會理事艾沙馬賦良訪問近東各國之報告〉，《中國回教救國協會會刊》，第1卷第10期（1940年3月），頁27。
23 山崎典子，〈日中戦争期の中国ムスリム社会における「親日派」ムスリムに関する一考察—中国回教総連合会の唐易塵を中心に—〉，《中国研究月報》，第65卷第9號（2011年9月），頁10-11。
24 平山光將，〈延續與斷裂—現代中國回民知識分子的國民外交〉，頁116。
25 平山光將，〈延續與斷裂—現代中國回民知識分子的國民外交〉，頁116。

與日本締結日伊修交條約,也與納粹德國、義大利等關係密切。眾所周知,納粹德國嚴厲迫害猶太人,但爭取北非與中東穆斯林的支持,提倡反帝國主義,反對英國與法國侵略北非與中東、猶太主義以及共產主義。納粹德國透過阿拉伯語廣播與傳單宣傳他們的穆斯林政策。雖然因當地電力不足與收音機數量不多,導致廣播效果不佳,[26]但伊朗等中東國家因反英、反蘇聯而有傾向納粹德國的跡象。[27]

艾沙與馬賦良經阿富汗、印度以及緬甸返回中國,[28]兩人於1940年3月15日至18日居留在緬甸仰光,並在仰光孤兒院等地進行演講。[29]救濟新疆突厥語系穆斯林難民是艾沙與馬賦良的重要任務之一,在訪問印度與中東之際,曾救濟十九名難民子弟,讓他們返回中國升學。在緬甸仰光,艾沙、馬賦良與難民子弟寄宿於華僑學校,受到華僑與緬甸人士的熱烈歡迎。[30]

艾沙也引薦穆罕默德・伊敏,全名穆罕默德・伊敏・布格拉（Muhammad Amin bughra,以下簡稱伊敏）,新疆和闐縣人,攻讀醫學,曾任墨玉縣回教學校校長,通曉波斯語、阿拉伯語等語言。

1933年,伊敏參加東突厥斯坦伊斯蘭共和國的建立,倡導獨立運動,但失敗之後逃往印度。1942年,伊敏被印度當局認

---

26 David Motadel, *Islam and Nazi Germany's War* (Cambridge, MA.: Harvard University, 2014), pp. 71-177.

27 Francis R. Nicosia, *Nazi Germany and the Arab World* (Cambridge: Cambridge University Press, 2015), pp. 62-179.

28 〈本會理事艾沙馬賦良訪問近東各國之報告〉,頁28。

29 「艾沙函朱家驊」(1940年4月26日),〈新疆人士：艾沙卷〉。

30 「中華民國駐仰光領事館電中央組織部部長朱家驊」(1940年4月1日),〈新疆人士：艾沙卷〉。

為與日本間諜勾結散佈謠言而遭到逮捕。[31] 中華民國政府相當重視伊敏被拘留的案件，外交部與英領印度政府進行多次交涉，最終釋放伊敏，但英領印度政府希望中華民國將伊敏及其妻子接回，由駐加爾各答領事館向國民政府請求發給伊敏一家暫時的生活費以及赴首都重慶的機票費，[32] 之後外交部及僑務委員會撥款救濟費七千三百三十四盾，將伊敏一家接到重慶。[33]

總而言之，艾沙得到朱家驊與蔣介石的支持，組成艾沙與馬賦良印度中東訪問團。主要對印度與中東國家宣傳抗日，但抗日宣傳的效果因地而異。印度與緬甸兩地人民同情中國抗戰，而伊朗禮薩沙阿‧巴列維傾向日本、納粹德國等國家，未獲得預期的成果。訪問團主要目的是救濟新疆突厥語穆斯林難民，艾沙請求救濟逃亡印度的難民，並把他們的子弟帶回中國，還引薦東突厥斯坦伊斯蘭共和國領袖之一的穆罕默德‧伊敏，透過外交途徑救濟他們一家，帶到重慶。此外，他們也揭穿駐外使館以及領事館的腐敗情形。

第三節　小結

艾沙在幼年時接受漢語教育，在駐蘇安集廷領事館擔任主事兼維文翻譯。他在安集廷看到共產主義的作為，在看到金樹仁與蘇聯的締結，產生強烈的反共意識。來到南京後，得到蔣介石的

---

31 「外交部電中國國民黨中央組織部」（1942年9月15日），〈救助新疆入印僑民案〉，國史館藏《外交部檔案》，典藏號：020-011908-0037。
32 「駐加爾各答領事館電外交部」（1943年3月11日），〈救助新疆入印僑民案〉。
33 「外交部電駐加爾各答領事館」（1943年4月10日），〈救助新疆入印僑民案〉；平山光將，〈邊政或僑務？中華民國政府遷臺後對中東地區西北穆斯林難民的政策〉，頁8。

賞識，任職於軍事委員會。透過南京新疆同鄉會以及中央政治學校蒙藏班的成立，一面加強內地與新疆之間的關係，一面爭取新疆土耳其語系穆斯林的政治權利。艾沙在《邊鐸半月刊》、《天山月刊》探討自己的看法，其中他認為新疆問題的根源是外國勢力在新疆推動政治與文化侵略。

對國民外交的目的而言，漢語穆斯林知識分子與艾沙的不同之處，即前者的國民外交聚焦於抗日宣傳、保護華僑以及向華僑籌集資金；後者則是一面推動抗日宣傳，一面救濟新疆突厥語系穆斯林難民。雖然中國回教近東訪問團在麥加對新疆突厥語系穆斯林宣示中央政府的民族平等，但並未救濟他們。艾沙與馬賦良，爭取印度與中東重量級人士以及穆斯林的支持，會見甘地及尼赫魯，請求對方給予逃亡印度的難民政治庇護，救濟難民子弟，使其返回中國，在訪問埃及與土耳其時，還揭發駐外領使館的腐敗情形。艾沙返回中國之後，得到外交部以及僑務委員會的協助，救濟穆罕默德・伊敏及他的家人。

在抗戰期間，艾沙與國民政府似乎關係密切。但日本投降後，艾沙走向鼓吹新疆「民族自治」的路線。誠如第五章坦言，他的路線遭到國民政府以及漢語穆斯林知識分子拒絕。

1949年以後，艾沙與穆罕默德・伊敏逃亡巴基斯坦及土耳其，開始宣揚新疆獨立並展開活動。遷臺後的中華民國政府以及中國回教協會等在國際會議上表示強烈反對，箝制此一新疆獨立運動，使艾沙與中華民國政府之間產生了激烈的爭執。

第三部　漢語穆斯林知識分子在臺灣

第九章　中國回教協會與中國回教青年會

　　1949年中華民國政府遷臺，宣稱自己是代表「中國」的政府，強調統治中國大陸的合法性。伴隨著中華民國政府的遷臺，部分漢語穆斯林知識分子也來到臺灣，大部分都是軍公教人員，祖籍遍佈中國各地，屬於「外省人」，人口只有五萬人左右，在1949年以後的臺灣社會屬於少數族群。他們積極協助反共政策與反攻大陸，沿襲1949年之前中國回教協會與中國回教青年會的活動，並透過政治活動訴請政府答應他們的政治要求。[1]

　　另外，在東西冷戰格局中，中華民國加入西方國家陣營，提倡反共主義，抵制中華人民共和國對東南亞與中東等國家擴張影響力，與這些國家關係密切的漢語穆斯林知識分子便在外交政策中扮演重要角色。

　　木村自、[2] 蘇怡文[3] 等學者研究冷戰時期臺灣伊斯蘭教。木村的研究聚焦臺灣伊斯蘭教的現狀與臺北清真寺的宗教活動；蘇怡文則關注臺灣漢語穆斯林知識分子的活動。他們透過民族學與文化人類學的研究方法探討臺灣伊斯蘭教。賈福康編輯出版臺灣

1　1949年前後，中國回教協會的部分成員遷到香港，成立香港中國回教協會。該協會傾向中共，與中國伊斯蘭教協會具有密切的關係。據筆者所知，因意識形態的差異，臺港中國回教協會沒有交往。霍揚揚，《獅子山上的新月——香港華人穆斯林社群的源流與傳承》（臺北：秀威資訊，2020），頁143-145。

2　木村自，〈臺湾の回民のエスニシティと宗教─中華民国の主体から臺湾の移民へ〉，收入庄司博史編，《移民とともに変わる地域と国家》（大阪：國立民族學博物館，2009），頁69-88。木村自，《雲南ムスリム・ディアスポラの民族誌》（東京：風響社，2016），頁113-160。

3　蘇怡文，〈伊斯蘭教在臺灣的發展與變遷〉（臺北：國立政治大學民族學系碩士論文，2002）。

漢語穆斯林人名錄，[4] 1949年後臺灣的漢語穆斯林社團除了中國回教協會之外，也有中國回教青年會，蘇怡文的研究未探討中國回教青年會的活動，賈福康的人名錄只介紹理事長蕭永泰的生平，連一字也沒有提到中國回教青年會，[5] 他僅敘述以中國回教協會為主軸的臺灣伊斯蘭教史。前人研究未充分探討中國回教協會與中國回教青年會的活動；趙錫麟、張中復等學者則是全面探討臺灣伊斯蘭教史，尤其是在冷戰時期的情況。[6] 因此，筆者透過臺灣兩個伊斯蘭教社團的期刊以及中研院近史所檔案館等政府檔案史料，也前往臺北清真寺與臺北文化清真寺與相關人士進行訪談，進一步探討臺灣兩個伊斯蘭教社團以及與政府的關係。

1949年至1970年代末期，政府與臺灣伊斯蘭教社團——中國回教協會與中國回教青年會的關係極為密切，他們的活動昌盛，可以透過他們的國際活動瞭解中華民國政府對中東與東南亞的外交政策，加上檔案史料豐富，能夠分析1949年至1979年臺灣伊斯蘭教的政教關係及其活動。

第一節　政治活動與國際活動

中華民國政府遷臺之後，中國回教協會於1952年重新成立，他們主要在臺北清真寺展開活動。中國回教協會成立之後，至1959年為止都是由白崇禧擔任理事長，隨著時子周以及趙明遠等人接任理事長，協會形成集體領導制。他們透過《中國回教協

4　賈福康，《臺灣回教史》。
5　《臺灣回教史》，頁208。
6　《主命的傳承與延續：回教在臺灣的發揚與展望》。張中復，《天方學涯：趙錫麟先生訪談錄》（臺北：國史館，2014）。

會會刊》向教內外宣傳中國伊斯蘭教史以及伊斯蘭教學、還出版中文版《古蘭經》。[7]

中國回教青年會的前身中國回民反共建國同盟，是在中國青年反共救國團的領導下成立。中國回民反共建國同盟在1949年成立於廣州，讓青年知識分子與婦女成立反共社團，也培養反共青年。1951年9月11日，中國青年反共救國團召開座談會，中國回民反共建國同盟派蕭永泰參加。日本投降後，蕭永泰擔任瀋陽伊光中學（原奉天回教文化學院）校長、三民主義青年團瀋陽分會幹事長以及第一屆國民大會熱河省工會代表（關於他的經歷，詳見第十章）。在座談會中，他提出中國回民反共建國同盟在臺重新成立的案件，遂於1952年重組，[8] 1956年得到內政部的同意，更名為中國回教青年會。[9] 蕭永泰擔任中國回教青年會終身理事長，以臺北文化清真寺為基地展開活動。

如前所述，中國回教協會採取集體領導體制，而中國回教青年會則採取單獨領導體制。另外，中國回教青年會到1977年為止，皆與中國回教協會分開發展，各自進行國內外的活動。

（一）國民大會上的活動與成效

中國回教協會的部分人員與中國回教青年會理事長蕭永泰參加國民大會。雖然漢語穆斯林國民大會代表的立場有所不同，提出的案件也不同，但他們都試圖藉政治來推動政治與外交活動、

7　賈福康，《臺灣回教史》，頁5-7、12-13。

8　〈青年問題座談會紀錄〉（1951年9月11日），《國防部總政治部任內文件（三）》，國史館藏《蔣經國總統文物》，典藏號：005-010100-00052-006。

9　〈回盟改組為中國回教青年會已奉准立案〉，《回教文化》，第2卷第1期（1957年7月），頁19。

改善回民教育等。

內地回民代表鞏固他們的政治地位,尤其是在立法院爭取「內地生活習慣特殊之國民代表」的名額。[10] 這個政治訴求仍呈現在 1949 年後之臺灣。

蕭永泰是國民大會熱河省工會代表,在 1954 年的第一屆國民大會第二次會議提出案件:

> 政府遷到臺灣四年以來,對於恢復中東近東國家邦交,已有很顯著的進步,本席站在回教的立場,很感謝當局賢明的措施,但是本席要求政府應當加強回教國家的邦交。我們要瞭解回教國家在今天足以影響國際政治,因為在人類思想戰的今天,回教的思想是具有強有力反共的意識。三億五千多萬回教的信徒,實為民主國家應當爭取的對象。共產主義在人性上是殘暴的,在政治上是反民主的,在信仰上是反宗教的,而回教的教義是仁愛和平,因此回教與共產主義是水火不相容的,這是一個很顯明的事實,所以本席建議政府對於近東各回教國家,應當加強邦交,由忠貞愛國名符其實的回教人士組織回教訪問團,展開國民外交工作,以宣傳反共的政策,爭取國際的友誼,增加反共的力量和合作,以有助於我們反共抗俄的大業。[11]

提案強調,伊斯蘭教信仰與共產主義水火不容,藉此來進行反共

---

10 〈解釋憲法一三五條〉,《中國回教協會會報》,第 63 期(1958 年 12 月),第 1 版。

11 「蕭代表永泰在第一屆國民大會第二次會議第八次大會建議關于加強近東中東各回教國家之邦交及組織回教訪問團案」,〈對第一屆國民大會第一次會議提案及第二次會議質詢與建議辦理情形〉(1954 年 2 月 24 日),國史館藏《外交部檔案》,典藏號:020-130400-0068。

宣傳不但符合國家利益，也可促進國際穆斯林交流的發展。

內地回民代表也在1957年國民大會提出與中東國家加強外交關係的提案。[12] 筆者認為他們的提案似乎有實效性，根據政府的看法，中華民國已與土耳其等國家締結文化協定、將赴麥加朝覲作為國民外交的一環，以及提供留學伊拉克的學生獎學金。[13]

至於內地回民代表重視的改善回民教育，中國回教協會理事許曉初在1956年12月召開的國民大會聯誼會提案，要求教育部讓漢語穆斯林子弟也享受邊疆各民族入學的優惠政策，因為1949年前漢語穆斯林享有教育優惠，1949年後在臺灣卻沒有。[14]

此外，1972年第一屆國民大會第五次會議上，蕭永泰提出有關漢語穆斯林子弟當兵時的待遇問題：

> 本人於民國四十九年國民大會第三次會議時，曾經提案請政府嚴令各軍事單位對於回教官兵生活膳食方面切實給予方便，經大會通過後，蒙國防部審慎詳加研究，對於軍中回教官兵膳食以及回教一切禮俗方面制定詳細辦法，通令三軍遵照執行，但是經過十二年之久，未見對於生活習慣特殊之回教官兵膳食問題有所改善，況且軍中少數部隊長，對於回教教官之生活，不特不予照顧，反而往往橫加干擾，不予方便，致使從軍的回教子弟精神痛苦，影響健康至鉅，若是不徹底，執行命令，回教官兵個人之痛苦事小，損害我政府維護憲法。[15]

---

12 〈加強中東外交重視回教力量〉，《中國回教協會會報》，第64期（1959年1月），第4版。

13 〈加強中東外交重視回教力量〉。

14 〈國大聯誼年會回民代表之提案〉，《中國回教協會會報》，第54期（1957年1月），第4版。

15 〈蕭永泰阿衡以國民大會代表身分在國民大會第五次會議第四次會議上為回

1947 年，白崇禧擔任國防部部長時，國防部規定漢語穆斯林士兵訓練辦法，將他們集中編入一營或一排，並給予飲食上的便利，[16] 但 1949 年以後沒有施行，漢語穆斯林官兵的飲食問題一直有待解決。[17]

總而言之，除了外交活動的提案之外，其他的提案既沒有鞏固內地回民代表的政治地位，也未解決回民教育與回民士兵待遇的問題。

（二）國際活動

中國回教協會與中國回教青年會的國際活動主要歸結到四個方面：展開反共宣傳、爭取聯合國「中國」代表權、試圖與巴基斯坦建交以及派遣留學生。

兩者皆提倡反共主義以及中華民國統治中國大陸的合法性，國際活動主要是派遣代表至巴基斯坦、中東國家以及東南亞召開的國際伊斯蘭教會議，展開國民外交；他們也向各國領導人與穆斯林在臺留學生進行國際宣傳。

教子弟權益問題發言〉，《回教文化》，第 46 期（1972 年 12 月），頁 12-13。
16 〈國防部規定回教官兵訓練辦法〉，《伊理月刊》第 10、11 期合刊（1947 年 7 月），頁 11-12。
17 2014 年 5 月 9 日，筆者對林茂先生的訪談。根據王英傑先生的回憶，蕭永泰直接請求蔣經國改善漢語穆斯林士兵飲食狀況，蔣經國親自發出各軍隊尊重其飲食習慣的命令，但筆者還找不到蔣經國命令的相關檔案，有待分析。2014 年 6 月 13 日，筆者對王英傑先生的訪談。原中國回教協會專員于嘉明博士與原中國回教協會理事長倪國安先生介紹予筆者，由衷致謝。

中國回教協會

中國回教協會，作者提供

　　中國回教協會在 1949 年後，外交方針聚焦於反共，當時他們加入的國際會議是世界伊斯蘭青年大會（The World Muslim Youth Conference）與世界回教聯盟大會（The Muslim World League Conference）。

　　1969 年 8 月，中國回教協會為了讓在臺穆斯林留學生增加臺灣的知識，舉辦國際回教夜，邀請在臺受農業技術培訓的非洲穆斯林，呼籲他們支持中華民國藉以維持聯合國內「中國」代表的席位。

　　1960 年是各非洲殖民地紛紛宣布獨立的「非洲年」。這些非洲新興國家加入聯合國，形成與美蘇兩國比肩的勢力，為了聯合國內「中國」代表的席位，中華民國與中華人民共和國針對新興勢力展開拉鋸戰。中華民國受到美國援助，抵制中共的統一戰線，為了獲得非洲新興國家的支持而推動農業技術協助政策。派遣農業技術人員到非洲，宣傳臺灣農村復興的經驗，同時也接受

非洲的農業技術人員來臺學習。[18] 在舉辦回教國際夜之際，政府撥款給中國回教協會一千萬元，大約有七百名政府高官、駐臺大使與各國穆斯林參加。[19]

1951 年，中華人民共和國與巴基斯坦建交，其駐巴基斯坦大使館向華僑宣傳共產主義，呼籲他們返回中國。[20] 1955 年，巴基斯坦卡拉齊舉辦世界伊斯蘭青年大會，大會的宗旨是成立團結世界穆斯林的社團、發揚伊斯蘭文化。新疆省政府官員兼中國回教協會理事王曾善於 1949 年逃亡巴基斯坦後，仍與外交部保持聯絡，並試圖接觸巴基斯坦政府。他也參加了大會，但最大的目的是讓巴基斯坦傾向支持中華民國，加強兩國關係。王曾善在大會中強調共產主義是伊斯蘭教的大敵，也呼籲各國穆斯林代表承認中華民國代表「中國」的合法地位。因巴基斯坦政府與中華人民共和國的邦交關係，他的言論與活動受到嚴格監控，使他不得不逃往土耳其。[21]

中國回教協會積極派遣留學生，與外交部等國家單位於 1961 年至 1962 年將馬學文等派到沙烏地阿拉伯麥地納伊斯蘭大學（The Islamic University of Madinah）留學；民國初年赴艾資哈爾

---

18 王文隆，《外交下鄉、農業出洋：中華民國農技援助非洲的實施與影響（1960-1974）》（臺北：國立政治大學歷史學系，2004）；劉曉鵬，《種族觀下的聯合國中國代表權：美國、非洲與臺灣農業援助，1961-1971》（臺北：時英出版，2013）。

19 「海維亮函外交部」（1969 年 10 月 6 日），〈中國回教協會及活動〉，中央研究院近代史研究所檔案館藏《外交部檔案》，館藏號：11-04-01-11-02-008。〈各國七百回教徒在北市歡度國際回教夜〉，《中央日報》，1969 年 8 月 12 日，第 3 版。

20 「中國回教協會函外交部」（1953 年 10 月 21 日），〈救濟流亡印巴等地難胞〉，國史館藏《外交部檔案》，典藏號：020-069911-0008。

21 「參加世界回教青年大會」，中央研究院近代史研究所檔案館藏《外交部檔案》，館藏號：11-04-01-11-01-001。

大學留學,後在中華民國利比亞大使館工作的王世明,協助爭取利比亞政府的留學獎學金,例如曾任臺北清真寺阿訇的趙錫麟,即是 1963 年赴利比亞留學的學生。[22]

中國回教青年會

1950 年,蕭永泰為了中華民國在聯合國的席位而爭取國外穆斯林的支持,透過外交部致函予埃及與伊拉克等國家領袖,例如致埃及法魯克國王(Faruq I)的函件,嚴厲批評了中共的宗教政策,試圖得到法魯克國王的支持。[23]

在中國回教青年會的國際活動中,值得探討的是與巴基斯坦的宗教交流。如前所述,巴基斯坦於 1951 年與中華人民共和國建立邦交,王曾善力圖透過世界回教青年會加強與巴基斯坦的關係,但失敗而歸。1964 年 7 月,巴基斯坦的伊斯蘭教社團阿赫邁底亞(Ahmadiyya)邀請中國回教青年會到世界大會。阿赫邁底亞的創辦人是米爾扎‧古拉姆‧艾哈邁德(Hadhrat Mirza Ghulam Ahmad),他自稱「復活者」,是耶穌的化身,並受到阿拉的啟示,他對巴基斯坦的政壇影響甚大。[24]

1964 年 12 月,外交部與國民黨中央委員會派遣蕭永泰參加阿赫邁底亞世界大會,調查巴基斯坦的外交活動與阿赫邁底亞的活動狀況。大會的議題是伊斯蘭教的發展,蘇丹與西德等國家代表將阿拉伯文與英文的伊斯蘭教書籍翻譯中文,請託蕭永泰轉寄

---

22 《天方學涯:趙錫麟先生訪談錄》,頁 45-121。
23 〈外交部函埃及大使館〉(1950 年 7 月 6 日),國史館藏《外交部檔案》,典藏號:020-029903-0001。
24 Richard Brent Turner, *Islam in the African-American Experience* (Bloomington: Indiana University Press, 2003), pp. 110-114.

給中國大陸的穆斯林。[25] 中國回教青年會試圖建立與阿赫邁底亞關係：第一、雙方在反共的立場上達成一定的共識；第二、青年會可透過阿赫邁底亞接觸巴基斯坦政府，而中華民國希望與巴基斯坦建立邦交；第三、阿赫邁底亞也透過青年會在臺灣或中國大陸展開宣教活動。但雙方的宗教交流反而造成與中國回教協會的糾紛。

1970 年代以後，在中國回教青年會的國際活動中重要者為王英傑。他擅長英語，自少校作戰官退役之後，積極參與青年會的活動，並擔任蕭永泰的翻譯。[26] 1970 年 10 月 1 日至 18 日，蕭永泰與王英傑受到外交部的任命，作為中華民國回教代表團員，參加在印尼萬隆舉辦的亞非回教會議。[27] 在蘇卡諾（Sukarno）執政時期，印尼與中華人民共和國建立關係，1968 年蘇卡諾因九三〇事件而下臺，由反共主義者的蘇哈托（Suharto）取代，加強與西方國家的關係，同時也與中華人民共和國斷交，推動排華政策。除了菲律賓與錫蘭之外，英國與西德等國家也參加了這場會議。中華民國回教代表團將享受宗教自由的「自由中國」與壓迫宗教的「共產中國」對比，為了對抗共產主義的邪說而提出發揚伊斯蘭教的案件，同時也會見蘇哈托，希望提高印尼華僑的政治地位。

1978 年 5 月 26 日至 29 日，蕭永泰與王英傑前往美國亞利桑那州參加美國加拿大回教學生聯盟第 16 屆大會。他們分發譴

---

25 〈中國國民黨中央委員會第五組函外交部〉（1965 年 7 月 23 日），國史館藏《外交部檔案》，典藏號：020-099909-0085。
26 對王英傑的訪談（2014 年 6 月 13 日）。
27 〈中華民國出席印尼亞非回教大會代表團報告電外交部〉（1970 年 10 月 23 日），國史館藏《外交部檔案》，典藏號：020-010807-0002。

責中共的傳單給與會穆斯林。[28] 1979 年 1 月，他們還參加英國愛爾蘭學生第 15 屆會議進行反共宣傳。[29]

＊　　　＊　　　＊　　　＊

總而言之，中國回教協會與中國回教青年會都透過國際會議、邀請國外穆斯林到清真寺宣傳反共主義，也分別派員到巴基斯坦，爭取支持中華民國，並保護華僑的權益。此外，中國回教協會為了培養下一代的「中東通」與阿拉伯語人才，派遣年輕漢語穆斯林知識分子到中東國家。

第二節　政府、中國回教協會與中國回教青年會的關係

中國回教協會與中國回教青年會都是臺灣漢語穆斯林社團，持有共同的反共立場，但於對待阿赫邁底亞的態度上仍有矛盾。

（一）中國回教協會與中國回教青年會的對立

中國回教協會與中國回教青年會至少到 1950 年代尚未有衝突的局面。1965 年，因為青年會參加阿赫邁底亞世界大會的問題，雙方產生嚴重矛盾。如前所述，中國回教青年會在中華民國政府的支持下試圖透過阿赫邁底亞與巴基斯坦建立關係，但阿赫邁底亞極具爭議性，被穆斯林視為「異端」。1928 年左右，阿赫邁底亞便已接觸漢語穆斯林知識分子，尤其是透過追求學會的

28　〈蕭永泰理事長自美返國〉，《回教文化》，第 58 期（1978 年 6 月），頁 32-33。

29　〈蕭永泰理事長自英返國〉，《回教文化》，第 60 期（1979 年 6 月），頁 35-36。

《正道》期刊宣傳他們的思想,但廣東的馬瑞圖以及華北的唐易塵等人強烈譴責其故意曲解《古蘭經》、消滅伊斯蘭教固有的禮法以及引用荒唐的伊斯蘭教經典。[30] 關於中國回教青年會參加阿赫邁底亞世界大會的事宜,中國回教協會呈請內政部與外交部不讓青年會接觸阿赫邁底亞,因為他們參加大會等於侮辱伊斯蘭友好國家,尤其是嚴重損害與沙烏地阿拉伯的關係以及中華民國的國際地位。[31]

1965 年中華民國麥加朝觀團,成員由蕭永泰等五位穆斯林組成,他們在朝觀期間被沙烏地阿拉伯拒絕入境,沙國政府似乎已取得蕭永泰曾參加阿赫邁底亞世界大會的情報。蕭永泰在當地法院接受訊問時,正式宣布切斷他們的關係,才獲准入境。值得一提的是他曾在訊問中談到阿赫邁底亞完全違背遜尼派的教義,顯示他對阿赫邁底亞並非完全不了解。[32]

儘管如此,中國回教協會理事孫繩武認為蕭永泰被沙烏地阿拉伯拒絕入境、接受訊問之事為「國恥」,便向國民黨中央委員會控訴蕭永泰。[33] 而蕭永泰則認為孫繩武在世界回教聯盟大會未反對艾沙的東突厥斯坦獨立是「國恥」,也控訴了孫繩武。中

---

30 佐口透,〈中国イスラムの近代主義〉,《金澤大學法文學部論集史學篇》,第 16 號(1969 年 3 月),頁 40-42;Eroglu Sager Zeyneb Hale, "Islam in Translation: Muslim Reform and Transnational Networks in Modern China, 1908-1957", Ph.D. dissertation (Harvard University, 2016), pp. 172-238. Leor Halevi, "Is China a House of Islam? Chinese Questions, Arabic Answers, and the Translation of Salafism from Cairo to Canton, 1930-1932", *Die Welt des Islams*, Vol. 59, Iss. 1 (2019), p. 43.
31 〈中國回教協會呈行政院、外交部〉(1964 年 12 月 19 日),國史館藏《外交部檔案》,典藏號:020-020300-0001。
32 「中國國民黨中央委員會第五組函外交部」(1965 年 7 月 23 日),〈國內外各機關檢送資料(四)〉,國史館藏《外交部檔案》,典藏號:020-099909-0085。
33 「孫繩武呈外交部」(1965 年 9 月 18 日),〈回教人士孫繩武與蕭永泰〉,中央研究院近代史研究所檔案館藏《外交部檔案》,館藏號:11-04-01-11-02-027。

央委員會審查雙方的控訴，認為蕭的控訴毫無根據而退回，但也不處理孫繩武的控訴。[34] 1949 年後，艾沙等新疆突厥語系穆斯林知識分子逃亡巴基斯坦與土耳其，在世界回教聯盟大會等宣傳新疆獨立，攏絡新疆難民。而中華民國政府遷臺後，任命堯樂博士為新疆省政府主席，扶植來臺的新疆突厥語系穆斯林難民，也在沙烏地阿拉伯等國家對他們進行思想檢查，透過提供生活費等資金攏絡他們。[35]

他們的矛盾既因為阿赫邁底亞問題，也涉及到對伊斯蘭教教義的解釋問題，雙方更在 1966 年白崇禧葬禮產生爭執。按照伊斯蘭教的教義，穆斯林歸真三天之內務必將遺體埋藏，然而卻以白崇禧在國共內戰後擔任過國防部部長為由，將他的遺體放在臺北清真寺長達八天。[36] 對此，與蕭永泰關係密切的楊德亮、臺北縣新店婦女理事長洪淑惠寄了意見書給中國回教協會，要求協會罷免參與白崇禧葬禮的孫繩武。蕭永泰也在《回教文化》期刊討論白崇禧葬禮問題，強烈譴責孫繩武，指出此事違反伊斯蘭教教義，在中國伊斯蘭教史上前所未有，還被國外穆斯林嘲笑。[37]

---

34 「答辯書」，〈回教人士孫繩武與蕭永泰〉。

35 平山光將，〈邊政或僑務？中華民國政府遷臺後對中東地區西北穆斯林難民的政策〉。吳啟訥，〈虛擬的邊疆，現實的政治—冷戰時期的中華民國政府的邊疆政策〉，收入黃克武主編，《近代中國的族群與邊疆》（臺北：秀威資訊，2021），頁 142-149。1949 年後來臺的新疆人集中在臺北市溫州街，堯樂博士就任新疆省政府主席的細節以及在臺灣的生活，參見海中雄，《溫州街的新疆大院子》（臺北：商周出版，2022），頁 58-61。中央研究院近代史研究所資訊室蔡蓉茹小姐介紹他的著作予筆者，由衷致謝。

36 〈白崇禧將軍葬禮檢討告白書〉，《回教文化》，第 39 期（1968 年 11 月），頁 12-38。高磊探討白崇禧的葬禮從黨國與教規的關係，高磊，〈宗教生活與禮俗的現代適應及其挑戰〉，收入《主命的傳承與延續：回教在臺灣的發揚與展望》，頁 318-324。

37 〈談回教葬禮〉，《回教文化》，第 39 期（1968 年 11 月），頁 2。

白崇禧上將病逝後遺體移送臺北市新生南路清真寺，照回教禮儀處理，國史館典藏號 150-030500-0026-038-004。

孫繩武自認受到誹謗而控告楊德亮、洪淑惠以及蕭永泰，[38]但控告的結果因相關史料未公開，不得而知，但至少可以看到孫繩武與蕭永泰針對外交活動與解釋教義等問題產生摩擦。

（二）中華民國政府、中國國民黨與兩個伊斯蘭教社團的政教關係

兩個伊斯蘭教社團因阿赫邁底亞與白崇禧葬禮等問題針鋒相對。那麼中華民國政府與國民黨對他們有何看法，又如何管制？

誠如第二章、第四章以及第六章所言，政府力圖將雨後春筍般成立的伊斯蘭教社團整合為官方伊斯蘭教社團，而遷臺後的中華民國政府與國民黨也採取類似的措施。就臺灣伊斯蘭教的情況

---

38 「敬覆各教親之關切垂詢孫繩武君告狀真相」，〈中國回教協會及活動〉，中央研究院近代史研究所檔案館藏《外交部檔案》，館藏號：11-04-01-11-02-008。

而言,中國回教協會與中國回教青年會兩個具有官方背景的伊斯蘭教社團實為並存。

我們從中央委員會袁守謙與張厲生的呈文中得知國民黨對兩個伊斯蘭教社團的觀點,他們認為,國民黨應對臺灣伊斯蘭教界加強管制,協助中國回教青年反共建國聯盟的活動,給予政治合法性,而讓中國回教協會減少影響力,培養具有愛國愛教精神的優秀領袖。[39] 呈文則是國民黨中央委員會將中國回教青年反共建國聯盟視為官方社團,並取代中國回教協會作為代表中華民國的地位。

1958 年,袁守謙致張厲生的呈文指出,今後團結伊斯蘭教社團,可由蕭永泰負責領導。但袁守謙已在 1955 年提出難以整合兩個伊斯蘭教社團的觀點,即中國回教協會的問題極為棘手,因為白崇禧領導中國回教協會已有二十年的歷史。[40]

中國回教協會與中國回教青年會都是官方背景的伊斯蘭教社團,他們進行反共宣傳,透過伊斯蘭教進行宗教交流。中華民國政府認為這些宗教交流符合反共與反攻大陸等國家政策,而支持他們的國際活動。但政府的介入侷限在外交領域,並不關心臺灣漢語穆斯林的教育等問題。

另外,派系也影響政府對兩個伊斯蘭教社團的態度。中國回教協會是桂系的地盤,而中國回教青年會屬於救國團。桂系在國共內戰末期已處於分裂,白崇禧逃往臺灣,李宗仁則逃往美國,儘管如此,政府與國民黨仍嚴密監視白崇禧的一舉一動,遏止桂

---

[39] 〈張厲生呈蔣中正〉(1955 年 7 月 8 日),中國國民黨黨史館藏《蔣中正總統批簽檔案》,館藏號:44/0133。

[40] 〈袁守謙呈蔣中正〉(1958 年 3 月 4 日),中國國民黨黨史館藏《蔣中正總統批簽檔案》,館藏號:44/0133。

系重新成立。[41] 為了平衡桂系與蔣經國派系，中華民國政府力圖讓兩個伊斯蘭教社團都維持運作。

1970 年代，兩者開始有所變化。內政部發出兩個伊斯蘭教社團互相配合的通知，筆者認為有兩個背景：孫繩武於 1975 年歸真，且中國回教協會理事長的職位於 1974 年至 1977 年空缺。[42] 1977 年 4 月 10 日，中國回教青年會遵照內政部的通知，申請併入中國回教協會。[43] 中國回教青年會在維持組織結構的同時加入中國回教協會，中國回教協會任命該協會理事王農村為中國回教青年會顧問。[44]

第三節　小結

1949 年以後臺灣漢語穆斯林知識分子透過國民外交與國際穆斯林展開活動，在各種國際場合進行反共宣傳，以對抗中華人民共和國對中東與東南亞各國的統戰外交。他們在國民大會上提出國際穆斯林的交流與提高政治地位之案，但除了促進臺灣漢語穆斯林的國際交流之外，其他的案件未能通過。

對中國回教協會與中國回教青年會的關係而言，前者具有桂系背景，後者則屬於蔣經國派，兩個伊斯蘭教社團都有官方背景，但因為阿赫邁底亞、新疆、白崇禧葬禮問題產生激烈衝突。

---

41 白先勇、廖彥博，《止痛療傷：白崇禧將軍與二二八》（臺北：時報文化，2014），頁 263。

42 賈福康，《臺灣回教史》，頁 13-14、117。

43 〈中國回教青年會召開第三屆會員大會〉，《回教文化》，第 57 期（1977 年 12 月），頁 19。

44 〈中國回教青年會加入回教協會為團體會員〉，《回教文化》，第 56 期（1977 年 6 月），頁 31。

1970年代中期以後，因中國回教協會的組織結構問題，內政部決定促進兩個伊斯蘭教社團合作。

關於中華民國政府與兩個伊斯蘭教社團的關係，蕭永泰被政府視為臺灣伊斯蘭教的領袖，以減少白崇禧的政治影響力。然而，政府雖維持兩個伊斯蘭教社團並存的狀態，並介入他們的國際活動，卻消極處理教育問題。漢語穆斯林知識分子沿襲1949年之前的國民外交，也獲得政府金援，相關國際活動以符合國家利益與伊斯蘭教的發展為主，可以說他們確實為「愛國愛教」。

第十章　中國回教青年會的定期刊物與思想

本章試圖透過中國回教青年會的期刊《回教文化》，探討遷臺後漢語穆斯林知識分子的國際觀、反共宣傳、伊斯蘭教革新思想、族群認同以及歷史觀念。《回教文化》是季刊，筆者認為可藉此闡明中國回教青年會知識分子具有學術上的意義。關於中國回教青年會的前人研究，蘇怡文[1]與楊慧娟[2]都曾探討，蘇的研究只介紹青年會的概要，而楊慧娟的研究全方面探討青年會。但筆者認為目前很少檢討青年會理事長蕭永泰的思想系譜以及《回教文化》的政治立場等議題，因此本章重點探討蕭永泰在來臺前後的經歷與思想脈絡。

第一節　蕭永泰與中國回教青年會

（一）蕭永泰的經歷與思想系譜

蕭永泰1919年4月18日生於熱河省綏東縣（現內蒙古自治區通遼縣），北平中國大學政治經濟學系畢業，1941年加入國民黨，並考入奉天回教文化學院攻讀阿拉伯語與伊斯蘭教學。[3]

他在奉天回教文化學院時代的老師是張子文（張德純）。張

---

[1] 蘇怡文，〈伊斯蘭教在臺灣的發展與變遷〉。
[2] 楊慧娟，〈中國回教青年會會務的延續與變遷〉，收入《生命的傳承與延續：回教在臺灣的發揚與展望》，頁138-189。
[3] 對蕭永泰的兒子蕭美君先生的訪談（2014年4月12日）。楊慧娟老師介紹蕭美君先生予筆者，也陪同筆者去訪談，由衷致謝。

子文於1875年出生在遼寧省本溪,是科舉秀才,與王寬(王浩然)一同進行伊斯蘭教革新運動。王寬赴麥加朝覲後走遍中東各國,回到中國之後,為漢語穆斯林子弟開辦高級學校。王寬與張子文共同出版了《正宗愛國報》,探討漢語穆斯林在五族共和框架中的定位、「愛國愛教」以及清真飲食等議題,[4] 他們為了促進群體的團結而成立中國回教俱進會(詳見第四章)。

張子文在北京西單清真寺擔任阿訇,與著名京劇演員馬連良、[5] 其父馬西園建立良好的關係。之後,張子文到瀋陽擔任阿訇,建立瀋陽文化清真寺,希望透過文化教育啟蒙,而將清真寺名字叫做「文化」清真寺,[6] 我們可以看到蕭永泰受到張子文的影響,也將他所建立的清真寺命名為臺北「文化」清真寺。

1930年,張子文受到北平成達師範學校校長唐柯三的邀請,在成達師範學校教授阿拉伯語與伊斯蘭教學。[7] 他將阿拉伯文《古蘭經》譯成中文的同時,也於1936年成立奉天回教文化學院,除了教授伊斯蘭經學與阿拉伯語之外,也包含中國歷史、中文、日文、英文,教師與學生分別共有一百人與一千五百人。[8]

4　海野典子,〈中国ムスリムの「清真」意識と自他意識—二〇世紀初頭の華北地域におけるハラール問題と「回」「漢」関係〉,《イスラーム地域研究ジャーナル》,第8号(2016年3月),頁12-24。張巨齡撰寫父親張子文的文章,提到奉天回教文化學院及瀋陽伊光中學,但沒提到蕭永泰擔任該校校長以及他們的師弟關係。張巨齡,《綠苑鉤沈——張巨齡回族史論選》,頁133-134。

5　馬連良是北京西單的回民。章怡和,《伶人往事:寫給不看戲的人看》(臺北:時報文化,2015),頁32。張永和,《春風秋雨馬蹄疾:馬連良傳》(上海:上海古籍出版社,2011),頁1-29。馬龍,《不信東風喚不回:我的祖父馬連良》(北京:團結出版社,2018),頁1-7。

6　嵐峰,〈受人尊敬的—張德純阿洪〉,《回教文化》,第1期(1956年7月),頁27-28。

7　〈張子文阿訇不久來平〉,《月華》,第2卷第14期(1930年4月),頁3。

8　嵐峰,〈受人尊敬的—張德純阿洪〉,頁27-28。

該學院是受到滿洲國皇帝溥儀與滿鐵總裁松岡洋右的經濟援助而建立，也持續得到在蒙關東軍以及奉天特務機關的經營費。張子文是中國回教總聯合會的成員，在熱河省承德展開內蒙工作，成立伊斯蘭反共同盟。蕭永泰自奉天回教文化學院畢業後，即擔任該學院的教師。[9] 由此可知，雖然他們在伊斯蘭教教學上是師徒關係，但張子文從事滿洲國回教工作，蕭永泰則加入國民黨，進行抗日活動，他們政治立場完全相反。1942 年 7 月，馬連良為了慶祝滿洲國成立十周年而被邀請到奉天回教文化學院為擴建籌款義演。[10]

日本投降之後，蕭永泰與張子文共同成立瀋陽伊光中學（前身為奉天回教文化學院），[11] 蕭永泰就任校長。[12] 但學校經營遭遇困難，教員良莠不齊，尤其發生暑期辭退四人之事。[13]

1946 年，中國回教協會遼寧省遼陽分會成立，蕭永泰擔任理事。[14] 蕭永泰主持教委會籌備委員會，教委會於 1946 年 9 月 1 日成立在瀋陽南清真寺，張子文為主任委員，宣讀開會宣言。[15] 蕭永泰辭任校長之後，擔任國民黨三民主義青年團瀋陽分團長、第一屆國民大會工人團體代表。1949 年，蕭永泰於廣州成立中國

---

9 田島大輔，〈「滿洲国」のムスリム〉，頁 146-159。
10 李世強，《馬連良藝事年譜（1901-1951）》（北京：中國戲劇出版社，2012），頁 664。值得注意的是，第六章所看到的唐易塵與張子文在抗戰期間加入中國回教總聯合會，日本投降後，他們都加入中國回教協會地方分會，在行政與教務上扮演重要角色，然而馬連良因在奉天回教學院義演，遭到國民政府逮捕。
11 中華人民共和國成立後，瀋陽伊光中學改為瀋陽回民中學，至今存續。
12 金博諒，〈中国瀋陽回回營の歴史民族誌研究—回族の民族教育と商業施設の変遷〉（東京：中央大學大學院博士論文，2017），頁 119-130。
13 〈伊光學校更換教員〉，《清真鐸報》，第 27 期（1946 年 9 月），頁 13。
14 〈遼陽成立回協支會〉，《清真鐸報》，第 27 期，頁 13。
15 〈遼寧省分會成立教委會〉，《清真鐸報》，第 28、29 期（1946 年 11 月），頁 19。

回教青年反共建國同盟,遷臺後歷任第一屆國民大會工人團體代表、動員戡亂委員會委員、臺灣省改造會青年運動委員會委員、光復大陸設計研究委員會委員、世界反共聯盟中國分會理事與亞洲人民反共聯盟中國總會常務理事。1950 年,蕭永泰為促進伊斯蘭教革新運動而建立臺北文化清真寺,擔任阿訇至 1990 年歸真為止。[16] 張子文於 1949 年以後留在瀋陽,在反右鬥爭中遭到批鬥,於 1966 年歸真。

臺北文化清真寺,民國歷史文化學社編輯部攝

---

16 筆者與楊慧娟對蕭永泰之子蕭美君的訪談(2014 年 4 月 12 日)。中國回教青年會的部分理事是奉天回教文化學院畢業生,例如李雨辰於 1926 年出生在瀋陽,來臺後擔任中隊長幹事書記兼中國回教青年會副幹事;馬嵐峰於 1929 年出生在瀋陽,來臺後擔任救國團團部編審兼中國回教青年會幹事。「中國回教協會五十八年度回教朝覲候選人員簡歷」,〈1969 年回教朝覲團〉,中央研究院近代史研究所檔案館藏《外交部檔案》,館藏號:11-04-01-11-02-001。

臺北文化清真寺
禮拜時鐘，
民國歷史文化學
社編輯部攝

（二）中國回教青年會與其活動內容

中國回教青年會著重在伊斯蘭教的傳教與國外的活動。以臺北文化清真寺為中心展開活動，出版《回教文化叢書》，舉辦討論伊斯蘭教教義及禮拜的研究會，以及為傳教而舉行自強活動。

中國回教青年會對鹿港郭姓家族展開臺灣伊斯蘭教尋根調查，郭姓是臺灣早期穆斯林的後代，後來放棄伊斯蘭教信仰。1956 年，青年會成員陳漢光拜訪居住在臺北市延平北路的郭家後發現，郭姓與伊斯蘭教有關係，來自福建惠安秀塗。之後，陳漢光與蕭永泰到鹿港拜訪，發現日治時代郭姓家族曾經邀請福建的阿訇到鹿港舉行誦念古蘭經等伊斯蘭教儀式。[17]

1961 年中國回教青年會派遣理事趙玉崑參加由中國青年反

---

17 陳漢光，〈臺灣回教與大陸〉，《臺灣風物》，第 10 卷第 4 期（1960 年 4 月），頁 3。

共救國團舉辦的全國代表大會,大會的代表包括各大專院校的學生社團、華僑青年社團等各青年社團,中國回教青年會是此次會議中唯一的宗教社團,會議討論的議題是中國青年自強救國綱領等。[18]

在國際活動方面,中國回教青年會的國際活動主要向巴基斯坦與東南亞等地舉辦的國際會議進行反共宣傳,詳細內容已在第九章所探討,不再贅述。

第二節 《回教文化》的特點與政治立場

本節將分析中國回教青年會期刊《回教文化》的政治立場、伊斯蘭教革新以及族群認同。

(一)《回教文化》的特點

《回教文化》於 1956 年至 1984 年在臺北文化清真寺出版,蕭永泰的兒子蕭美君表示,1984 年至 1990 年間仍斷斷續續地出版,[19] 遺憾的是筆者尚未找到這時期的《回教文化》。

1950 年代中國國民黨的宣傳體制是以敵我分明構建國際觀,分成以美國為首的自由主義國家與以蘇聯為主的共產主義國家,宣傳基調為讚美美國,詆毀蘇聯與中華人民共和國。[20] 此外,美國新聞署(United States Information Agency, USIA)在臺灣與香港

---

18 趙玉崑,〈全國青年代表會議的歷史任務〉,《回教文化》,第 6 卷第 2 期(1962 年 3 月),頁 29-30。
19 筆者與楊慧娟對蕭永泰之子蕭美君的訪談(2014 年 4 月 12 日)。
20 林果顯,《1950 年代臺灣國際觀的塑造:以黨政宣傳媒體和外來中文刊物為中心》(新北:稻鄉出版,2016),頁 43-76。

等華人社會出版《今日世界》等期刊宣傳美國的民主、文化以及生活方式，也宣傳反共主義，譴責蘇聯及中華人民共和國的政治情況。[21] 美國新聞署在臺灣各地成立圖書室，並開放給臺灣讀者閱讀美國的出版物。[22]

在國民黨以及美國新聞署兩大國際宣傳體制之下，《回教文化》具有哪些國際宣傳的特色？《回教文化》主要是社論、伊斯蘭教教義與國內外伊斯蘭教的研究。社論由蕭永泰親自提筆，內容是國內外伊斯蘭教之情況與反共反蘇宣傳。

《回教文化》與清末民初後其他伊斯蘭教期刊的不同之處，在於尾頁會刊載外文內容（英文、西班牙文與阿拉伯文）。《回教文化》英文版是蕭永泰的主麻日演講、臺灣伊斯蘭教狀況與反共宣傳。出版英文版的原因是為了對抗共產主義與殖民地主義，《回教文化》以泛伊斯蘭主義的精神推動國外穆斯林的團結，試圖與英國的《伊斯蘭評論》（*The Islam Review*）以及巴基斯坦的《伊斯蘭》（*Al-Islam*）等期刊進行交流。[23] 而《回教文化》亦時常翻譯轉載這些國外文章，[24] 藉由伊斯蘭教的國際趨勢開啟漢語穆斯林視野。像是中國回教青年理事的馬品孝曾在《伊斯蘭評

---

21 單德興，《從文化冷戰到冷戰文化：《今日世界》的文學傳播與文化政治》（臺北：書林出版，2022），頁 25-45。關於冷戰時期美國中央情報局與出版物的情況，詳見 Frances Stonor Saunders, *The Cultural Cold War: The CIA and the World of Arts and Letters* (New York: The New Press, 1999).

22 熊一蘋，《華美的聲音：1960 年代美軍文化影響下的臺中生活》（臺北：蔚藍文化，2022），頁 93。

23 英國的《伊斯蘭評論》是在英國 The Shah Tehan 清真寺出版的期刊，探討伊斯蘭世界的趨勢與伊斯蘭文化。《回教文化》，第 2 卷第 1 期（1957 年 7 月），頁 4-7。對巴基斯坦《伊斯蘭》期刊不得而知。

24 Yusof Ma Pin-sho, "Islam in Free China",《回教文化》，第 2 卷第 1 期（1957 年 7 月），頁 22-24。原文是 Yusof Ma Pin-sho, "Islam in Free China", *The Islamic Review*, April 1957.

論》發表〈自由中國的回教〉,並被轉載在《回教文化》。

期刊是免費贈送,主要讀者是漢語穆斯林知識分子、國外的穆斯林以及關心伊斯蘭教的漢族等。而資金來源是中華民國政府或是中國回教青年會,還有待調查。

值得注意的是《回教文化》英文版會刊登國外穆斯林讀者的來信,代表性讀者是日本的佐久間貞次郎與波蘭的 Omar Amin Sywarc。佐久間貞次郎是戰後日本伊斯蘭教界的反共穆斯林,於 1952 年成立國際穆斯林協會(The International Moslem Association),白崇禧亦掛名該協會的榮譽理事,[25] 蕭永泰希望與佐久間進行宗教交流,曾將自己翻譯的中文伊斯蘭教教義書寄給佐久間,佐久間也致函蕭永泰呼籲以泛伊斯蘭主義團結穆斯林;[26] Omar Amin Sywarc 是華沙大學東方語文系的穆斯林學生,他的來信提及波蘭穆斯林的歷史、現狀以及自己的伊斯蘭教信仰。[27]

(二)《回教文化》與反共主義

1949 年後的中華民國政府處在推動反攻大陸之際,極為重視國內外的政治宣傳活動,尤其是 1954 年至 1958 年的海峽危機時,強烈譴責「人民公社」與中華人民共和國的「暴政」,試圖掀起反共運動。因為中華民國政府須對國內外強調自己統治「中國」的合法性,故也對支援中華人民共和國的蘇聯予以譴責,在此背景下,《回教文化》配合政府展開反共宣傳。

---

25 松本ますみ,〈佐久間貞次郎の対中国イスラーム工作と上海ムスリム:あるアジア主義者をめぐる考察〈アジア・ムスリムのネットワークと運動 第 2 部:アジア・ムスリムのイスラーム言説とイスラーム運動〉〉,《上智アジア学》,第 27 期(2009 年 12 月),頁 127。
26 "A Letter from Japan",《回教文化》,第 3 卷第 2 期(1958 年 3 月),頁 30-32。
27 〈波瀾回教青年的一封信〉,《回教文化》,第 50 期(1974 年 12 月),頁 7-8。

《回教文化》的反共宣傳亦翻譯轉載國外穆斯林期刊的相關文章。如1956年，印尼穆斯林協議會會長Mohamed Saleh Suwaidy曾應中共邀請前往訪問，他回到印尼後，將有關中華人民共和國伊斯蘭教情況的文章投稿《蓋蘭》（QALAM），指出中國穆斯林的人口從五千萬銳減至一千萬，並強調中國大陸沒有宗教自由，人民只能在政府允許的條件下信仰宗教。[28]

　　歷任成達師範學校教師、中共執政後成立中國伊斯蘭教經學院副院長的馬松亭等人，在反右鬥爭中被打為「右派」；[29] 擔任北京大學與中國伊斯蘭教經學院教師的陳克禮（河南人）也在反右鬥爭中遭到批判，於1958年至1961年被迫在陝西省銅川從事勞動改造。[30]

　　中國回教青年會的劉大可指出，《人民日報》（1958年5月16日）敘述河南省的回教同胞如何不滿中共政府等。[31]《人民日報》具體的報導內容是開封漢語穆斯林知識分子白清章等阿訇譴責中共的宗教政策，以及合作社制度使漢語穆斯林陷入困境，而白清章因不讓漢語穆斯林加入中國共產主義青年團也在反右鬥爭被打為「右派」。[32]

　　在筆者看來，《回教文化》花費極大的篇幅在對中共宗教政

---

28 〈共匪奴役下的回教實況〉，《回教文化》，第3期（1956年10月），頁18-24。
29 朱正，《兩家爭鳴 反右鬥爭》（臺北：允晨文化，2001），頁561-562。
30 馮今源，〈對陳克禮一生的回顧與反思〉，收入穆罕默德‧薩利赫‧馬志仲，《真友心語：陳克禮學術思想研究文集（下冊）》（蘭州：甘肅民族出版社，2013），頁85。陳克禮經過勞改打成富農階級，文革期間被紅衛兵抄家沒收翻譯作品，於1970年7月5日以反革命罪槍決，1980年獲得平反。
31 劉大可，〈共匪竊據段的中國大陸回教同胞普遍起義反抗了！〉，《回教文化》，第28期（1963年10月），頁6。
32 〈徹底打垮了右派──深刻教育了自己──河南回族人民覺悟大大提高〉，《人民日報》，1958年5月16日，第4版。

策上，但未探討文化大革命。中共統治下的中國伊斯蘭教經學院受文革影響，曾被迫關閉，至1982年11月才重新開學。《回教文化》亦指出考入該學院的漢語穆斯林子弟都須受馬列思想與無神論等政治宣傳。[33]

《回教文化》批評蘇聯宗教政策的文章只有翻譯介紹，並未評論。蕭永泰將S. M. I. Kram刊登在巴基斯坦《伊斯蘭》的文章翻譯成中文。其內容是批評中共與蘇聯的宗教政策，也指出在中國與蘇聯境內有政府強行關閉清真寺，槍殺阿訇等慘況，呼籲國際應以全球穆斯林的團結對抗共產主義。[34]

由此可見，《回教文化》於1956年至1980年代持續批評共產主義，尤其是中華人民共和國的宗教政策。

（三）《回教文化》與反殖民主義及反蘇聯

《回教文化》刊載的文章，既指責歐洲列強的殖民主義，同時也認為蘇聯的共產主義給穆斯林帶來威脅。

《回教文化》提到關於殖民主義的案例如蘇伊士運河國有化問題。1956年，埃及總統納塞（Gamal Abdel Nasser Hussein）掀起阿拉伯社會主義，同時也宣布蘇伊士運河的國有化，與英國及法國產生對立。納塞總統為了籌集阿斯旺水庫建設費用而試圖向美國靠攏，但遭到美國政府的反對。在這種情況下，納塞總統開始傾向蘇聯。

根據埃及局勢，中國回教青年會楊登和認為蘇伊士運河問

---

33 〈中共利用回教對國際回教統線〉，《回教文化》，第68期（1983年3月），頁17。

34 S. M. I. Kram，蕭永泰譯，〈被遺忘的中國大陸和蘇俄回教人〉，《回教文化》，第27期（1963年5月），頁34-36。原文題目是S. M. I. Kram, "Forgotten Muslims of Russia and China", *Al-ISLAM*, Vol. XI, No. 4 (February 1963).

題，從集體安全保障與東方民族主義的角度而言，西方國家應尊重埃及的權利，以免埃及倒向蘇聯。[35] 雖然納塞總統傾向蘇聯，但埃及的立場不親美，也不親蘇，屬於中立勢力。[36] 儘管如此，《回教文化》仍將納塞視為蘇聯的「傀儡」。

另外，美國總統艾森豪（Dwight David Eisenhower）為了遏止蘇聯對中東國家的軍事影響力，提倡以武力與經濟援助中東國家，《回教文化》相當認同艾森豪的中東政策，認為在遏止蘇聯影響力深入中東一事上，美國扮演很重要的角色。[37]

《回教文化》極關注中東地區局勢，曾引用《伊斯蘭評論》的文章譴責阿爾及利亞獨立運動中法國對當地人民所施加的暴行，[38] 此外，還轉載馬品孝翻譯後的 Iqbal Ahmad 之文章，該文認為阿拉伯民族主義能遏止歐洲列強與蘇聯入侵中東國家。[39]

由此可見，《回教文化》同時批評歐洲殖民主義以及蘇聯共產主義，呼籲全球穆斯林的團結，但評論因時間的推移而有所變化。譬如《回教文化》曾指責納塞總統，但納塞於 1970 年歸真

---

35 楊登和，〈導致中東局勢之危機─蘇彝士運河〉，《回教文化》，第 6 期（1957 年 2 月），頁 21-22。

36 1966 年 8 月，埃及穆斯林同胞團領導人 Sayyid Qutb 被納塞總統判處死刑，《回教文化》強烈批判納塞總統的作法是共產主義。郁素夫金，〈震驚回教世界的暴行〉，《回教文化》，第 36 期（1967 年 5 月），頁 22-24。關於 Sayyid Qutb 傾向伊斯蘭教極端主義的原因是他的留美經驗與其家庭情況。他譴責資本主義或共產主義，也強調回歸穆斯林應有的國家體制。James Toth, *Sayyid Qutb: The Life and Legacy of A Radical Islamic Intellectual* (New York: Oxford University Press, 2013), pp. 12-212. 雖然《回教文化》強烈譴責納塞總統的作法，但納塞為了追求阿拉伯民族主義，反對共產主義侵入中東國家。ナセル著、西野照太郎譯，《革命の哲學》（東京：平凡社，1956），頁 129-130。

37 〈論艾森豪主義〉，《回教文化》，第 6 期（1957 年 2 月），頁 2。

38 〈法國在阿爾及利亞的暴行〉，《回教文化》，第 2 卷第 2 期（1957 年 9 月），頁 17-18。原文刊登在 *The Islamic Review* (June, 1957)。

39 Iqbal Ahmad，品孝譯，〈阿拉伯世界與共產主義（下）〉，《回教文化》，第 6 卷第 2 期（1962 年 3 月），頁 19-20。原文典處不詳。

後,《回教文化》認為雖然納塞推動阿拉伯社會主義,但他是對抗以色列的虔誠穆斯林。[40]《回教文化》對阿拉伯社會主義的看法具有極大的改變,它認為阿拉伯社會主義與蘇聯共產主義完全不同,並不否定伊斯蘭教教義,力圖實現經濟平等;將阿拉伯社會主義分類為伊拉克巴斯黨與埃及總統薩達特(Muhammad Anwar el-Sadat)提倡的「非宗教性的社會主義」與利比亞卡札菲(Muammar Gaddafi)的「伊斯蘭的社會主義」。[41]

《回教文化》按照國民黨以及美國新聞處國際宣傳的方針,強調反共與反蘇。但以泛伊斯蘭主義反對殖民主義、呼籲國外穆斯林共同對抗共產主義,後來還高度評價阿拉伯社會主義。

對戒嚴時期的臺灣而言,國際消息渠道基本仰賴美國媒體,而《回教文化》能透過國際穆斯林網絡收集信息,自己分析國際趨勢,提供關心伊斯蘭世界的臺灣讀者不同的國際消息。

第三節　《回教文化》的思想

本節主要探討《回教文化》的思想,即伊斯蘭教革新運動、族群認同以及歷史觀。

(一)《回教文化》中的伊斯蘭教革新論

蕭永泰受到張子文伊斯蘭教革新的薰陶,與中國回教青年會成員將伊斯蘭教革新運動的文章刊載於《回教文化》。他們的伊

---

40 〈從遵守回教教規談納瑟總統的葬禮〉,《回教文化》,第43期(1970年12月),頁1。
41 〈社會主義思想漸入伊斯蘭世界　多遵從教義並隨地域習俗改變〉,《回教文化》,第63期(1980年12月),頁39-40。

斯蘭教革新論可歸結為三點：面向教內外宣傳伊斯蘭教、提倡伊斯蘭教的教義以及重建成達師範學校。

筆名「息力爾馬」的投稿者認為伊斯蘭教因宣傳力量不夠，導致教外人士的誤會，或產生猜疑，而教內的穆斯林對教義不了解，只知道遵守教規。他提出宣傳伊斯蘭教的方法：一是加強伊斯蘭教的佈道工作；二是將《古蘭經》的內容用國語闡譯；三是儘量利用報刊、集會、學校、無線電廣播，進行佈道工作；四是每個禮拜五禮拜時，採行集體「教義研討」與「問題解答」，並事後刊行「單行本」，廉價出售；五是報刊力求普遍發行，內容講求充實正確，合乎一般需求；六是倡導教胞福利工作，如興辦小型生產工廠、職業介紹、創辦學校、婚姻介紹以及教友聯絡通訊等。[42]

《回教文化》出版的目的是研究伊斯蘭教，尤其是清真飲食。蕭永泰指出，沒教養的文人以穆斯林不吃豬肉為理由侮辱穆斯林，而實際上穆斯林不吃豬肉的原因是內含大腸菌等細菌及寄生蟲。[43]

1962年，蕭永泰訪問日本後發表有關伊斯蘭教革新的文章，提出回歸到穆斯林應有的姿態，並加強與非穆斯林的交流。關於伊斯蘭教的發展，蕭永泰如同清末民初的漢語穆斯林知識分子一般提倡與非穆斯林和平共處，在臺灣社會，漢語穆斯林是少數族群，與漢族的共存是急待解決的課題。[44]

---

42 息力爾馬，〈回教文化工作之重要性〉，《回教文化》，第1期（1956年7月），頁28-30。
43 蕭永泰，〈回教飲食問題〉，《回教文化》，第2期（1956年9月），頁9-12。
44 蕭永泰，〈日本歸來述懷〉，《回教文化》，第6卷第2期（1962年3月），頁2-4。

蕭永泰將有關伊斯蘭教革新的文章刊登在《回教文化》,又在1978年第一屆國民大會第六屆會議提出重建成達師範學校之案:

> 成達師範學校係回民熱心宗教及教育人士所發起,誠屬一理想之回教師範學校,於民國十四年四月廿四日創立於濟南,在抗戰時期因事實需要改制為國立,有案可稽,共匪竊據大陸後實施暴政,已將滿、回、藏少數民族固有文化及各種教育設施摧毀無遺,現共匪在回教國際利用各種機會宣傳,曲解事實,謬稱臺灣並無回教,企圖打擊我與回教國家之友好關係,其用意至為慘毒,今日大陸少數民族及各宗教悉受共匪摧殘,尤以回民為甚,因此國立成達師範學校在臺復校,以培養回民師資人才確屬必要,俾於光復大陸後,對於大陸六千萬回民實施再教育之工作,今日我爭取阿拉伯回教國家友好關係與文化交流深感阿拉伯語文人才之缺乏,針對此種情形,其人才之培育尤關重要,茲為國家大計拓展回教國際外交,此項教育機構,不可忽視,更應積極籌劃復校關係國家前途良非淺鮮。
> 辦法
> 建議政府援中央、清華、交通等大學在臺復校之成例,迅即切籌劃國立成達師範學校在臺復校,以符回民之願望,而粉碎共匪統戰之陰謀。[45]

光復大陸設計研究委員會已在「反攻大陸」後的計畫提到成達師範學校復校,[46] 而蕭永泰即是委員會委員。順帶一提,成達

---

45 〈蕭永泰阿衡以代表身份向國民大會第六次會議提案〉,《回教文化》,第58期(1978年6月),頁33-34。
46 「中國國民黨中央委員會第五組函蔣經國」(1966年8月6日),〈中國回教

師範學校在抗戰爆發後，從北平遷移到廣西桂林，於1941年改為國立成達師範學校，日本投降後，返回北平復校。1949年，中共接管國立成達師範學校，並與西北中學等北京漢語穆斯林學校合併為國立回民學院，後來改稱北京市回民學校。[47]

在培養阿拉伯語人才方面，雖然國立政治大學開設阿拉伯語課程，但人才數量還是遠遠不足，培養阿拉伯語人才有利於中東國家的交流，也可解決師資缺乏的問題。蕭永泰讓優秀的漢語穆斯林子弟到巴基斯坦等國留學，但青年會培育經費有限，他企圖在政府的支持之下，透過成達師範學校的復校來培養人才，以推動與中東國家的交流。雖然他提出成達師範學校如同中央大學、清華大學及交通大學在臺灣復校，但他的提案沒有實現。[48]

（二）《回教文化》的族群認同與歷史觀

如前所述，王寬等清末民初的漢語穆斯林知識分子在不同的層面強調自己的族群認同，至1949年以後，蕭永泰等中國回教青年會成員在政治活動與《回教文化》上也有相似的討論，仍延續民國初期漢語穆斯林宣揚族群認同的思想活動。

1954年，蕭永泰在第一屆國民大會第二次會議提到漢語穆斯林的族群認同：

協會〉，中央研究院近代史研究所檔案館藏《外交部檔案》，館藏號：11-04-01-11-02-007。

47 「北京市回民學校簡介」北京市回民學校官網：bjhmxx.com（點閱時間：2023年5月27日）。

48 蔣經國支持成達師範學校在臺復校，但臺灣漢語穆斯林人口太少，資金也太少，難以復校。2014年5月16日，筆者、楊慧娟老師對馬凱南博士的訪談；2014年6月13日，筆者對王英傑先生的訪談。

> 查我國回民，於隋唐之際，自邊疆遷入內地，經千餘年之自然蕃衍，人數達五千萬，證之回民外界不通婚姻，以及宗教信仰之堅強，與乎飲食禮俗之有別，足知五千萬之中，其由內地居民半途加入者為數至微，且「回民」系唐時「回」之舊稱，原為民族而非宗教，辛亥革命成功，所定漢、滿、蒙、回、藏五族共和，回族系指全國之回民，猶之滿族，係將前清駐防各省之旗籍人民包括在內，並非專指長白山麓發源地之滿族而言，至為明顯。[49]

孫文所提倡的「回族」就是新疆突厥語系穆斯林，並不包括內地回民，他們被視為「漢回」，而從蕭永泰的發言來看，他認為包含內地回民在內的中國穆斯林都是「回族」。蕭永泰也在《回教文化》表明過自己的族群認同，他於1972年探討回民對發揚中華文化的貢獻：

> 回回民族在過去雖是長期遭受壓迫的民族，但是這個民族的聰明智慧，仍能在學術文化上有他的貢獻。當十三世紀中葉以至十四世紀中葉，元朝的統治時期，各國的伊斯蘭教（回教）人定居中國以後，壓迫的程度相對的減輕，同時回回民族的學人又從外國帶來了許多新的知識，所以在學術文化方面貢獻殊多。[50]

蕭永泰的「回族」論不僅只是稱呼，其範圍也從中國穆斯林擴大

---

49 「提案第四七五號」，〈對第一屆國民大會第一次會議提案及第二次會議質詢與建議辦理情形〉（1954年），國史館藏《外交部檔案》，典藏號：020-130400-0068。

50 蕭永泰，〈回回民族在學術文化上的貢獻〉，《回教文化》，第46期（1972年12月），頁13。

到全球穆斯林。蕭永泰又於 1977 年重新討論自己族群：

> 古蘭經第三章第一一〇節「你們是為世人而被產生的最優秀的民族，你們勸善戒惡。」凡是信仰真主安拉的為一個民族，並且是優秀的民族，所謂優秀民族，因為信仰伊斯蘭者，負有勸善止惡的責任，及其文化傳統的精神，所以一個民族的存在，皆賴以其文化和民族的氣節，倘若人數多的民族侵蝕了少數民族的精神，而少數民族喪失了民族的自信心和自尊心，以及民族的氣節，那末，雖有其文化和傳統的精神，也可以被同化而滅亡。當然中國的回教民族也不能例外。一千三百多年以來，回教民族的力量延續至今日，不但回教民族的風俗習慣的特性，毫無損傷，而且中國大陸在沒有被共匪侵佔之前，伊斯蘭的意識和氣節，越發的濃厚起來。[51]

認為回教民族不但是構成中華民族的一個「民族」，也是信仰阿拉的群體。

除了蕭永泰之外，其他中國回教青年會漢語穆斯林知識分子也提倡族群認同，比如成員劉大可於 1966 年討論「回族」：

> 回族是中華民族的構成份子的主流民族，雖然說有其自中國古代以來的系統，也有唐代以後阿拉伯等民族的流入的系統。予其說是血統相同，毋寧說是宗教的同一，所以歷來回族與非回族的區別，亦就要看宗教是否相同，這是十分正確的。因為今

---

51 蕭永泰，〈回教民族現在的遭遇過去的地位及今後的努力〉，《回教文化》，第 57 期（1977 年 6 月），頁 3。

天所講的民族不是純人種學上的民族,而是宗教上的民族,因此中國確無回族不信仰回教的,而非回族也沒有信仰回教的,總之那一民族信仰了回教,就變了回族。相反的,其祖先對回教的信仰無論如何虔誠,一旦不信仰了回教,就已經不是回族,這種事實是永久不會泯滅的,所以回族之名在今日,欲其謂重視族的意味,無寧謂在教的意味重。[52]

劉大可的「回族」論將信仰伊斯蘭教的群體視為「回族」,與蕭永泰明顯有很大差距。他的「回族」論識別為「回回族」、「東干族」、「維吾爾族」、「哈薩克族」、「塔塔爾族」以及「撒拉族」。他還敘述「回族」的特點:

我們要研究中國的回族的分布,中國的回族,並不是都清一色的,當然是因地域呈異趣,但他們信仰,都是一致的。他們的中心理論,便是古蘭經。信仰一致,理論統一,便由「宗教意識」,擴張為「民族意識」。既有「民族意識」當然對外,有「你中我有」之感,主觀方面,有了民族自信心。客觀方面,覺得回族實在有些與其他民族不同之特別性,於是便形成我們的整個回族,至於回族在中國的分布大別為二,(甲)西北回族、(乙)內地回族。砸分布言之中國回族,(甲)西北回族:(1)纏回族 a. 纏頭回族——散處天山之南,b. 布魯特回族——散處喀什噶爾英吉沙爾各地;(2)哈薩克回族——散處阿爾太山塔爾巴哈臺各地;(3)黑黑字回族——散處伊犁烏什喀什沿邊;(4)塔塔爾回族——疆邊;

---

52 劉大可,〈中國回族概論〉,《回教文化》,第35期(1966年6月),頁19。

（5）關加以回族——疆邊；（乙）內地回族（東干回族）——甘陝以及內地各省。[53]

蕭永泰與劉大可的「回族」論都在探討回民在中華民族框架中的定位，與此同時，蕭永泰也討論回教民族在中國歷史中的定位，認為回教民族在唐代以後開始移民到中國，宋代至明代受到皇帝的優待保護，達到前所未有的榮華。然而，到清代，回教民族受到冷落，尤其是在回民事變後遭受極大的打擊。

蕭永泰也呈請中華民國政府重新評價漢語穆斯林為清代史作出的貢獻：

> 所謂「回亂也好」，「回變」也好，究竟「亂」的誰？「變」的誰？應該審慎研究，當時是回教民族顯示著正義感的精神，不忍滿清政府獨裁者壓榨各民族而起義反抗之，也可以說回教民族大力協助國民革命推倒滿清政府，為何教育當局不加以研究刪除所謂「回變」這個刺激而有妨碍民族團結的字眼呢？[54]

認為回教民族打倒清朝，積極配合國民革命為建立中華民國做出很大貢獻。因此，他建議將「回亂」改為「回民反清運動」。但臺灣的歷史教科書到目前為止仍未曾修改「回亂」或「回變」的歷史名稱。強調回教民族為中華文化發展作出的貢獻，故希望中華民國政府不要將清代回民事變視為負面的歷史，因為該段歷史對中華民國的成立實有貢獻。

---

53 劉大可，〈中國回族概論〉，頁24。
54 蕭永泰，〈回教民族現在的遭遇過去的地位及今後的努力〉，頁7。

第四節　小結

　　中國回教青年會理事長蕭永泰在奉天回教文化學院深受伊斯蘭教革新派張子文的影響。他在從事伊斯蘭教革新事業的同時，也在抗戰期間加入中國國民黨，參加三民主義青年團以及中國青年反共救國團。

　　蕭永泰在臺灣成立中國回教青年會，參加各種國際會議以及與國外穆斯林宗教交流展開反共宣傳。蕭永泰還擔任會內期刊《回教文化》的總編輯，《回教文化》提倡伊斯蘭教革新與反共反蘇，強調與國外穆斯林團結。在期刊加入英文等外文版面，刊登國外穆斯林的來信，具有清末民初以後中國伊斯蘭教期刊所沒有的特點。

　　《回教文化》認為歐洲列強的殖民主義以及蘇聯的共產主義帶給「烏瑪」威脅，為了與共產主義抗衡而呼籲國際穆斯林以泛伊斯蘭主義團結。進行反共宣傳之際，也提到中共與蘇聯的「暴政」，特別指出中華人民共和國成立後，中國穆斯林人口銳減，批鬥阿訇為「右派」，強烈譴責中共的民族與宗教政策。

　　《回教文化》提倡泛伊斯蘭主義，繼承了王寬與張子文的伊斯蘭教革新思想。他們認為伊斯蘭教需要革新以適應時代潮流，蕭永泰為此在國民大會訴求成達師範學校在臺灣的重建。

　　蕭永泰等部分中國回教青年會成員認為，應將在中國信仰伊斯蘭教的群體視為「回族」，也討論回民在中華民族框架中的定位，並強調回民為發揚中華文化而做出很大貢獻，呈請政府重新評估清代回民事變。

　　中國回教青年會的漢語穆斯林知識分子與蔣經國等領導人關係密切，他們的政治立場是「愛國（愛黨）愛教」。他們響應中

華民國政府的政策,展開反共宣傳。在他們看來,提倡反共反蘇既配合國家政策,也能促進伊斯蘭教的發展,因為有神論者的漢語穆斯林視無神論的共產主義是天敵。《回教文化》始終批判蘇聯型共產主義,但值得注意的是埃及納塞總統歸真之後,曾積極評價阿拉伯社會主義。

第十一章　臺北清真寺與冷戰時期國際宣傳

　　白壽彝指出，自伊斯蘭教於唐代傳入中國以降，穆斯林便以清真寺作為宗教活動的中心。[1] 清真寺除為禮拜場所之外，也有清真寺之間相互交誼，傳授伊斯蘭文化，學習阿拉伯語、波斯語等教學功能，並具有政治性。日本伊斯蘭教史專家羽田正曾探討清真寺建築的功能，以及其與政治權力的歷史脈絡，大型清真寺象徵著其奠定者權力的正統性，歷代伊斯蘭王朝透過清真寺向海內外穆斯林展示統治合法性，並具有強化宗教虔誠的作用，隨著伊斯蘭教勢力不斷擴張，清真寺受到各地洗禮，建築模式也各有特色。[2] 羽田正所探討的清真寺歷史局限於17世紀之前，此後清真寺的政治功能不斷增強；隨著民族國家體制與近代外交模式的形塑，各國政府側重意識形態宣傳，宗教便也成為政治宣傳的一部分。

　　臺北清真寺是一座伊斯蘭風格的建築，供穆斯林禮拜的大殿上方有一座大圓頂與兩座小圓頂，[3] 清真寺後面也有兩座小圓塔，大殿前有小庭院。筆者於2013年至2016年在臺灣進行學術研究時經常訪問，在每禮拜五的集體禮拜以及古爾邦節等伊斯蘭教重要節日，都會拜訪來自海內外的穆斯林，了解臺灣伊斯蘭教的狀

1　白壽彝，〈中國回教小史〉，收入《白壽彝文集》，第二卷《伊斯蘭史存稿》（開封：河南大學出版社，2008），頁15-16。

2　羽田正，《モスクが語るイスラム史―建築と政治權力》（東京：中央公論社，1994），頁229-235。

3　由於史料的限制，無法得知臺北清真寺擴建委員會選用阿拉伯式圓頂的原因。

況。另外，筆者專訪原總幹事馬希哲討論臺灣伊斯蘭教史，他展示相關的老照片，並講述了他們的老故事。由於研究同行的建議，加上訪談工作有所進展，筆者逐漸開始關注臺北清真寺的歷史脈絡，收集相關的材料之後，發現臺北清真寺在冷戰時期尚扮演了國際宣傳的角色。

各國清真寺在 20 世紀為本國政界或宗教界向國際宣傳，如第二次世界大戰前後日本伊斯蘭教界透過東京清真寺的建設，對國際宣傳日本的伊斯蘭教政策，向伊斯蘭教國家表達善意。[4] 本章之所以關注冷戰時期臺北清真寺的國際宣傳，是因為臺灣也有類似的現象，穆斯林透過臺北清真寺的擴建，試圖將臺灣的宗教狀況傳達給國際伊斯蘭教界，並進行政治、外交等議題的立場宣示。

筆者與其他研究者[5]已闡明冷戰時期臺灣穆斯林及相關團體的發展歷史，此外，雖然學者已基本釐清臺北清真寺的歷史脈絡與現代適應等議題，[6] 但尚未探討過臺北清真寺與冷戰時期國際宣傳的議題。本章將從「泛伊斯蘭主義」與冷戰國際格局的角

---

4 坂本勉，〈東京モスク沿革誌〉，收入《アジア遊学》，No. 30，頁 124。島田大輔，《戦時下日本の回教政策 1938-1945 —外務省と大日本回教協会を中心に》（個人出版，2015），頁 50。

5 Wlodzimierz Cieciura, "Chinese Muslims in Transregional Spaces of Mainland China, Taiwan, and Beyond in the Twentieth Century", *Review of Religion and Chinese Society*, Vol. 5, No. 2 (2018), pp. 133-155; Janice Hyeju Jeong, "Between Shanghai and Mecca: Diaspora and Diplomacy of Chinse Muslims in the Twentieth Century", Ph.D. dissertation (Duke University, 2019), pp. 390-402; Tommaso Previato, "Le minoranze musulmane nel quadro delle relazioni sino-arabe. Vecchi e nuovi processi di inclusio", *Sinosfere* (April 2019), pp. 58-59; Kelly Hammond, "Cold War Mosque: Islam and Politics in Nationalist Taiwan", *Twentieth-Century China*, Vol. 47, No. 2(2022), pp. 171-193. 關於 Kelly Hammond 的論文，筆者承蒙海野典子老師的指教，向她由衷致謝。

6 徐立真，〈清真寺的修建、沿革與當代適應〉，收入《主命的傳承與延續：回教在臺灣的發揚與展望》，頁 191-240。

度，探討冷戰時期臺北清真寺的發展。

第一節　泛伊斯蘭主義與冷戰

19世紀以後，中東穆斯林知識分子如里達（Rashid Rida）、阿富汗尼（Jamal al-Din al-Afgahani）都提倡泛伊斯蘭主義，以應對歐洲勢力在伊斯蘭地區的深入發展，他們強調所有穆斯林不分國籍、種族，需凝聚團結，形成「烏瑪」。鄂圖曼帝國崩潰後，哈里發（Caliphate）的神聖地位被廢止，烏瑪逐成為團結穆斯林的核心概念。[7]

由於交通運輸發達，泛伊斯蘭主義遂透過赴麥加朝觀以及在埃及、土耳其等國家留學的穆斯林傳入中國。清末民初以後，北平成達師範學校、上海伊斯蘭師範學校等伊斯蘭學校分別出版《月華》、《伊斯蘭學生雜誌》等期刊，宣傳泛伊斯蘭主義。抗戰期間，中國回教救國協會（1943年改稱中國回教協會）也積極提倡泛伊斯蘭主義，加強國際宗教交流等。[8]

1949年以後，部分穆斯林跟隨國民政府遷到臺灣，但大部分教務經驗豐富的穆斯林都滯留在中國大陸。[9] 中華人民共和國成立以後，中國伊斯蘭教界逐步發展，試圖爭取國際穆斯林的認同。1953年，中國伊斯蘭教協會在北京成立，協助修建清真寺，並積極展開文化活動與海外活動。

---

[7] Cemil Aydin, *The Idea of the Muslim World: A Global Intellectual History* (Cambridge, MA.: Harvard University, 2017), pp. 65-132.

[8] 〈聯絡回教世界計劃大綱草案〉，《中國回教救國協會會刊》，第1卷第2期（1938年2月），頁22-24。

[9] 包修平、高磊，〈中國回教協會在臺灣的延續與拓張〉，收入《生命的傳承與延續：回教在臺灣的發揚與展望》，頁108。

中華人民共和國相當重視阿拉伯語人才與宗教人士的培養：1955年，中國伊斯蘭教經學院在北京成立，由達浦生、馬松亭等著名阿訇擔任教務，進行阿拉伯語教學與伊斯蘭教教義的研究，以及培養阿訇人才，並廣收國外穆斯林留學生。中國穆斯林學者馬堅在北京大學東方語言系開辦阿拉伯語課程，大量培養人才，以便對中東國家展開外交活動。他積極參與中共的海外宣傳活動，如將毛澤東的革命著作〈論人民民主專政〉翻譯成阿拉伯語，又擔任毛澤東的阿拉伯語翻譯。[10] 另一名學者馬金鵬於1953年獲聘北京大學，他專心於阿拉伯語教學，亦曾出版《阿漢辭典》以及《毛澤東選集》的阿拉伯文版，於1959年中共國慶日時為周恩來擔任敘利亞貴賓的翻譯。[11] 劉麟瑞也是北京大學東方語言系阿拉伯語副教授，與馬堅等阿拉伯語專家共同編輯《阿漢辭典》，[12] 是龐士謙在成達師範學校任教時的學生，曾隨同龐士謙到艾資哈爾大學留學。[13] 1956年，印尼舉辦萬隆會議，中華人民共和國、埃及、印尼等國家以反帝國主義、反殖民主義的政治理念加強團結，劉麟瑞在此會議中擔任周恩來的口譯人員；[14] 中共與埃及等中東國家建立邦交之後，與埃及政府締結中埃兩國文

---

10 馬賢，〈萬般事業之興，須務培養人才之本－憶中國伊斯蘭教經學院的三起兩落〉（2013年8月22日），http://www.chinaislam.net.cn/cms/news/60years/jlwc/201308/22-5545.html；李振中編著，《馬堅傳》（銀川：寧夏人民出版社，2017），頁165-179；丁俊，《中國阿拉伯語教育史綱》（北京：中國社會科學出版社，2006），頁74-118。關於臺灣方面的阿拉伯語、土耳其語與波斯語等外語教育方面，詳見趙秋蒂，〈回教知識、語文的教學研究與學術傳承〉，收入《生命的傳承與延續：回教在臺灣的發揚與展望》，頁337-351。

11 馬博忠，〈理想在篤信與求知中追尋——我父親的一生〉，收入《歷程：民國留埃回族學生派遣史研究》，頁81。

12 劉慧，《劉麟瑞傳——一位北大教授的人生寫實》（北京：世界知識出版社，2008），頁116-145。

13 《劉麟瑞傳——一位北大教授的人生寫實》，頁364-365。

14 《劉麟瑞傳——一位北大教授的人生寫實》，頁151-160。

化合作協定，中國伊斯蘭教經學院邀請兩位埃及專家前來講授阿拉伯語及文學課程，中共也派遣馬堅等中國伊斯蘭教協會核心人物訪問埃及。[15]

中華人民共和國為了抵抗美國等帝國主義及殖民主義，而提倡穆斯林人民的團結，放棄漢語穆斯林的泛伊斯蘭主義，將他們的國際活動納入到國家體制下。[16] 筆者認為雖然中共將泛伊斯蘭主義取而代之，但國際活動的國家體制化已在抗戰時形成，與其說是中共外交活動下的產物，不如說是繼承國民政府的外交方針。抗戰前後，中國與埃及互相交換教師，進行文化交流，中共也有類似的活動。由此可見，冷戰時期海峽兩岸漢語穆斯林的國際活動，除了政治意識形態之外，在反帝國主義、反殖民主義以及強化與團結第三世界國家方面大致相同。

中華民國政府遷臺後，一直宣稱為代表「中國」的合法政府，並得到美國的援助，因而加大文化、宗教宣傳的力度，如與美國共同製作宣傳片、打造廣播事業等。與此同時，雖然遷臺的穆斯林重建了中國回教協會，但相較於中國大陸，臺灣穆斯林的發展資源極為有限。他們既知共產主義在伊斯蘭世界取得優勢，也認為伊斯蘭教與共產主義的無神論水火不容，尤其是中共與蘇聯對「烏瑪」構成威脅，因此提倡以泛伊斯蘭主義對抗共產主

---

15 李振中，《尼羅河畔的回憶：新中國第一批留埃學生紀實》（北京：世界知識出版社，2010），頁 182-195。

16 John T. Chen, "Re-Orientation: The Chinese Azharites between Umma and Third World, 1938-55", *Comparative Studies of South Asia, Africa and Middle East*, Vol. 34, No. 1(2014), pp. 24-51. Yin Zhiguang, "'People are God' Third World Internationalism and Chinese Muslims in the Making of National Recognition in the 1950s", *İstanbul University Journal of Sociology*, Vol. 38, No. 2(2018), pp. 267-292. Maurice Gajan, "Chinese Students of Al-Azhar and their impact on Sino-Egyptian Relations", *Arab West Report* (2016), pp. 1-35.

義,「拯救」共產主義統治下的穆斯林,而國際宣傳便成為中國回教協會對抗的手段之一。[17]

關於臺灣伊斯蘭教界的國際宣傳,筆者初步調查了相關政府的檔案,發現中國回教協會與中國廣播公司曾共同製作阿拉伯語節目,進行反共宣傳;[18]會內的定期刊物《中國回教協會會報》亦得到政府的資助。除此之外,該會也將臺北清真寺當作國際宣傳的平臺,主要表現在三個方面:第一、用以接待探訪臺灣的穆斯林領袖;第二、為臺灣穆斯林提供禮拜場所;第三、向海內外穆斯林展示「自由中國」的宗教政策。

1947年,臺北清真寺初設於臺北市麗水街,由日式建築改造而成,但設備極為簡陋,不適合海內外穆斯林貴賓參訪,因此中國回教協會向行政院提議擴建臺北清真寺,並指出中共已與埃及、敘利亞建立邦交,共產主義集團逐步深入中東地區,中華民國需要得到伊斯蘭教國家支持,以確保聯合國內的「中國」代表權。[19] 1957年,中國回教協會設立臺北清真寺擴建委員會,由白崇禧、孫繩武等協會核心會員以及葉公超、谷正綱等政府官員組

---

17 包修平、高磊,〈中國回教協會在臺灣的延續與拓張〉,頁108。白崇禧,〈回協今後的任務 代發刊詞〉,《中國回教協會會刊》,第1期(1952年7月),第1版。

18 「對阿盟國家用阿語廣播」(1951年1月8日),〈中共對中東國家滲透等;敏文被控附共;收聽俄語廣播;對阿盟國家用阿語廣播〉,《外交部檔案》,中央研究院近代史研究所檔案館,館藏號:11-04-01-03-01-003;「中國回教協會會報申請補助」(1956年6月29日),〈新疆省政府及中國回教協會之國民外交活動〉,《外交部檔案》,中央研究院近代史研究所檔案館,館藏號:11-04-01-11-02-030。中華人民共和國政府於1957年成立中國國際廣播電臺阿拉伯語部,劉元培與劉麟瑞的學生從事阿拉伯語廣播工作,擔任阿拉伯語播音員。在製作阿拉伯語廣播節目時,馬堅特地來到中國國際廣播電臺幫忙翻譯與播音,劉麟瑞也修改其譯稿。《劉麟瑞傳——一位北大教授的人生寫實》,頁502-503。

19 〈堯樂博士函張群〉(1956年7月16日),《邊疆文化社》,國家發展委員會檔案管理局藏,檔號:A303000000B/0045/150.3/0001。

成。[20] 前新疆省政府主席堯樂博士是提倡臺北清真寺擴建的政府官員之一，他的建議如下：

> 政府遷臺以來，回胞追隨來臺者為數甚多，雖亦有清真寺之設，但以借用民房規模狹，平時教胞禮拜已感不便。每遇回教國家之使節及僑民詢及臺北清真寺，或要求參拜者，深恐簡陋不堪。
> 擬請由政府斥資建築清真寺，其規模相當於臺北市貴陽街實踐堂，而保持清真寺之回教風格，以壯國際觀瞻，而利回民禮拜，並示政府有待回教之德意。[21]

從國際宣傳與接待外賓的角度而言，臺北清真寺的擴建實屬當務之急，迫在眉睫。

第二節　臺北清真寺落成典禮與國際宣傳

1958 年 11 月，臺北清真寺擴建工程正式啟動。擴建費用需要新臺幣 600 萬元，本該由國內外穆斯林的募捐與政府撥款支應，[22] 但由於沙烏地阿拉伯禁止外籍人士在該國募捐等因素，捐款額並沒有達到目標。[23] 擴建費用最後是向臺灣銀行貸款而來，貸

---

20 〈擴建臺北清真寺開工〉，《中國回教協會會報》，第 61 期（1958 年 10 月），第 1 版。
21 〈堯樂博士函張群〉（1956 年 7 月 16 日）。
22 「擴建臺北清真寺募款辦法」（1957 年 12 月 17 日），〈興建臺北清真寺〉，《外交部檔案》，中央研究院近代史研究所檔案館，館藏號：11-04-01-11-02-031。
23 「臺北清真寺擴建委員會呈外交部」（1958 年 1 月 11 日），〈興建臺北清真寺〉。

款額達到 400 萬，連帶保證人是外交部。[24] 1958 年 4 月至 1959 年 4 月之間，臺北清真寺擴建委員會曾歸還給臺灣銀行 70 萬貸款，但 1959 年至 1965 年之間，委員會則沒有還款，臺灣銀行屢次催促，而外交部等國家部門也沒有資助。[25]

在擴建期間，國民黨中央委員會、內政部、中國回教協會等組成的宗教聯繫輔導小組（以下簡稱「輔導小組」）將落成典禮提上日程，並提議邀請海外嘉賓參加，以配合外交政策，增進與伊斯蘭教國家的友誼。[26]

他們欲邀請的國家與宗教領袖偏重在東南亞地區，原因與中共的統戰外交深入到東南亞有關。1950 年代，中共的統戰外交在新馬華人社區已取得一定的成果，透過報刊、廣播等媒體，籠絡左派社團。[27]

1959 年 12 月，輔導小組正式邀請外賓，主要包括東亞及東南亞地區穆斯林政治與宗教領袖，如馬來亞聯邦首相東姑阿都拉曼（Tunku Abdul Rahman）、菲律賓、泰國、蘇門答臘、汶萊、巴基斯坦的政治、宗教領袖，日本國際回教協會理事佐久間貞次郎等。[28]

---

24 「中國回教協會函外交部」（1970 年 1 月 16 日），〈興建臺北清真寺〉。
25 「臺灣銀行函臺北清真寺擴建委員會」（1965 年 7 月 17 日），〈興建臺北清真寺〉。
26 「宗教聯繫輔導小組第十七次會議臺北清真寺落成典禮接待外賓計畫」（1959 年 12 月 18 日），〈興建臺北清真寺〉。
27 魯虎，《新馬華人的中國觀之研究（1949-1965）》（新加坡：八方文化創作室，2014），頁 85-86。
28 「宗教聯繫輔導小組第十七次會議臺北清真寺落成典禮接待外賓計畫」（1959 年 12 月 18 日）；島田大輔著、張弈玲譯，〈國際ムスリム協會（國際穆斯林協會）與 1950 年代日本對伊斯蘭宣傳工作：戰前日本回教政策的連續性與非連續性〉，收入李福鐘等主編，《跨域青年學者臺灣及東亞近代史研究論集》，第二輯（新北：稻鄉出版，2018），頁 437。

輔導小組在邀請名單上考量了一系列問題。例如，泰國不是伊斯蘭教國家，若將泰國伊斯蘭教大教長列入招待外賓名單，勢必會造成泰國政府的疑慮與誤解，直接影響今後雙方關係的發展，因此未作出邀請。[29] 由此可見，該份邀請的名單因應各地政治情況與族群關係而有所調整。

中華民國政府相當重視馬來亞聯邦，希望透過宗教合作加深兩地聯繫，以抵制馬來亞共產黨的發展。革命實踐研究院也認為，馬來亞與新加坡不少居民都信奉伊斯蘭教，必須邀請參加落成典禮。[30] 不過，馬來亞聯邦最高元首東姑阿都拉曼，因訪問英國參加總理會議未能出席，輔導小組轉為邀請馬來亞聯邦副總理兼國防部長拉薩克（Abdul Razak Hussein）為代表。[31]

1960 年 3 月 31 日，國民黨中央委員會舉辦臺北清真寺落成典禮接待外賓專案小組會議，決定典禮日期按照拉薩克來臺時間而安排；預定時間是 4 月 12 日（後來延後一天），主賓是拉薩克與汶萊蘇丹奧瑪阿里賽義夫汀三世（Omar Ali Saifuddien Ⅲ）。但由於 4 月 1 日東姑阿都拉曼逝世，因此拉薩克臨時無法出席。[32] 輔導小組印發照片、出版兩萬本阿拉伯語小冊子、製作阿拉伯語配音的華語電影等，在典禮上派發、播放，藉此向海內外穆斯林展示中華民國的伊斯蘭教政策與華語文化。此外，也邀請了美國俄亥俄州《春田報》（*Springfield News-Sun*）共和黨籍記者貝克

---

29 「籌辦臺北清真寺落成典禮接待外賓專案小組第四次會議紀錄」（1960 年 3 月 31 日），〈興建臺北清真寺〉。

30 「革命實踐研究院電外交部」（1959 年 10 月 16 日），〈邀請馬來西亞首相東姑拉曼訪臺；馬來西亞各族人士組團訪臺〉，中央研究院近代史研究所檔案館館藏《外交部檔案》，館藏號：11-01-20-06-03-029。

31 「中國國民黨第八屆中央委員會常務委員會第二〇六次會議紀錄」（1960 年 4 月 6 日），國史館藏《陳誠副總統文物》，典藏號：008-011002-00035-007。

32 「中國國民黨第八屆中央委員會常務委員會第二〇六次會議紀錄」。

（Margaret Baker）與美國合眾國際社（UPI）駐臺北記者陸正（Ghanles G. Lone）等人進行採訪。[33] 落成典禮充滿官方色彩，儀式極為隆重，大約有六百多人參加典禮，參加者包括陳誠、張群、王雲五、蔣經國、于右任、羅家倫等政府官員，各國駐華大使，以及白崇禧、時子周等中國回教協會核心人物。[34] 目前無法得知如何選定參與典禮的重要人物之過程。

落成典禮開始，中國回教協會理事長時子周發表談話，譴責中共的民族政策與宗教政策，批評中共在展開反右鬥爭時破壞清真寺；還在推動人民公社運動中將清真寺改造為倉庫、工廠、公共食堂等，並強調相較對岸穆斯林的處境，臺灣穆斯林能享受宗教信仰的自由。[35] 典禮完結之後，各國穆斯林代表團會見副總統陳誠、立法院院長張道藩、外交部部長黃少谷、內政部部長田炯錦等。4月14日，他們參觀桃園石門水庫，搭乘民航公司班機飛往臺南，到高雄參觀臺灣鋁廠、觀賞軍事節目等。16日，他們返回臺北，結束行程。[36]

如前所述，中國回教協會以泛伊斯蘭主義運動推動穆斯林團結、發展伊斯蘭教事業。在落成典禮上，該協會（代表中華民國政府）與汶萊、菲律賓、日本等三國穆斯林代表商討了泛伊斯蘭主義的議題，以應對共產主義集體提倡的無神論及外交勢力，並發表〈中、汶、菲、日四國回教代表協議備忘錄〉，希望建立一

---

33 「外交部呈中國回教協會行政院新聞局」（1960年3月22日），〈各國外賓暨團體訪華〉，國史館藏《外交部檔案》，典藏號：020-100800-0029。

34 〈臺北清真寺落成六百餘人參加盛典〉，《中國回教協會會報》，第73期（1960年4月），第1版。

35 〈中國回教協會理事長時子周為臺北清真寺落成發表書面談話〉，《中國回教協會會報》，第73期，第1版。

36 「參加臺北市清真寺落成典禮各國回教代表訪問日程」（1960年4月8日），〈各國外賓暨團體訪華〉。

個永久性反共機構,並試圖申請加入由中華民國政府主導的亞洲人民反共聯盟,[37] 但據筆者所知,該機構至今還沒有正式成立。

第三節　海外穆斯林領袖訪問臺北清真寺

冷戰期間臺北清真寺國際宣傳的實效因史料的限制而難以評估,但可以從有限的史料討論各國穆斯林代表團訪問臺北清真寺的情形,以及他們的感受。

在臺北清真寺擴建前後,各國政治領袖、宗教領袖與穆斯林代表紛紛到訪臺北清真寺,訪問中國回教協會的核心人物及參加每禮拜五的集體禮拜,他們也透過臺北清真寺了解臺灣的宗教政策與伊斯蘭教在當地的情況。例如,1956 年 10 月,土耳其安哥拉市長艾倫（Orhan Eren）訪臺時曾參觀臺北清真寺,他於答詞中強調中華民國與土耳其之間的友誼,及歌頌土耳其革命事業等。[38] 1959 年 2 月,約旦國王胡笙（Al-Ḥusayn ibn Ṭalāl）訪臺亦考察了臺北清真寺:在此之前,臺北清真寺趕建圓頂,清理場地。另外,胡笙捐贈給臺北清真寺二千美元與阿拉伯語《古蘭經》兩百部,並與穆斯林為反共事業祈禱。[39]

由沙烏地阿拉伯主導的世界回教聯盟成立於 1962 年,提倡泛伊斯蘭主義與反共主義,其領袖陸續訪問臺北清真寺。中華民

---

37 「中國回教協會呈內政部」（1960 年 7 月 18 日）,〈中國回教協會〉,中央研究院近代史研究所檔案館藏《外交部檔案》,館藏號:11-04-01-11-02-006。

38 〈安哥拉艾倫市長參觀臺北清真寺〉,《中國回教協會會報》,第 48 期（1956 年 10 月）,第 1 版。

39 〈約旦國王胡笙訪華　將接見本會代表參觀臺北清真寺〉,《中國回教協會會報》,第 65 期（1959 年 2 月）,第 1 版;〈約王參觀清真寺　為爭取反共勝利捐贈古蘭暨建寺經費〉,《中國回教協會會報》,第 66 期（1959 年 3 月）,第 1 版。

國為了與沙烏地阿拉伯加強外交關係,讓中國回教協會加入該聯盟,孫繩武更被選為聯盟理事。1962 年 10 月,中華民國邀請聯盟第一任秘書長蘇祿爾(Muhammad Suruur Sabban)到臺灣考察土地改革並訪問臺北清真寺,與臺灣伊斯蘭教領袖會面,他對臺北清真寺的發展給予極高的評價:「該協會在中國政府之扶植下,極成功的設立回校學校、興建巨大禮拜寺以鞏固其基礎。在臺北修建之大禮拜寺可與世界各大清真寺媲美,該寺尚附設孤兒室、殘疾及老人室,並有洗亡者之水房以及其他為該龐大社團需要之便利。」[40]

從反共主義的角度而言,中華民國與沙烏地阿拉伯的關係極為緊密。1971 年,中華民國被迫退出聯合國,國際空間大幅縮小。為了與沙烏地阿拉伯保持密切或更進一步之關係,蔣介石邀請國王費瑟(Faysal)訪問臺灣,費瑟也曾到訪臺北清真寺與中國回教協會。他具有強烈的反共思想,並試圖宣傳泛伊斯蘭主義,領導伊斯蘭世界。[41] 雙方宗教人員於 1970、1980 年代頻繁往來,沙烏地阿拉伯使節、官員與民間代表均積極參與臺北清真寺的活動。[42]

1980 年 1 月,世界回教聯盟第三任秘書長哈爾康(Shaikh

---

40 「駐沙烏地阿拉伯大使館電外交部、中國回教協會」(1963 年 12 月 15 日),〈沙烏地阿拉伯世界回盟秘書長訪華〉,中央研究院近代史研究所檔案館館藏《外交部檔案》,典藏號:11-04-10-05-03-014。

41 Joseph A. Kechichian, *Faysal: Saudi Arabia's King for All Seasons* (Gainesville, FL.: University Press of Florida, 2008), pp. 172-191.

42 〈回教協會在臺北清真寺舉行盛大會禮,慶祝回教一年一度的忠孝節〉(1976 年 12 月 1 日),國史館藏《臺灣新生報》,典藏號:150-031500-0018-007;〈沙烏地阿拉伯王國朝覲部長阿布都瓦西拜會清真寺,並贈送布幔予清真寺代表〉(1979 年 4 月 8 日),國史館藏《臺灣新生報》,典藏號:150-031800-0027-003;〈沙烏地阿拉伯青年拜訪清真寺〉(1980 年 8 月 26 日),國史館藏《臺灣新生報》,典藏號:150-031900-0016-003。

Muhammad Harkan）到訪臺北清真寺與中國回教協會，參觀清真寺大殿，在禮拜五的集體禮拜結束之後，中國回教協會舉行盛大的歡迎茶會，盛況空前。哈爾康也將巨型《古蘭經》與世界回教聯盟旗幟分別贈送給臺北清真寺與中國回教協會。[43]

部分海外穆斯林領袖也給予肯定，臺北清真寺設備周全，為穆斯林提供經堂教育的場所，其規模不遜於全世界其他大型清真寺。臺北清真寺的國際宣傳取得一定的成果，大大提高中國回教協會的國際地位。然而，有限的成功終究難以打破中華民國的外交困局，因為失去聯合國會員國的地位，沙烏地阿拉伯等標榜反共的國家後來也陸續與中共建立邦交。雖然如此，沙烏地阿拉伯等部分中東國家仍與中華民國維持非正式外交關係，雙方的穆斯林持續互相往來。

臺北清真寺外觀，作者提供

---

43 定中明，〈世界回盟秘書長哈爾康一行訪臺記〉，《中國回教》，第 174 期（1980 年 3 月），頁 32-33。

第四節　小結

　　冷戰時期中國回教協會的核心思想是泛伊斯蘭主義與反共主義，因此積極展開國際宣傳，臺北清真寺是活動的基地之一。隨著中華人民共和國政府對伊斯蘭教界的深入發展，中國回教協會與中華民國政府透過臺北清真寺落成典禮，加大國際宣傳力度，防堵共產集團向東南亞地區的滲透，並在舉辦落成典禮之際與東亞、東南亞伊斯蘭教界締結反共協議。而邀請外賓到臺北清真寺參觀也是國際宣傳的一部分，部分穆斯林政治領袖肯定臺北清真寺的發展。

　　隨著冷戰的終結，臺北清真寺停止反共宣傳，隨即面臨拆遷的危機。其土地使用權自擴建以來遲未確定，有開發商試圖收購並計畫拆遷。其後，中國回教協會將臺北清真寺的土地使用權列入政治議題。1999 年，立法院與臺北市政府最終決定將臺北清真寺列入市級文化古蹟，因而得以獲得保護。[44]

---

44 〈臺北市市定古蹟臺北清真寺揭幕典禮－中國回教協會馬理事長家珍致詞〉，《中國回教》，第 261 期（1999 年 10 月），頁 2。

結論

　　本書首先梳理政府、漢語穆斯林知識分子以及漢語穆斯林社群的關係從清末民初到 1980 年代如何演變。

　　南京國民政府時期，社群與政府雙方的關係侷限在新生活運動、宣慰等國家政策，以及整合漢語穆斯林社團。漢語穆斯林知識分子強調伊斯蘭教教義與新生活運動一致，但他們不願政府介入社群與伊斯蘭教革新，與國家政策之間產生矛盾時，他們也會向國民政府嚴厲抗議。

　　除了他們建立的漢語穆斯林社團之外，成達師範學校也培養擅長演講的阿訇以及教師，並對漢語穆斯林開啟民智，讓他們瞭解國內外情況與增加學術知識，提高教育水準。雖然部分政府官員認為伊斯蘭教革新運動與國外穆斯林的交流違背國家利益，但成達師範學校不但有馬鴻逵等西北地方軍事勢力派領導人扶持，也與蔣介石、朱家驊等領導階層關係密切。

　　日本侵華之後，國民政府兼廣西軍事領導人白崇禧積極加入社團的運作，使政府與漢語穆斯林知識分子、社群之間得到進一步發展，尤其是中國回教救國協會的成立加強了三方關係。協會試圖解決社群的貧困與教育問題，成員多任職於國民政府，他們與政府的關係極為密切，成立地方分會，以圖加強對漢語穆斯林社群的管制。具體而言，協會為了改善社群的貧困與教育問題，已獲得地方政府的補助來振興教育。協會將社群的訴求直接反映到政府，並在制憲國民大會爭取內地回民代表的席位。中國回教救國協會（中國回教協會）可說是具有官方社團兼漢語穆斯林社群利益社團的性質，扮演結合政府與社群的角色。第六章顯示日

本投降後，北平漢語穆斯林知識分子透過中國回教協會北平分會等處理社群的問題，提出解決的辦法。誠如第四章、第五章以及第十章所言，漢語穆斯林知識分子研究歷史，探討他們的族群性，強調在中華民族與中國史框架中的定位，在政治舞臺以及他們的期刊中呼籲政府應將漢語穆斯林與蒙藏等其他少數民族平等對待，並在國民大會與立法院爭取內地回民的政治地位。

第五章表明漢語穆斯林知識分子赴麥加朝覲、到土耳其與埃及等中東國家留學，因此促進文化交流。在中國回教救國協會（中國回教協會）成立之後，漢語穆斯林知識分子作為國民外交的一環開始與國外穆斯林進行交流。他們會見各國政治領袖，也推動政府的宣傳。對國民政府而言，中國與中東國家的關係並不密切，因此他們以穆斯林身分擔當中東外交最為合適，故讓中國回教救國協會推動中東、印度與南洋的國民外交。

1949年中華民國政府遷臺後，政府與漢語穆斯林的關係產生極大的變化。臺灣沒有漢語穆斯林社群，他們的關係僅在維持社交網絡，但1949年前後他們的活動其實具有連續性。因國民黨內部派系的關係，兩個具官方色彩的漢語穆斯林社團──中國回教協會與中國回教青年會分裂，除在國民大會上提出政治訴求，更要求政府保障內地回民名額，也為對抗蘇聯與中共等共產勢力展開國民外交，向各國派遣訪問團。就政教關係而言，國民黨中央委員會希望削弱中國回教協會理事長白崇禧的地位，使中國回教青年會成為代表中華民國的漢語穆斯林社團，可是中國回教協會為國民外交做出的巨大貢獻，不能無故干涉他們的運作。中國回教青年會理事長蕭永泰出版《回教青年》，發表對國際趨勢的看法以及自己的族群認同，也透過安排英文與阿拉伯文等外文版面，得到國外讀者的青睞。漢語穆斯林知識分子除了訪問團

與期刊之外，還透過擴建臺北清真寺向國外穆斯林展示「自由中國」的宗教政策，並提供與國外穆斯林政治家、宗教家交流的平臺。

政教關係與政府、漢語穆斯林知識分子的想法

政府希望有效管制漢語穆斯林社團與社群，將零散之社團整合為統一的漢語穆斯林社團。在南京國民政府時期，曾將所有的漢語穆斯林社團編制成中華回教師協會，但因為抗戰爆發，未能充分發揮影響力。抗戰時期，蔣介石等領袖建議漢語穆斯林知識分子成立中國回教救國協會，1943年改稱中國回教協會，其具有中央級、省級、市級分會，呈現傘狀結構。1949年遷臺後，漢語穆斯林社團分為中國回教協會與中國回教青年會，後因中國回教協會領導層的更替，政府將中國回教青年會吸收到中國回教協會內。

漢語穆斯林知識分子代表其社群的利益，積極推動伊斯蘭教革新及海外活動，需要政治與大量的資金作為後盾，因此，他們與政府建立密切關係，藉此得到經濟援助與政治庇護，並透過強調族群認同鞏固政治地位。在發展伊斯蘭教的事業上，政府與漢語穆斯林知識分子之間的想法可說是「同床異夢」。

本書有待解決的問題

本書主要探討清末民初以後的漢語穆斯林知識分子的活動以及政教關係。但本書還有三個問題需待釐清。

第一是仕紳與漢語穆斯林知識分子間的連續性。清末以前，傳統仕紳會在一個地區中積極經營地方建設，也扮演與朝廷溝通的角色。除了阿訇等宗教人士之外，包括秀才等科舉制度出身的

漢語穆斯林知識分子,在清末以前的漢語穆斯林社群扮演什麼角色,甚至更進一步探討他們從仕紳轉變到知識分子的脈絡。

第二是中華人民共和國成立後,中國伊斯蘭教協會如何吸收 1949 年後留在中國大陸的漢語穆斯林知識分子,政府如何改造漢語穆斯林社群。中國伊斯蘭教協會如何延續中共延安時期的民族政策、吸取中國回教協會的運作經驗。中共建政後,雖然中國伊斯蘭教協會出版《中國穆斯林》期刊,討論阿訇制度等伊斯蘭教革新,[1] 但由於反右鬥爭與文化大革命,該期刊於 1960 年暫時停刊,使他們的言論與信仰空間大幅縮小,清真寺被大肆破壞,曾任教於成達師範學校的龐士謙在反右運動中被打成「右派」,[2] 在北京大學的馬金鵬與劉麟瑞在文革期間遭到抄家與批鬥,被下放到五七幹校。[3] 不過北京大學畢業後下放到內蒙古的黃萬鈞阿訇,在文革期間祕密成立呼和浩特炕上學習班,學習《古蘭經》與阿拉伯語,以黃萬鈞的案例可見中國伊斯蘭教革新運動還在地下持續進行。[4] 改革開放後,中國伊斯蘭教協會開始恢復運作,各地清真寺重建,漢語穆斯林的禮拜具有合法地位,《中國穆斯林》期刊也重新開始出版,文革期間潛伏在地下的伊斯蘭教革新運動浮上檯面,加上網際網路的發展與民間的擴張,2003 年在網上出現「中穆網」(中國穆斯林網,Chinese Muslim Networks),漢語穆斯林展開有關伊斯蘭教教義的討論,部分知

---

1 例如〈改舊制 除舊習 各地阿洪紛紛提出革新倡議〉,《中國穆斯林》,第 8 期(1958 年 8 月),頁 17-18 等文章。
2 馬博忠、納家瑞,〈民國時期回族留學生生平事略〉,收入《歷程:民國留埃回族學生派遣史研究》,頁 33。
3 李建工,〈一部譯著 一份執著——紀念馬金鵬先生歸真十周年〉,收入《歷程:民國留埃回族學生派遣史研究》,頁 103。《劉麟瑞傳——一位北大教授的人生寫實》,頁 137-145。
4 孫玉安,《一諾萬鈞:黃萬鈞阿訇傳記》(銀川:寧夏人民出版社,2016),頁 72。

識分子也出版民間期刊《新月華》。在中共的政治體制下，漢語穆斯林的習慣法（sharia）開始適應國家的法律制度，他們的道德經濟（伊斯蘭經濟）與中國經濟以及中東經濟接軌，建構他們的慈善制度，形成另一個「民間」。[5] 習近平於 2012 年上臺後，中共開始推動「宗教中國化」，造成伊斯蘭恐懼症，以及封閉中穆網與破壞阿拉伯特色的清真寺等壓制言論與信仰空間的一系列舉動。在中共的宗教與民族政策上，政府與漢語穆斯林知識分子及社群的關係有哪些變化，漢語穆斯林知識分子扮演的角色等議題有待持續分析。[6]

第三則是本書主要探討冷戰時期的臺灣伊斯蘭教界，隨著臺灣民主化的進展以及國外穆斯林移民的增加，政府與中國回教協會以及漢語穆斯林知識分子的關係在當今臺灣社會中有哪些變化。[7]

這些問題都有待後續研究者釐清。

---

5 Mattew S. Erie, *China and Islam: The Prophet, the Party, and Law* (Cambridge: Cambridge University Press, 2016).

6 關於中華人民共和國成立後寧夏的民族政策與宗教政策，詳見澤井充生，《現代中国における「イスラーム復興」の民族誌——変貌するジャマーアの伝統秩序と民族自治》（東京：明石書店，2018），頁 169-205。

7 最近的臺灣伊斯蘭教界的研究，參見于嘉明，〈多元共生下的當代臺灣穆斯林社群〉（臺北：國立政治大學民族學系博士論文，2018）。

參考文獻

一、政府檔案史料

（一）國史館
- 《內政部檔案》
- 《外交部檔案》
- 《軍事委員會委員長侍從室》
- 《蔣中正總統文物》
- 《蔣經國總統文物》

（二）中央研究院近代史研究所檔案館
- 《外交部檔案》
- 《朱家驊檔案》

（三）中國國民黨中央傳播文化委員會（國立政治大學圖書館校史與檔案組）
- 《蔣中正總統批簽檔案》

（四）中華民國國家發展委員會檔案管理局
- 《外交部檔案》

（五）北京市檔案館
- 《北平行轅檔案》
- 《社會局的代電、指令檔案》
- 《社會局檔案》

（六）JACAR（アジア歷史資料センター）
- 《國立公文書館》

二、政府史料
- 《國民大會實錄》（臺北：國民大會秘書處，1946）。
- 中國第二歷史檔案館編，《中華民國史檔案資料彙編第五輯第一編：軍事（一）》（南京：江蘇古籍出版社，1994）。
- 泰孝儀，《中華民國重要史料初編——對日抗戰時期第四編：戰時建設（二）》（臺北：中央文物供應社，1988）。
- 馬鴻逵，〈西北兩大問題——回漢糾紛與禁菸問題〉，收入《革命文獻第八十八輯：抗戰前國家建設資料——西北建設》（臺北：中國國民黨中央委員會黨史委員會，1981）。
- 新生活運動促進會，《民國二十三年全國新生活運動總報告》（南京：正中書局，1935）。
- 蔣中正，《總統蔣公思想言論總集：卷十二演講》（臺北：中國國民黨中央委員會黨史委員會，1984）。

三、期刊史料
- 《中央周刊》（南京）
- 《中央黨務月刊》（南京）
- 《中國回教》（臺北）
- 《中國回教協會會刊》（臺北）
- 《中國回教協會會報》（南京、臺北）
- 《中國回教青年學會會報》（南京）
- 《中國回教救國協會會刊》（重慶）
- 《中國穆斯林》（北京）
- 《內政消息》（南京）
- 《月刊 回教圈》（東京）
- 《月華》（北平）
- 《北方經濟旬刊》（北平）
- 《古爾邦》（北平）
- 《外交季刊》（重慶）
- 《正道》（北平）
- 《正論》（北平）
- 《伊理月刊》（北平）
- 《伊斯蘭》（開封）
- 《回光》（上海）
- 《回教大眾》（武昌）
- 《回教文化》（臺北）
- 《回教週報》（北京）
- 《回族青年》（北平）
- 《成師校刊》（北平）

- 《成達文薈》（北平）
- 《河南民政月刊》（開封）
- 《河南政治月刊》（開封）
- 《河南省政府年刊·法規》（開封）
- 《禹貢半月刊》（北平）
- 《軍政旬刊》（南昌）
- 《國民外交特刊》（南京）
- 《國民外交雜誌》（南京）
- 《晨熹旬刊》（南京）
- 《清真月報》（北平）
- 《清真週刊》（北京）
- 《清真鐸報》（昆明）
- 《蒙藏政治訓練班季刊》（南京）
- 《醒回篇》（東京）
- 《邊事研究》（南京）
- 《邊疆半月刊》（南京）
- 《邊鐸半月刊》（南京）
- 《覺群週報》（上海）

四、報刊史料
- 《大公報》（天津）
- 《人民日報》
- 《大公報》（天津）
- 《中央日報》（南京、臺北）
- 《天津商報》

五、中文專書
- 丁俊，《中國阿拉伯語教育史綱》（北京：中國社會科學出版社，2006）。
- 中國回教近東訪問團編《中國回教近東訪問團日記》（重慶：中國文化服務社，1943）。
- 王小蕾，《全球地域化視域下的天津青年會研究（1885-1949）》（北京：中國社會科學出版社，2016）。
- 王文隆，《外交下鄉、農業出洋：中華民國農技援助非洲的實施與影響（1960-1974）》（臺北：國立政治大學歷史學系，2004）。
- 王良卿，《三民主義青年團與中國國民黨關係研究（一九三八－一九四九）》（臺北：近代中國出版社，1998）。

- 王東杰，《歷史・聲音・學問——近代中國文化的脈延與異變》（上海：東方出版社，2018）。
- 王柯，《民族主義與近代中日關係－「民族國家」、「邊疆」與歷史認識》（香港：香港中文大學出版社，2015）。
- 王爾敏，《明清社會文化生態》（臺北：臺灣商務印書館，1997）。
- 白先勇、廖彥博，《止痛療傷：白崇禧將軍與二二八》（臺北：時報文化，2014）。
- 白崇禧，《中國回教與世界回教》（出版項不詳）。
- 朱正，《兩家爭鳴反右派鬥爭》（臺北：允晨文化，2001）。
- 朱麗雙，《民國政府的西藏專使（1912-1949）》（香港：香港中文大學出版社，2017）。
- 竹園，《竹園叢話》，第5集（天津：敬慎醫室，1922）。
- 何克儉、楊萬安編，《回族穆斯林常用語手冊》（銀川：寧夏人民出版社，2003）。
- 吳世勛，《河南》（上海：中華書局，1936）。
- 呂妙芬、康豹編《五四運動與中國宗教的調適與發展》（臺北：中央研究院近代史研究所，2020）。
- 希隆、汪金國，《哈薩克跨國民族社會文化比較研究》（北京：民族出版社，2004）。
- 李世強，《馬連良藝事年譜1901-1951》（北京：中國戲劇出版社，2012）。
- 李孝悌，《清末的下層社會啟蒙運動1901-1911》（臺北：中央研究院近代史研究所，1992）。
- 李南海，《民國36年行憲國民大會代表選舉之研究》（臺北：文史哲出版社，2012）。
- 李盈慧，《華僑政策與海外民族主義（一九一一～一九四九）》（臺北：國史館，1997）。
- 李振中，《尼羅河畔的回憶：新中國第一批留埃學生紀實》（北京：世界知識出版社，2010）。
- 李振中編著，《馬堅傳》（銀川：寧夏人民出版社，2017）。
- 李雲飛，《漢語語境下的伊斯蘭》（臺北：蘭臺出版社，2022）。
- 李謙，《回部公牘》（上海：上海中國印刷所，1924）。
- 李鎧光，《內戰下的上海市社會局研究（1945-1949）》（臺北：臺灣學生書局，2012）。

- 良警宇，《牛街：一個城市回族社區的變遷》（北京：中央民族大學出版社，2007）。
- 亞歷山大・潘作夫著、梁思文、楊淑娟譯，《蔣介石：失敗的勝利者》（新北：聯經出版，2023）。
- 林果顯，《1950年代臺灣國際觀的塑造：以黨政宣傳媒體和外來中文刊物為中心》（新北：稻鄉出版，2016）。
- 林桶法，《戰後中國的變局以國民黨為中心的探討》（臺北：臺灣商務印書館，2003）。
- 法赫德國王古蘭經印製廠，《中文譯解古蘭經》（麥地那：法赫德國王《古蘭經》印刷局，2011）。
- 邵佳德，《近代佛教改革的地方性實踐：以民國南京為中心》（臺北：法鼓文化，2017）。
- 金吉堂，《中國回教史研究》（北平：成達師範學校出版部，1935）。
- 金鑫，《民國大學中文學科講義研究》（北京：北京大學出版社，2016）。
- 阿爾文・奧斯汀（Alvyn Austin）著，李楠譯、崔華傑校譯，《中國億兆：中國內地會與晚清社會（1832-1905）》（新北：臺灣基督教文藝出版社，2022）。
- 侯坤宏，《太虛時代：多維視角下的民國佛教》（臺北：政大出版社，2018）。
- 洪長泰著、麥惠嫻譯，《染紅中國：中共建國初期的控制政治》（新北：聯經出版，2023）。
- 胡雲生，《傳承與認同─河南回族歷史變遷研究》（銀川：寧夏人民出版社，2007）。
- 倪管嬣，《國家、知識、信仰《佛學叢報》與清末民初佛教的近代轉型》（臺北：秀威出版，2022）。
- 孫玉安，《一諾萬鈞：黃萬鈞阿訇傳記》（銀川：寧夏人民出版社，2016）。
- 孫繩武，《回教論叢》（臺北：聯合出版中心，1963）。
- 徐松石，《演講學大要》（上海：上海中華書局，1928）。
- 海中雄，《溫州街的新疆大院子》（臺北：商周出版，2022）。
- 荊知仁，《中國立憲史》（臺北：聯經出版，1984）。
- 馬希桂編，《馬明道阿訇紀念文集》（香港：藍月出版社，2011）。
- 馬堅，《古蘭經》（北京：中國社會科學出版社，1981）。

- 馬強，《流動的精神社區－人類學視野下的廣州穆斯林哲瑪提研究》（北京：中國社會科學出版社，2006）。
- 馬博忠、納家瑞、李建工，《歷程：民國留埃回族學生派遣史研究》（銀川：寧夏人民出版社，2011）。
- 馬龍，《不信東風喚不回：我的祖父馬連良》（北京：團結出版社，2018）。
- 高屹，《蔣介石與西北四馬》（北京：警官教育出版社，1993）。
- 崔保新，《西藏1934》（北京：社會科學文獻出版社，2015）。
- 康豹著、陳亭佑譯，《中國宗教及其現代命運》（臺北：博揚文化事業公司，2017）。
- 張大軍，《新疆風暴七十年》，第八冊（臺北：蘭溪出版，1980）。
- 張中復，《天方學涯：趙錫麟先生訪談錄》（臺北：國史館，2014）。
- 張巨齡，《綠苑鉤沈——張巨齡回族史論選》（北京：民族出版社，2001）。
- 張永和，《春風秋雨馬蹄疾：馬連良傳》（上海：上海古籍出版社，2011）。
- 張玉法，《近代中國民主政治發展史》（臺北：東大圖書，1999）。
- 張玉法、張瑞德主編，《馬少雲回憶錄》（臺北：龍文出版，1994）。
- 張志偉，《基督化與世俗化的掙扎－上海基督教青年會研究1900-1922》（臺北：臺大出版中心，2010）。
- 張琴，《多元角色及其思想實踐的合理化－近代回族社會活動家丁國瑞研究》（銀川：陽光出版社，2017）。
- 章怡和，《伶人往事：寫給不看戲的人看》（臺北：時報文化，2015）。
- 郭廷以，《白崇禧先生訪問記錄（下冊）》（臺北：中央研究院近代史研究所，1984）。
- 郭緒印，《國民黨派系鬥爭史》（上海：上海人民出版社，1992）。
- 陳方中、江國雄，《中梵外交關係史》（臺北：臺灣商務印書館，2003）。

- 陳以愛，《動員的力量：上海學潮的起源》（臺北：民國歷史文化學社，2021）。
- 陳平原，《有聲的中國：演說的魅力及其可能性》（北京：商務印書館，2023）。
- 陳平原，《現代中國的述學文體》（北京：北京大學出版社，2020）。
- 陳明通，《派系政治與臺灣政治變遷》（臺北：月旦出版，1995）。
- 陳曉虎《回族與辛亥革命》（銀川：寧夏人民出版社，2011）。
- 傅統先，《中國回教史》（臺北：臺灣商務印書館，1996）。
- 單德興，《從文化冷戰到冷戰文化：《今日世界》的文學傳播與文化政治》（臺北：書林出版，2022）。
- 曾問吾，《中國經營西域史（下）》（臺北：文海出版，1978）。
- 程有為編，《河南通史》，第4卷（鄭州：河南人民出版社，2005）。
- 程麗紅，《清末宣講與演說研究》（北京：社會科學文獻出版社，2021）。
- 黃金麟，《歷史、身體、國家——近代中國的身體形成1895-1937》（臺北：聯經出版，2000）。
- 黃建華，《國民黨政府的新疆政策研究》（北京：民族出版社，2003）。
- 楊美惠著、趙旭東、孫珉譯、張躍宏譯校，《禮物、關係學與國家：中國人際關係與主體性建構》（臺北：南天書局，2005）。
- 楊維真，《從合作到決裂：論龍雲與中央的關係一九二七～一九四九》（臺北：國史館，2000）。
- 溫波，《重建合法性：南昌市新生活運動研究（1934-1935）》（北京：學苑出版會，2006）。
- 溫春來，《身份、國家與記憶：西南經驗》（北京：北京師範大學出版社，2018）。
- 萬妮娜，《民國時期北京社會教育活動研究（1912-1937）》（南昌：江西人民出版社，2015）。
- 賈中福，《中美商人團體與近代國民外交（1905-1927）》（北京：中國社會科學出版社，2008）。

- 賈米里‧哈桑雷著、楊恕譯，《蘇聯政策中的新疆：斯大林與東突厥斯坦的穆斯林運動（1931－1949年）》（香港：香港中文大學出版社，2021）。
- 賈福康，《臺灣回教史》（新北：伊斯蘭文化服務社，2002）。
- 雷震原著、薛化元主編，《中華民國制憲史—制憲國民大會》（新北：稻鄉出版，2011）。
- 熊一蘋，《華美的聲音：1960年代美軍文化影響下的臺中生活》（臺北：蔚藍文化，2022）。
- 趙秋蒂，《臨夏宗派—中國穆斯林的宗教民族學》（臺北：政大出版社，2012）。
- 趙錫麟、張中復，《主命的傳承與延續：回教在臺灣的發揚與展望》（臺北：政大出版社，2019）。
- 劉東聲、劉盛林，《北京牛街》（北京：北京出版社，1990）。
- 劉峙，《我的回憶》（臺北：文海出版，1982）。
- 劉慧，《劉麟瑞傳——一位北大教授的人生寫實》（北京：世界知識出版社，2008）。
- 劉曉鵬，《種族觀下的聯合國中國代表權：美國、非洲與臺灣農業援助，1961-1971》（臺北：時英出版社，2013）。
- 蔣中正，《中國之命運》（重慶：正中書局，1942）。
- 鄧元忠，《國民黨核心組織真相——力行社、復興社暨所謂藍衣社的演變與成長》（臺北：聯經出版，2000）。
- 魯虎，《新馬華人的中國觀之研究1949-1965》（新加坡：八方文化創作室，2014）。
- 學愚，《佛教、暴力與民族主義　抗日戰爭時期的中國佛教》（香港：香港中文大學出版社，2011）。
- 穆罕默德‧薩利赫‧馬志仲，《真友心語：陳克禮學術思想研究文集（下冊）》（蘭州：甘肅民族出版社，2013）。
- 霍揚揚，《獅子山上的新月——香港華人穆斯林社群的源流與傳承》（臺北：秀威出版，2020）。
- 謝國興，《黃郛與華北危機》（臺北：國立臺灣師範大學歷史研究所，1984）。
- 簡金生，《近代中國的西藏想像》（臺北：民國歷史文化學社，2022）。
- 龐士謙，《埃及九年》（北京：中國伊斯蘭教協會，1988）。
- 嚴泉，《現代中國的首次民主轉型—民國初年的憲政試驗》（臺北：秀威出版，2009）。

- 蘇良弼，《中阿關係史略》（臺北：五州出版，1988）。
- 蘇雲峰，《從清華學堂到清華大學 1911-1929》（臺北：中央研究院近代史研究所，1996）。

六、日文專書

- アリストテレス、戶塚七郎譯，《弁論術》（東京：岩波書店，2019）。
- キケロー、大西英文譯，《弁論家について（下）》（東京：岩波書店，2019）。
- セイフェッティン・ヤズジュ，《イスラーム教の基本知識――信仰・崇拜行為・德・預言者ムハンマドの生涯》（東京：宗教法人東京・トルコ・ディヤーナト・ジャーミイ，2012）。
- ナセル著、西野照太郎譯，《革命の哲学》（東京：平凡社，1956 年）。
- 小杉泰，《現代イスラーム世界論》（名古屋：名古屋大學出版會，2006）。
- 小村不二男，《日本イスラーム史》（東京：日本イスラーム友好連盟，1988）。
- 小野寺史郎，《国旗・国歌・国慶――ナショナリズムとシンボルの中国近現代史》（東京：東京大學出版會，2011）。
- 小野亮介，《亡命者の二十世紀：書簡が語る中央アジアからトルコへの道》（東京：風響社，2015）。
- 山口元樹，《インドネシアのイスラーム改革主義運動――アラブ人コミュニティの教育活動と社会統合》（東京：慶應義塾大學出版會，2018）。
- 中西竜也，《中華と対話するイスラーム：17－19 世紀中国ムスリムの思想的営為》（京都：京都大學學術出版會，2013）。
- 仁井田陞，《中国の社会とギルド》（東京：岩波書店，1951）。
- 今永清二，《中国回教史序説：その社会史的研究》（東京：弘文堂，1966）。
- 木下惠二，《近代中国の新疆統治：多民族統合の再編と帝国の遺産》（東京：慶應義塾大學出版會，2022）。
- 木村自，《雲南ムスリム・ディアスポラの民族誌》（東京：風響社，2016）。

- 王柯，《東トルキスタン共和国研究：中国のイスラムと民族問題》（東京：東京大學出版會，1995）。
- 石島紀之，《雲南と近代中国—"周辺"の視点から》（東京：青木書店，2004）。
- 光田剛，《中国国民政府期の華北政治：1928－37年》（東京：御茶の水書房，2007）。
- 寺山恭輔，《スターリンと新疆：1931－1949年》（東京：社會評論社，2015）。
- 羽田正，《モスクが語るイスラム史－建築と政治権力》（東京：中央公論社，1994）。
- 岡崎弘樹，《アラブ近代思想家の専制批判：オリエンタリズムと〈裏返しのオリエンタリズム〉の間》（東京：東京大學出版會，2021）。
- 岩村忍，《中国回教社会の構造》（東京：日本評論社，1949）。
- 松本ますみ，《中国民族政策の研究—清末から1945年までの「民族論」を中心に—》（東京：多賀出版株式會社，1999）。
- 松原正毅，《カザフ遊牧民の移動：アルタイ山脈からトルコへ，1934－1953》（東京：平凡社，2011）。
- 段瑞聡，《蔣介石と新生活運動》（東京：慶應義塾大學出版會，2006）。
- 島田大輔，《戰時下日本の回教政策1938-1945－外務省と大日本回教協会を中心に》（個人出版，2015）。
- 柴田善雅、內田知行，《日本の蒙疆占領：1937－1945年》（東京：研文出版，2007）。
- 高田康成，《キケロ—ヨーロッパの知的伝統》（東京：岩波書店，1998）。
- 張承志，《回教から見た中国—民族・宗教・国家》（東京：中央公論社，1993）。
- 深町英夫，《身体を躾ける政治－中国国民党の新生活運動》（東京：岩波書店，2013）。
- 熊倉潤，《新疆ウイグル自治区：中国共産党支配の70年》（東京：中央公論新社，2022）。
- 福澤諭吉，《学問のすゝめ》（東京：岩波書店，2020）。
- 横田貴之，《現代エジプトにおけるイスラームと大衆運動》（京都：ナカニシヤ出版，2006）。

- 澤井充生，《現代中国における「イスラーム復興」の民族誌──変貌するジャマーアの伝統秩序と民族自治》（東京：明石書店，2018）。

七、西文專書

- Ahmad S. Dallal, *Islam without Europe: Tradition of Reform in Eighteenth-Century Islamic Thought* (Chapel Hill: University of North Carolina Press, 2018).
- Albert Hourani, *Arabic Thought in the Liberal Age, 1789-1939* (Cambridge: Cambridge University Press, 1983).
- Andrew D. W. Forbes, *Warlords and Muslims in Chinse Central Asia: A Political history of Republican Sinkiang 1911-1949* (Bangkok: White Lotus Co. Ltd, 2010).
- Barbara-Sue White, *Turbans and Traders: Hong Kong's Indian Communities* (Hong Kong: Oxford University Press, 1994).
- Cemil Aydin, *The Idea of the Muslim World: A Global Intellectual History* (Cambridge, MA.: Harvard University, 2017).
- Charles Hirshkid, *The Ethnical Soundscape: Cassette Sermons and Islamic Counterpublics* (Columbia: Columbia University Press, 2006).
- David Brophy, *Uyghur Nation: Reform and Revolution on the Russia-China Frontier* (Cambridge MA.: Havard University Press, 2016).
- David Motadel, *Islam and Nazi Germany's War* (Cambridge, MA.: Harvard University, 2014).
- Dru. C. Gladney, *Dislocating China: Muslims, Minorities, and Other Subaltern Subject* (Chicago: University of Chicago Press, 2004).
- Dru. C. Gladney, *Muslim Chinese: Ethnic Nationalism in the Peoples' Republic* (Boston: Haveard University Asia Center, 1991).
- Frances Stonor Saunders, *The Cultural Cold War: The CIA and the World of Arts and Letters* (New York: The New Press, 1999).
- Francis R. Nicosia, *Nazi Germany and the Arab World* (Cambridge: Cambridge University Press, 2015).
- Guangtian Ma, *The Sound of Salvation: Voice, Gender, and the Sufi Mediascape in China* (New York: Columbia University Press, 2022).

- Henri Lauzière, *The Making of Salafism: Islamic Reform in the Twentieth Century* (New York: Columbia University Press, 2016).
- Hshio-ting Lin, *Tibet and Nationalist China's Frontier: Intrigues and Ethnopolitics, 1928-49* (Vancouver: University of British Columbia Press, 2006).
- Indira Falk Gesink, *Islamic Reform and Conservatism: Al-Azhar and the Evolution of Modern Sunni Islam* (New York: I. Btauris, 2009).
- İsa Yusuf Alptekin, *Esir Doğu Türkistan için: İsa Yusuf Alptekin'in Mücadele Hatıraları* (Istanbul: Doğu Türkistan Neşriyat Merkezi, 1985).
- J. Lilu Chen, *Chinese Heirs to Muhammad: Writing Islamic History in Early Modern China* (New Jersey: Gorgias Press, 2020).
- James A. Millward, *Eurasian Crossroads: A History of Xinjiang* (London: Hurst & Company, 2021).
- James L. Gelvin, Nile Green, *Global Muslims in the Age of Steam and Print* (Los Angeles: University of California, 2014).
- James Perrin Warren, *Culture of Eloquence: Oratory and Reform in Antebellum America* (Pennsylvania: The Pennsylvania University Press, 1999).
- James Toth, *Sayyid Qutb: The Life and Legacy of a Radical Islamic Intellectual* (Oxford University Press, New York, 2013).
- Jens Hanssen and Max Weiss eds. *Arabic Thought Beyond the Liberal Age: Toward An Intellectual History of the Nahda* (Cambridge: Cambridge University Press, 2016).
- Jonathan N. Lipman, *Familiar Strangers: A History of Muslims in Northwest China* (Seattle: University of Washington Press, 1997).
- Joseph A. Kechichian, *Faysal: Saudi Arabia's King for All Seasons* (Gainesville, FL.: University Press of Florida, 2008).
- Joseph S. Meisel, *Public Speech and the Culture of Public Life in the Age of Gladstone* (New York: Columbia University Press, 2001).
- Justin Jon Rudelson, *Oasis Identities: Uyghur Nationalism Along China's Silk Road* (New York: Columbia University Press, 1997).
- Justin. M. Jacobs, *Xinjiang and the Modern Chinese State* (Seattle: The University of Washington Press, 2016).

- Kelly A. Hammond, *China's Muslims and Japan's Empire: Centering Islam in World War II* (Chapel Hill: University of North Carolina Press, 2020).
- Kristian Petersen, I*nterpreting Islam in China Pilgrimage, Scripture, & Language in the Han kitab* (Oxford: Oxford University Press, 2018).
- Leor Halevi, *Modern Things on Trial: Islam's Global Material Reformation in the Age of Rida, 1865-1935* (New York: Columbia University Press, 2021).
- Lioyd E. Eastman, *The Abortive Revolution: China under Nationalist Rule, 1927-1937* (Cambridge MA.: Harvard University Press, 1974).
- Mattew S. Erie, *China and Islam: The Prophet, the Party, and Law* (Cambridge: Cambridge University Press, 2016).
- Odd Arne Westad, *The Global Cold War* (Cambridge: Cambridge University Press, 2007).
- Ondřej Klimeš, *Struggle by the Pen: The Uyghur Discourse of Nation and National Interest, c.1900-1949* (Leiden: Brill, 2015).
- Philip E. Muehlenbeck ed, *Religious and the Cold War: A Global Perspective* (Nashville: Vanderbilt University Press, 2012).
- Rian Thun, *The Sacred Routes of Uyghur History* (Cambridge MA.: Harvard University Press, 2014).
- Richard Brent Turner, *Islam in the African-American Experience* (Indiana: Indiana University Press, 2003).
- Ruth Rogaski, *Hygienic Modernity: Meaning of Health and Disease in Treaty-Post China* (Berkeley and Los Angels: University of California, 2004).
- S. Dudoignon, Komatsu Hisao and Kosugi Yasushi eds. *Intellectuals in the Modern Islamic World: Transmission, Transformation, Communication* (London and New York: Routledge, 2006).
- Vera Schwarcz, *The Chinese Enlightenment: Intellectuals and the Legacy of May Fourth Movement of 1919* (Berkeley and Los Angels: University of California, 1986).
- Vincent Goossaert and David A Palmer, *The Religious Question in Modern China* (Chicago: University of Chicago Press, 2011).
- Wlodzimierz Cieciura, *Muzułmanie chińscy. Historia, Religia, Tożsamość* (Warsaw: Wydawnictwa Uniwersytetu Warszawskiego, 2014).

- Zhou Chuanbin and Ma Xuefeng, *Development and Decline of Beijing's Hui Muslim Community* (Chiang Mai: Aman Silkworm Books, 2009).

八、中文論文

- 〈北平市參議會第一屆第一次大會會刊〉，收入孫燕京編，《民國史料叢刊》（鄭州：大象出版社，2009）。
- 山崎典子，〈"邊緣人"的可能性——以20世紀初中國穆斯林菁英為中心〉，《宗教人類學》，第5期，2014年。
- 方素梅，〈從《回部公牘》看民國前期回族的政治參與與活動〉，《民族研究》，第1期，2010年1月。
- 王建平，〈馬魁麟阿訇與北平牛街清真書報社〉，《北方民族大學學報（哲學社會科學版）》，第6期，2014年。
- 包修平，〈中日戰爭與回民國民外交（1937-1941）〉，《日本の皇民化政策と対日ムスリム協力者の記憶——植民地経験の多声的民族誌》，澤井充生，平成29-31年度科學研究補助金基盤研究I研究成果報告書，2020年3月。
- 平山光將，〈延續與斷裂——現代中國回民知識分子的國民外交〉，《民族學界》，第34期，2014年10月。
- 平山光將，〈新疆突厥語系穆斯林在內地（1930-1945）——以艾沙為例〉，收入藍美華主編，《邊民在內地》（臺北：政大出版社，2018）。
- 平山光將，〈邊政或僑務？中華民國政府遷臺後對中東地區西北穆斯林難民的政策〉，中央研究院近代史研究所學術演講（2014年7月10日）。
- 白壽彝，〈中國回教小史〉，收入《白壽彝文集》，第二卷，《伊斯蘭史存稿》（開封：河南大學出版社，2008）。
- 池澤匯，〈北平市工商業概況（民國21年）〉，收入孫燕京編，《民國史料叢刊》（鄭州：大象出版社，2009）。
- 吳啟訥，〈人群分類與國族整合—中共民族識別政策的歷史線索和歷史面向〉，收入余敏玲編，《兩岸分治學術建制、圖像宣傳與族群政治（1945-2000）》（臺北：中央研究院近代史研究所，2012）。
- 吳啟訥，〈虛擬的邊疆，現實的政治－冷戰時期的中華民國政府的邊疆政策〉，收入黃克武主編，《近代中國的族群與邊疆》（臺北：秀威出版，2021）。

- 吳藹宸，《新疆紀遊》（上海：商務印書館，1935 年），收入中國西北文獻叢書編輯委員會編，《西北史地文獻 35 卷》（蘭州：蘭州古籍書店，1990）。
- 李健祥，〈清末民初的物價與醫療〉，《中醫藥雜誌》，第 1 期，2013 年。
- 宛磊，〈抗日戰爭時期的中國回教南洋訪問團〉，《馬來西亞華人研究學刊》，第 13 期，2010 年。
- 林孝庭，〈戰爭、權力與邊疆政治：對 1930 年代青、康、藏戰時之探討〉，《中央研究院近代史研究所集刊》，第 45 期，2004 年 9 月。
- 俞可平，〈中國公民社會興起與其對治理的意義〉，收入陳祖為、梁文韜主編，《政治理論在中國》（香港：牛津大學出版社，2001）。
- 島田大輔著、張弈玲譯，〈國際ムスリム協會（國際穆斯林協會）與 1950 年代日本對伊斯蘭宣傳工作：戰前日本回教政策的連續性與非連續性〉，收入李福鐘等主編，《跨域青年學者臺灣與東亞近代史研究論集》，第二輯（新北：稻鄉出版，2018）。
- 馬保全，〈現代來華阿拉伯語教師的歷史貢獻〉，《跨文化對話》，第 25 輯，2022 年。
- 馬海雲，〈臥爾茲宣講模式及意義研究〉，《回族研究》2017 年第 1 期。
- 馬景，〈王靜齋與近代伊斯蘭基督教對話〉，《世界宗教研究》，2015 第 4 期。
- 張中復，〈民國前期基督教對於回民的宣教成效及其反思－以《友穆季刊》為中心之探討〉，《近代中國的宗教發展論文集》（臺北：國史館，2016）。
- 張朋園，〈安福國會選舉—論腐化為民主政治的絆腳石〉，《中央研究院近代史研究所集刊》，第 30 期，1988 年 12 月。
- 張朋園，〈國民黨控制下的國民選舉（1947-1948）〉《中央研究院近代史研究所集刊》，第 35 期，2001 年 6 月。
- 陳漢光，〈臺灣回教與大陸〉，《臺灣風物》，第 10 卷第 4 期，1960 年 4 月。
- 游梓翔，〈我要說話- 五四運動與中國的口語傳播時代〉，《傳播研究與實踐》，第 9 卷第 2 期，2019 年 5 月。
- 馮峰，〈福德圖書館系列學術演講及其對當代伊斯蘭教中國化的啟示〉，《回族研究》，2017 年第 3 期。

- 楊曉春，〈民國前期回族宗教學者對基督教的認識與批評〉，《北方民族大學學報（哲學社會科學版）》，2016年第3期。
- 楊曉春，〈民國前期回族宗教學者對基督教的認識與批評〉，《北方民族大學學報（哲學社會科學版）》，2016年第3期。
- 溫春來‧周煦陽，〈清代雍正，乾隆時期制度性"回民"身份的形成過程及其執行效果〉，《青海民族研究》，2020年第31期。
- 鄧元忠，〈新生活運動之政治意義闡釋〉，收入中央研究院近代史研究所編，《抗戰前十年國家建設史研討會論文集1928－1937（上冊）》（臺北：中央研究院近代史研究所，1984）。
- 鄭月裡，〈理念與實踐：「中國回教近東訪問團」的形成與影響〉，收錄在欒景河與張俊義主編，《近代中國：文化與外交（下卷）》（北京：社會科學文獻出版社，2012）。
- 蘇慶華，〈馬來西亞的「鄭和記憶」及其當代的意義：從鄭和廟和「遺跡」切入的討論〉，收入曾玲編，《東南亞的「鄭和記憶」與文化詮釋》（合肥：黃山書社，2008）。

九、日文論文

- 丁曉杰，〈自治運動から関東軍との提携へ―徳王と日本との関係（その一）〉，《比較社會文化研究》，第18號，2005年3月。
- 山﨑典子，〈日中戦争期の中国ムスリム社会における「親日派」ムスリムに関する一考察――中国回教総連合会の唐易塵を中心に――〉，《中國研究月報》，第65卷第9號，2011年9月。
- 中西竜也，〈馬德新とイブン・アラビーの来世論：19世紀中国ムスリムの思想変相〉，《西南アジア研究》，第86號，2017年3月。
- 中島幸宏，〈清末新疆における義塾教育〉，《九州大學東洋史論集》，第38號，2010年4月。
- 中嶋久人，〈三田演説館開館の歷史的意義－公共圈發展の觀点から見た〉，《近代日本研究》，第32號，2016年2月。

- 丹野美穂，〈民国期中国における「清潔」の希求と「国民」の創出－新生活運動に婦嬰衛生工作からみえるもの──〉，《立命館言語文化研究》，第10卷第5、6號，1999年2月。
- 今永清二，〈北京回教社会史研究序説〉，《史學論叢》，第2期，1967年1月。
- 戸部健，〈丁国瑞『竹園叢話』について─附：各集目次〉，《アジア研究》，第6號，2011年3月。
- 戸部健，〈清末における社会教育と地域社会－天津における「衛生」の教育を例として〉，《中國研究月報》，第59卷第6號，2005年6月。
- 木村自，〈臺湾の回民のエスニシティと宗教－中華民国の主体から臺湾の移民へ〉，收入庄司博史編，《移民とともに変わる地域と国家》（大阪：國立民族學博物館，2009）。
- 木津祐子，〈「聖諭」宣講－教化のためのことば〉，《中國文學報》，第66號，2003年4月。
- 王柯，〈二重の中国──1930年代中国人の辺疆認識の構造〉，《思想》，第853期，1995年7月。
- 平田昌司，〈耳の文学革命・耳の文学革命：一九二〇年代中国における聴覺メディアと「國語」の實驗〉，《中國文學報》，第58期，1999年4月。
- 田島大輔，〈「満洲国」のムスリム〉，收入堀池信夫《中国のイスラーム思想と文化》（東京：勉誠出版，2009）。
- 田島大輔，〈「満洲国」初期の回民教育問題──「満洲伊斯蘭教会」の事例を中心に──〉，《立命館東洋史學》，第32號，2009年7月。
- 矢久保典良，〈日中戦争時期の中国ムスリムにとっての憲政論：一九三九－一九四〇〉，《史學》，第84卷第1-4期，2015年4月。
- 矢久保典良，〈非漢人エリートによる政治参加の試み──日中戦争終結前後の中国ムスリムの議論を例に〉，《現代中國》，第96號，2022年9月。
- 吉田豐子，〈戦後国民政府の内モンゴル統合の試み　憲法制定国民大会までを中心に〉，《アジア研究》，42（2），2001年4月。
- 安藤潤一郎，〈中華民国期における「中国イスラーム新文化運動」の思想と構造〉，收入堀池信夫主編，《中国のイスラーム思想と文化》（東京：勉誠出版，2009）。

- 安藤潤一郎，〈日本占領下の華北における中国回教総聯合会の設立と回民社会　日中戦争期中国の「民族問題」に関する事例研究へ向けて〉《アジア・アフリカ言語文化研究》，第 87 號，2014 年 3 月。
- 佐口透，〈中国イスラムの近代主義〉，《金澤大學法文學部論集史學篇》，第 16 號，1969 年 3 月。
- 坂本勉，〈東京モスク沿革誌〉，收入《アジア遊学》（東京：勉誠出版，2001）。
- 松本ますみ，〈「回」愛国主義の根拠―『月華』にみるイスラーム改革派〉論理」〉，《近現代中国の国民統合原理と中国イスラーム改革派政治的関係についての歴史学的研究》日本学術振興会研究成果報告，平成15年（2003年）。
- 松本ますみ，〈キリスト教宣教運動と中国イスラームの近代への模索〉，《中國 21》，第 28 號，2007 年。
- 松本ますみ，〈中国イスラーム教育におけるペルシャ語学習の排除―近代化と「合理」の果てに―〉，《1920 年代から 1930 年代中国周縁エスニシティの民族覚醒と教育に関する比較研究》，2015 年。
- 松本ますみ，〈佐久間貞次郎の対中国イスラーム工作と上海ムスリム：あるアジア主義者をめぐる考察〈アジア・ムスリムのネットワークと運動第 2 部：アジア・ムスリムのイスラーム言説とイスラーム運動〉〉，《上智アジア学》，第 27 期，2009 年 12 月。
- 松長昭，〈東京回教団長クルバンガリーの追放とイスラーム政策の展開〉，收入坂本勉編《日中戦争とイスラーム　満蒙・アジア地域における統治・懐柔政策》（東京：慶應義塾大學出版會，2008）。
- 阿倍泰記，〈宣講の伝統とその変容〉，《アジアの歴史と文化》，第 7 號，2003 年 3 月。
- 海野（山﨑）典子，〈中国ムスリムの「清真」意識と自他意識－二〇世紀初頭の華北地域におけるハラール問題と「回」「漢」関係〉，《イスラーム地域研究ジャーナル》，第 8 號，2016 年 3 月。
- 高田幸夫，〈清末地域社会における教育行政機構の形成－蘇・浙・皖三省各庁の状況〉，《東洋學報》，第 75 卷第 1・2 號，1993 年 10 月。
- 區建英，〈清末の「種族」論とナショナル・アイデンティティ〉，《新潟國際情報大學情報文化學部紀要》，第 10 號，2007 年。

- 清水由里子，〈『新生活』紙にみる「ウイグル」民族意識再考〉，《中央大学アジア史研究》，第 35 號，2011 年 3 月。
- 清水由里子，〈国民党系ウイグル人の文化・言論活動（1946－1949 年）について—『自由』紙にみる「テュルク」民族意識の検討を中心に—〉，《日本中央アジア学会報》，第 6 號，2010 年 3 月。
- 都甲亞沙美〈清末民初の四川における宣講と通俗教育〉，《九州大學東洋史論集》，2007 年 4 月。
- 新免康，〈ウイグル人民族主義者エイサ・ユスプ・アルプテキンの軌跡〉，收入毛里和子，《現代中国の構造変動 7 中華世界－アイデンティティの再編》（東京：東京大學出版會，2001）。
- 鈴木剛，〈聖地メッカ巡礼〉，《回教世界》，第 2 卷 7 期，1940 年。
- 齋藤道彥，〈蔣介石と「礼・義・廉・恥」〉，《中央大學論集》，第 25 號，2004 年 3 月。

十、西文論文

- Andrew Preston, "The Religious Cold War", in Philip E. Muehlenbeck ed, *Religious and the Cold War: A Global Perspective* (Nashville: Vanderbilt University Press, 2012).
- Dror Weil, "Islamicated China: China's Participation in the Islamicate Book Culture during the Seventeenth and Eighteenth Centuries", *Intellectual History of the Islamic World*, 4 (2016).
- John T. Chen, "'Just Like Old Friends': The Significance of Southeast Asia to Modern Chinese Islam", *Sojourn: Journal of Social Issues in Southeast Asia*, Vol. 31, No. 3, (2016).
- John T. Chen, "Islam's Loneliest Cosmopolitan: Badr Al-Din Hai Weiliang, the Lucknow-Cairo Connection, and the Circumscription of Islamic Transnationalism", *ReOrient*, Vol. 3, No. 2, (2018).
- John T. Chen, "Re-Orientation: The Chinese Azharites between Umma and Third World, 1938-55", *Comparative Studies of South Asia, Africa and Middle East*, Vol. 34, No. 1 (2014).
- Junichi Hirano, "Beyond the Sunni-Shiite Dichotomy: Rethinking al-Afghani and His Pan-Islamism", *Kyoto Working Papers on Area Studies: G-COE, Series* 2 (2008).

- Junichi Hirano, "Historical Formation of Pan-Islamism: Modern Islamic Reformists Project for Intra-Umma Alliance and Inter-Madhahib Rapprochement", *Kyoto Working Papers on Area Studies: G-COE, Series* 10 (2008).
- Kelly Hammond, "Cold War Mosque: Islam and Politics in Nationalist Taiwan", *Twentieth-Century China*, Vol. 47, No.2 (2022).
- Leor Halevi. "Is China a House of Islam? Chinese Questions, Arabic Answers, and the Translation of Salafism from Cairo to Canton, 1930-1932", *Die Welt des Islams*, Vol. 59, Iss. 1 (2019).
- Matsumoto Masumi, "Protestant Christian Missions to Muslims in China and Islamic Reformist Movement", *Annual Report of JAMES*, Vol. 21, No. 1 (2005).
- Maurice Gajan, "Chinese Students of Al-Azhar and their impact on Sino-Egyptian Relations", *Arab West Report* (2016).
- Tommaso Previato, "Le minoranze musulmane nel quadro delle relazioni sino-arabe. Vecchi e nuovi processi di inclusio", *Sinosfere* (2019).
- Wan Lei, "The Chinese Islamic 'Goodwill' Mission to the Middle East during the Anti-Japanese War," *DÎVÂN: DİSİPLİNLERARASI ÇALIŞMALAR DERGİSİ*, Vol. 15, No. 29 (2010).
- Wlodzimierz Cieciura, "Bringing China and Islam Closer: The First Chinese Azharites", *Middle East Institute "All about China"* (2015).
- Wlodzimierz Cieciura, "Chinese Muslims in Transregional Spaces of Mainland China, Taiwan, and Beyond in the Twentieth Century", *Review of Religion and Chinese Society*, Vol. 5, No. 2 (2018).
- Wlodzimierz Cieciura, "Ethnicity or Religion? Republican-Era Chinese Debates on Islam and Muslims", Jonathan Lipman ed. *Islamic Thought in China Sino-Muslim Intellectual Evolution from the 17th to the 21st Century* (Edinburgh: Edinburgh University Press, 2016).
- Yee Lak Elliot Lee, "Muslims as 'Hui' in Late Imperial and Republican China. A Historical Reconsideration of Social Differentiation and Identity Construction", *Historical Social Research*, Vol. 44, No. 3 (2019).
- Yin Zhiguang, "'People are God' Third World Internationalism and Chinese Muslims in the Making of National Recognition in the 1950s", *İstanbul University Journal of Sociology*, Vol. 38, No. 2 (2018).

- Yufeng Mao, "A Muslim vision for the Chinese Nation: Chinese Pilgrimage Missions to Mecca during World War II", *The Journal of Asian Studies*, Vol. 70, No. 2 (2011).

十一、學位論文

- Eroglu Sager Zeyneb Hale. "Islam in Translation: Muslim Reform and Transnational Networks in Modern China, 1908-1957", Ph.D. dissertation (Harvard University, 2016).
- Janice Hyeju Jeong, "Between Shanghai and Mecca: Diaspora and Diplomacy of Chinse Muslims in the Twentieth Century", Ph.D. dissertation (Duke University, 2019).
- Mao Yu-feng, "Sino-Muslims in Chinese Nation-building, 1905-1955", Ph.D. dissertation (George Washington University, 2007).
- Shuang Wen, "Mediated Imaginations: Chinese-Arab Connection in the late Nineteenth Early Twentieth Centuries", Ph.D. dissertation (Georgetown University, 2015).
- 于嘉明,〈多元共生下的當代臺灣穆斯林社群〉(臺北:國立政治大學民族學系博士論文,2018)。
- 金博諒,〈中国瀋陽回回營の歴史民族誌研究－回族の民族教育と商業施設の変遷〉(東京:中央大學大學院博士論文,2017)。
- 范成忠,〈清代康雍乾時期的宗教政策研究〉(烏魯木齊:新疆師範大學碩士論文,2009)。
- 蘇怡文,〈伊斯蘭教在臺灣的發展與變遷〉(臺北:國立政治大學民族學系碩士論文,2002)。

十二、網路資料

- 〈全國"臥爾茲"演講比賽作品〉中國伊斯蘭教協會 http://www.chinaislam.net.cn/cms/sxjs/jiejin/yybszp/(點閱時間:2020年12月29日)。
- 馬賢,〈萬般事業之興,須務培養人才之本－憶中國伊斯蘭教經學院的三起兩落〉(2013年8月22日),http://www.chinaislam.net.cn/cms/news/60years/jlwc/201308/22-5545.html(點閱時間:2023年9月5日)。

- 馬玉槐著、宋傳信整理，〈回憶解放初期北京的民族工作〉（2014年9月20日），北京哲學社會科學北京黨建研究基地官網：https://rcbpb.bac.gov.cn/dang/huiyi/beijing/detail-c43-aid325.html（點閱時間：2023年6月14日）。
- 〈北京市清真寺以"愛國"為主題統一宣講臥爾茲〉（2019年9月29日），中國伊斯蘭教協會新聞：http://www.chinaislam.net.cn/cms/news/local/201909/29-13519.html（點閱時間：2020年12月29日）。
- 〈天津考工廠〉（2018年5月8日），天津博物館、天津文博院：tjbwg.com（點閱時間：2021年8月7日）。
- 中華民國總統府官方網站：https://www.president.gov.tw/Page/94（點閱時間：2022年11月1日）。
- 「北京市回民學校簡介」北京市回民學校官網：bjhmxx.com（點閱時間：2023年5月27日）。

民國論叢 16

追尋民國漢語穆斯林的足跡
Tracing the Han-Speaking Muslims in Republican China

作　　者	平山光將
總 編 輯	陳新林、呂芳上
執行編輯	林育薇
封面設計	溫心忻
排　　版	溫心忻
助理編輯	詹鈞誌

出　　版　**開源書局** 出版有限公司
香港金鐘夏愨道 18 號海富中心
1 座 26 樓 06 室
TEL：+852-35860995

民國歷史文化學社 有限公司
10646 台北市大安區羅斯福路三段
37 號 7 樓之 1
TEL：+886-2-2369-6912
FAX：+886-2-2369-6990

初版一刷	2024 年 9 月 30 日
定　　價	新台幣 600 元
	港　幣 200 元
	美　元 30 元
I S B N	978-626-7543-05-4（精裝）
印　　刷	長達印刷有限公司
	台北市西園路二段 50 巷 4 弄 21 號
	TEL：+886-2-2304-0488

http://www.rchcs.com.tw

版權所有・翻印必究
如有缺頁或裝訂錯誤
請寄回民國歷史文化學社有限公司更換

國家圖書館出版品預行編目（CIP）資料
追尋民國漢語穆斯林的足跡 = Tracing the han-speaking Muslims in Republican China / 平山光將著 . -- 初版 . -- 臺北市：民國歷史文化學社有限公司 , 2024.09

　　面；　公分 . -- (民國論叢；16)

ISBN 978-626-7543-05-4（精裝）

1.CST: 伊斯蘭教 2.CST: 歷史

258　　　　　　　　　　　　　　113013197